AGI 시대와 인간의 미래

챗 G P T 이후의 삶, 일자리 그리고 교육

AGI 시대와 인간의 미래

맹성현 지음

헤이북스

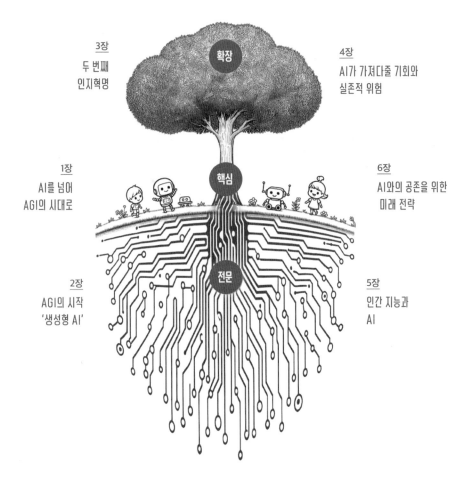

3장
두 번째
인지혁명

확장

4장
AI가 가져다줄 기회와
실존적 위험

1장
AI를 넘어
AGI의 시대로

핵심

6장
AI와의 공존을 위한
미래 전략

2장
AGI의 시작
'생성형 AI'

전문

5장
인간 지능과
AI

일러두기

- 위 그림은 책의 내용을 핵심, 전문, 확장으로 구분하여 구조와 흐름을 요약한다. 1장의 개괄과
  6장의 결론은 공존을 중심으로 하는 핵심에 해당하고, 2장과 5장은 인공지능과 인간 지능 관련
  전문적인 내용으로 뿌리 역할을 하며, 3장과 4장은 시간의 흐름에 따른 변화를 중심으로
  확장되고 있는 주제를 다룬다.
- 이 책에 나오는 대부분의 외래어는 '외래어표기법'을 따르고 있으나, 전문 용어로 굳어진 경우
  관례를 따랐다. 원어는 한글과 병기하였으나, 처음 등장하는 단어에 한해 1회 표기했다.
- 주석은 본문에 해설이 필요한 경우에는 '1, 2, 3, …'의 번호를 매겨 각주로 처리하고,
  출처를 밝히는 경우에는 '1), 2), 3), …'의 번호를 매겨 미주로 처리했다.

―――――――――――――――――――――――――

"2022년 11월 30일, 미국 샌프란시스코 모처에 'UFO'가 착륙한 것과 같은 사건이 발생했다. ET처럼 생긴 외계인과는 달리 형체 없는 신비로운 존재가 나타나 인간들과 깊은 대화를 끝없이 나눌 수 있을 뿐만 아니라 순식간에 책도 거뜬하게 써내는 등 놀라운 지능을 가지고 있다. 사람들은 이 현상에 호기심과 경이로움을 금치 못하여 각자 이 신비로운 존재와 대화를 시도하고 있을 뿐이다."

미국 오픈Open AI사가 공개한 챗Chat GPT라는 '생성형 인공지능(AI)Artificial Intelligence'의 출현은 미래에 이런 식으로 회고될지도 모른다. 이 사건은 UFO가 지구에 착륙한 것에 버금갈 정도로 센세이션을 일으켰기 때문이다.

챗GPT를 사용할 때면 요술램프에서 빠져나온 '지니'를 소유하는 것과 같은 착각을 일으키게 한다. 챗GPT는 자신이 습득한 방대한 지식정보와 언어 구사력으로 일상적인 것부터 전문적인 내용까지 사용자와 대화를 끊임없이 이어나갈 수 있다. 주제에 제한 없이 지식 탐구를 도와주고 원하는 글을 써주기도 하므로 직장인에게는 지적 업무를 대행해주는 비서와 같다. 학생들에게는 종합반 가정교사나 숙제 대행 지니가 옆에 있는 것 같아 든든할 것이고, 기업 경영인에게는 의사결정을 위한 조언을 얻고 기획 업무를 지시할 수 있는 만능 참모를 데리고 있는 느낌을 줄 것이다.

아직 그 잠재력을 모두 알 수는 없지만, 이 AI 기술이 인간의 지적 활동에 기반한 모든 문화와 산업의 발전에 큰 파장을 일으킬 것은 분명하다. 인쇄기나 인터넷의 발명이 개별 인간의 생각을 활발히 유통하고 연결하는 데 혁명을 일으켰다면, 이 AI 기술은 전 인류의 사고와 경험을 수집하여 정제·정련할 수 있기 때문에 인간의 사유와 인지 활동에 혁명을 일으킬 수 있다. 그저 생산성 향상 도구로 봐서는 안 된다.

챗GPT를 대할 때 우리의 느낌은 15세기 말 대항해시대에 제국의 군대가 신대륙에 도착했을 때 원주민들이 느꼈던 경이로움과 공포에 필적할만하지 않을까? 인간과 자유롭게 지적인 대화를 나눌 수 있는 컴퓨터를 만드는 것은 1950년대 시작된 AI의 발전과 함께 전문가들의 오랜 꿈이었다. 그 꿈이 2022년 말에 실현된 것이지만 챗GPT의 갑작스러운 출현은 놀라움 그 자체였다. 그동안의 기술적 진보가 축적된 결과라고 하더라도 이 AI의 진가를 깨닫는 순간 미켈란젤로의 아담 그림이 떠올려질 만큼 인간의 능력이 확장될 것임을 예견할 수 있다.

하지만 이런 경이로움에는 두려움도 따른다. 인류 문명의 발전에 핵심적 역할을 했던 인간의 언어능력을 가진 챗GPT가 인간과 무제한의 대화를 해나간다면 인간의 사고와 행동에 어떤 영향을 미칠지 사뭇 궁금해진다. 이 사건은 호모 사피엔스Homo Sapiens가 신인류로 진화하는 과정의 시발점일 수도 있고, 인류의 문명을 알 수 없는 종착지로 표류시킬 불행의 씨앗일 수도 있다.

거대 담론은 차치하더라도 10년 후 우리의 삶은 어떻게 달라질까? 우리 일자리 생태계는 어떻게 바뀌어 있을까? 의사, 변호사, 교수 등의 전문가 직업이 여전히 각광받을까? '지니'가 항상 옆에 있는데 아이들은 여전히 암기와 문제 풀이 위주의 교육을 받아야 할까? MZ세대는 새로운 시대의 일자리에 어떻게 적응해야 할까? 일자리 변화에 대한 경고가 심각한데 중학생 이하 아이들이나 앞으로 태어날 세대가 현재의 교육 시스템과 문화를 따라간다면 이들의 미래는 어떻게 될 것인가? 기성세대는 이런 질문들에 대한 답을 찾아나갈 준비가 되어 있는지 스스로 물어봐야 한다.

인간의 '지적 혁명사'에 한 획을 그을만한 사건이 2010년에도 있었다. 명실공히 '검색 시대'가 시작된 그 사건이다. 구글Google의 등장은 인터넷 검색 기술의 게임체인저로 '구글 신God'으로 불리기까지 했다. 검색엔진은 사용자가 전 세계의 콘텐츠에 빠르고 정확하게 접근하는 기술로 인간의 기억력을 거의 무한대로 확장하는 효과를 가져왔다. 검색 기능이 스마트폰으로 들어오면서 검색 행위는 우리의 일상이 되었고, 개인이나 기업은 콘텐츠를 만들어 웹에 올리는 행위를 통해 자아실현과 비즈니스 확장을 도모해왔다.

소셜미디어 플랫폼인 X(옛 트위터Twitter), 페이스북Facebook, 카카오톡KakaoTalk, 인스타그램Instagram 등이 등장하면서 인터넷은 인류의 생활과 문화가 기록되고 공유되는 공간이 되었다. 인간과 사물을 연결하는 네트워크가 아니라 인류의 지식과 지혜가 담긴 거대한 '인류의 뇌'가 된 것이다. 인간은 이와 상호작용하여 새로운 콘텐츠를 입력하기도 하고 인출해가기도 하는 입출력 장치 역할을 맡게 되었다. 수많은 개인의 뇌가 '인류의 뇌'로 융합되어 전 인류가 사용할 수 있는 거대한 시스템이 된 것이다. '뇌과학'이라는 학문 분야가 있는 것처럼 '인류의 뇌'를 대상으로 하는 '웹과학Web Science'이라는 학문 분야도 태동하게 되었다.

검색 시대에는 인간의 의지로 모든 지적 활동이 이루어졌다. 학교 숙제나 기업 보고서를 쓰는 과정에서 구글링을 통해 필요한 정보나 팩트를 먼저 찾아야 한다. 콘텐츠를 읽어서 필요한 부분을 추출해놓는 과정 등이 뒤따라야 하는데, 여기부터 인간의 본격적인 지적 능력이 요구되기 시작한다. 이를 도와주기 위해 문서 분류, 정보 추출, 기계번역, 질의응답 등 자연어처리 기술 기반의 도구들이 출현했다. 이런 기술은 인간이 생산해놓은 다양한 텍스트(예: 신문기사, 보고서, 법조문, 웹문서, 소설, 시, 대화…)의 단어를 기반으로 문장, 문단 등의 구조와 의미까지 분석한다.

여기까지는 대부분 자료의 해체 혹은 '분석'을 위한 기술을 적용하는 것으로 '읽기' 능력 위주였고, 문장을 쓰고 문단을 구성해가면서 최종 작품을 만드는 '생성 과정'은 인간이 해야 하는 고유 영역으로 남아 있었다. 그런데 챗GPT는 이런 고도의 지능이 요구되는 생성 작업을 스스로 해낸다. 즉 '인류의 뇌'에 들어 있는 모든 콘텐츠를 섭렵하여 인간의 언어를 '이해'했고, 그 안에 있는 내용을 이리저리 섞어 사용자가 원하는 내용으로 새로운 글을 만들어내는 것이다. 챗GPT를 '생성형' AI라고 부르는 것은 이렇게 콘텐츠를 스스로 만들어내기 때문이다. 또한 '분석형' 위주의 AI 시대와 차별화시키기 위함이기도 하다.

고등교육을 받은 인간만이 할 수 있었던 지적 작업을 능수능란하게 해내는 이 AI는 놀랍고 신기한 데가 있지만 위협적으로 느껴지기도 한다. 여태까지의 AI는 자율주행자동차나 로봇과 같이 인간을 육체노동으로부터 벗어나게 하는 데 초점이 맞춰져 있었던 반면에, '생성형' AI는 인간의 전유물인 지적 활동을 대신할 수 있기 때문이다. 이런 AI가 여기저기서 정신노동을 해낸다면 인간은 뭘 해야 하는 것일까? 인간만이 할 수 있는 고유한 영역과 일자리는 어떤 것이 남을 것인가? 인간 본성과 능력을 따져야 하는 매우 까다로운 질문들이다. 즉 일자리나 교육과 같이 당장 코앞에 있는 현실적인 이슈이든, 인류 문명사까지 걱정해야 하는 거대 담론이든 우리 미래를 설계하기 위해서는 AI 기술에 대한 이해와 인간 본성에 대한 깊은 성찰이 필요하다.

챗GPT의 본질적인 능력을 한마디로 요약하면, '인류가 생산해놓은 거의 모든 텍스트를 읽어 들여 융합한 후 대화를 통해 질문에 대한 답이나 지시한 글쓰기 작업 등 언어 기반의 지적 작업을 수행해내는 AI'라고 할 수 있다. 여기에서 핵심인 언어 구사 및 추론 능력은 그 유창함이나 깊이에 있어 고등교육을 받은 인간을 능가하므로 당장 변호사, 기자, 교사 등 글쓰기가 중요한 직업에 상당한 위협이 되고 있다. 다음 버전인 GPT-4를 사용하면 플러그인plug-in과 연결하여 예약, 구매 등 다양한 기능을 대화 중에 사용할 수 있어 그 응용 분야는 하루가 다르게 넓어지고 있다. 마이크로소프트(MS)Microsoft사의 코파일럿Co-pilot 같은 소프트웨어와 연결되면 챗GPT는 우리의 일상생활 곳곳에 스며들어 개개인에게 막대한 영향력을 끼칠 것이다. 이렇게 우리의 삶을 바꿔놓아 행동 패턴마저 변화시킬 챗GPT의 출현은 원자폭탄의 발명에 버금가는 파급효과가 있을 것이라고도 한다.

잠재적인 영향력이 이렇게 큰 만큼 이 신기술에 대한 내용은 각종 미디어와 채널들을 통해 빠르게 전파되고 있다. 매스미디어는 챗GPT의 놀라운 능력 위주로 소개하면서 AI가 바꿔놓을 우리의 삶 등을 간결하게 요약하여 대중의 관심을 불러일으킨다. 개인 미디어에서는 챗GPT의 기술적인 내용을 위주로 정리하거나 구체적인 영역(예: 번역, 교육, 비즈니스…)에 적용하는 방법과 같이 실용적 내용을 담아내고 있다. 모두 이 신기술의 존재를 알려주면서 활용법에 대한 안내자 역할을 하고 있지만, 미디어의 특성상 깊이 있는 사고를 통해 우리 사회에 실질적인 영향을 주는 데는 한계가 있다.

출판계에서도 챗GPT와 AI는 매우 뜨거운 토픽이다. 2024년 3월 현재 관련 서적이 이미 400권 이상 출간되었다고 집계가 될 정도이니 독자들이 챗GPT에 관한 기술적 배경이나 스펙을 알아보고 이용하는 방법을 익히는 데는 아무런 문제가 없을 것이다. 또한 챗GPT나 AI가 미래 사회에 미칠 영향 등을 포괄적으로 이해하는 데 도움이 되는 서적도 꽤 있다. AI 시대의 도래에 대한 반응과 전망은 크게 두 가지로 나눠진다. 한쪽에서는 산업혁명 시기의 러다이트Luddite운동(기계파괴운동)을 상기시키면서 비관적이고 방어적인 입장을 취한다. 이 기술의 발전이 인류의 정체성이나 직업에 미치는 영향을 두려운 시각으로 보고 있다는 것이다. 반면, 다른 한쪽에서는 AI 기술의 발전을 인류 번영에 공헌할 기회로 삼으라고 권한다.

이 책을 집필하게 된 직접적인 동기는 '챗GPT와 교육'과 같은 주제로 교사, 장학사, 교육행정가, 교장 등 교육 전문가 그룹을 대상으로 강연을 몇 번 하면서 강한 울림이 있었기 때문이다. 이 과정을 통해 느낀 것은, 이 낯선 기술에 대해 많은 교육 전문가들이 비상한 관심을 가지고 있다는 것이었다. 한두 시간 정도의 강연에서 끝까지 집중하는 청중들의 높은 관심도는 불확실한 미래를 이해해보고 이끌어가야 한다는 교육 전문가들로서의 사명감으로 보였다. 2022년 개정 교육과정의 잉크가 마르기도 전에 챗GPT라는 AI의 소식이 전해졌으니, 그 여파가 새로운 교육과정 자체나 구현에 어떤 영향을 줄지 궁금할 수밖에 없었을 것이다.

집필 과정에서 공무원, 인문사회학자, 학부모 등 다양한 비전문가들을 대상으로 '인간과 AI의 공존'과 관련된 강연을 이어나갔다. 그리고 학부모 및 교사들을 인터뷰했다. 이런 일련의 과정을 통해 알게 된 것은, 교사나 학부모로서 역할을 어떻게 해나가야 할지 '좀 아는' 그룹부터, AI가 어떤 것인지 아직 감이 없어 바뀔 세상에 대해 '그저 불안해하는' 그룹까지 여러 층이 있다는 것이다. 이들의 공통점은 모두 지대한 관심을 보이지만 빠르게 다가오고 있는 범용인공지능(AGI)^{Artificial General Intelligence}시대에 대한 준비가 거의 되어 있지 않다는 것이다.

이 책 한 권으로 미래 교육의 방향을 구체적으로 설정하거나 AGI 시대 생존 방법을 치밀하게 제시하겠다는 오만한 시도를 하는 것은 아니다. 이 책의 의도는 챗GPT로 시작되는 AI 기술 패러다임 변환의 의미가 우리의 삶과 일자리를 어떻게 바꿔놓을지 진단해보면서 미래 세대를 위해 어떤 준비를 해야 할지 독자와 함께 짚어보는 것이다. 이러한 논의에 들어와야 할 핵심 요소는 인간 능력의 다양성에 대한 이해다. 생성형 AI와 인간 본성의 차이에 대한 이해 없이 미래 세대의 교육 방향성과 생존 전략을 짚어보고 AGI 시대로의 전환을 준비하는 것은 어불성설이기 때문이다.

이 책의 첫 부분(1장, 2장)은 챗GPT와 '생성형 AI' 기술에 대한 최소한의 이해를 돕고자 일반인들의 눈높이 언어로 핵심을 설명하여 그 여파와 향후 발전 방향을 가늠해볼 수 있도록 한다. 여기에서는 뇌과학이 알려주는 인간 뇌의 작동 방식과 챗GPT 기술을 연결시켜 이 기술을 비교적 친숙하게 받아들일 수 있게 할 것이다. 두 번째 부분(3장, 4장)에서는 챗GPT로 촉발된 '제2의 인지 혁명'의 의미를 역사적 관점에서 다루면서 AI가 가져다주는 기회 요소와 실존적, 잠재적 위험 요소들을 대조해본다. 특히 AI의 출현으로 변화할 일자리 생태계를 조망하여 인간과 AI의 공존이 필요함을 부각시킨다. 마지막 부분에 속하는 5장에서는 인간 지능과 인공지능의 공통점과 근본적 차이점을 비교하여 '생성형 AI'의 현주소와 한계를 정리함과 동시에 인간이 가지고 있는 고유 본성을 짚어본다. 6장에서는 AGI 시대를 맞이해야 하는 우리 미래 세대가 키워야 할 필수 능력을 공존의 방식과 함께 제시하고, '신인류'를 위해 교육의 전환이 어떻게 이루어져야 할지 방향을 제시한다.

현재의 상황을 전쟁에 비유하자면, 적의 능력도 가늠이 안 되고 적과의 협상을 통해 평화를 유지할 수 있을지조차 예측하기 어려운 상황이다. 밀려오는 불안감부터 떨쳐내면서 전략을 짜야 할 것이다. 이럴 때 가장 먼저 떠오르는 병법은 '지피지기知彼知己 백전불태百戰不殆'다. 실제로 챗GPT로 비롯되는 AI 기술의 지향점을 최대한 알아내야 하고(지피), 인간의 본성과 능력을 보다 확실히 이해해야(지기) 하기 때문이다. 인간과 AI가 각각 가지고 있는 본성과 '지적 능력'의 차이를 이해하지 못한다면 다양한 형태의 간극을 채워나가야 할 교육 및 조직 운영에 대한 전략이 나올 수 없다는 것은 자명하다. 인간과 AI가 공존하고 동시에 AGI 시대까지 공진화共進化해야 하는 미래 세대와 이들을 이끌 기성세대에게 한 줄기 빛이 되면 좋겠다는 생각으로 이 책을 시작했다.

차 례

1

AI를 넘어 AGI의 시대로

누구나 한 번쯤은 그것을 보았을 것이다.

그러나 보았다고 해서 모든 사람이 다

깊이 생각하지는 않는다.

- 파트리크 쥐스킨트Patrick Suskind (독일 소설가)

앞당겨진 미래

아무도 불확실한 미래를 좋아하지 않는다

챗GPT가 세상에 알려지기 전, 우리나라에서는 '챗봇chatbot' 바람이 불었다. 애플Apple '시리Siri', 구글 '어시스턴트Assistant', 아마존Amazon '알렉사Alexa', 삼성 갤럭시 '빅스비Bixby', SKT '누구NUGU' 등 대화 서비스가 실용화되면서 대화를 할 수 있는 로봇이라는 의미의 '챗봇'을 다양한 소비자 서비스에 연결하고자 했기 때문이다. 온라인 상담이 필요한 비즈니스는 거의 모두 챗봇을 도입하여 인건비를 줄이고자 했다. 심지어 구청 같은 관공서까지도. 하지만 당시에는 의도된 서비스 영역을 벗어난 대화는 계속하기 어려웠고, 불안한 대화 서비스 전체에 불만을 가진 사용자는 미성숙한 기술에 대한 반감을 가지게 되었다.

그런데 2017년에 트랜스포머Transformer라는 '생성형 AI'로 불리는 인공지능(AI)이 나타나 컴퓨터의 문장 이해·생성 능력이 새로운 국면을 맞게 되자 대화, 질의응답, 자동번역 기능 등 각종 언어처리 과업의 수준에 큰 변화가 찾아왔다. 점점 인간의 언어처리 능력을 닮아가고 있었고, 전 세계적으로 각종 과업task의 성능 향상을 위한 기술 개발이 진행되고 있었다. 그러다가 2022년 11월 30일 세상에 나온 챗GPT는 모든 언어처리 기능을 끌어안고 세상의 지식을 다 품은 AI로 손색이 없어 보였다. 언어처리 기술의 어려움을 아는 연구자에게는 마치 만능 지식인을 대하듯 깊은 대화를 끝없이 할 수 있다는 것이 가장 큰 놀라움이었다. 이 분야의 연구를 주도하던 사람들에게도 챗GPT는 한 차원을 훌쩍 뛰어넘는 기술적 도약으로 보였다. 챗GPT를 만들기 위해 오픈AI사가 도대체 뭘 한 것이지?

　미디어를 접하는 우리 국민 중 챗GPT에 대한 이야기를 한 번도 못 들어본 사람은 거의 없을 것이다. 미디어에는 인간과 깊은 대화가 가능하고 글도 잘 써주는 AI가 출현했다는 놀라움에 가득 찬 기사가 대부분을 차지하더니, 점차 미래를 걱정하는 내용도 나타나기 시작했다. 머지않아 일자리에 큰 변화가 있을 것이라는 경고와 함께, 앞으로 번역가와 같은 직업은 없어질 것이고 기자나 변호사 같은 직업도 90% 정도는 사라질 것이라는 조금 과장된 기사도 나타났다. 우리나라에서 선망의 대상인 의사, 변호사, 교수 같은 직업에도 변화가 있을 것이라는 말을 종종 들을 수 있다. 심지어 창작도 이제 인간만의 고유 영역이 아니라는 말도 들린다.

이렇게 챗GPT를 놓고 떠들썩한 이유는 크게 두 가지다. 첫 번째는 갑자기 나타난 AI가 상상을 초월하는 능력을 가졌기 때문이다. 챗GPT가 인간과 깊은 대화를 할 수 있다거나 수십 페이지 논문을 몇 초 만에 훌륭하게 요약을 한다는 것을 처음 들으면 쉽게 믿을 수 있겠는가. 설상가상으로, 업그레이드 버전인 GPT-4가 미국 로스쿨입학시험(LSAT)을 상위 10%의 성적으로 통과했다거나 일본 의사자격시험을 모두 통과했다는 등의 구체적인 이야기는 놀라움과 더불어 불안한 마음이 들게 한다. 2016년에 구글의 딥마인드DeepMind가 개발한 인공지능 바둑 프로그램 알파고AlphaGo가 세계 챔피언인 이세돌 9단을 이겼을 때를 회상해보면, 그때도 충격이 컸지만 AI의 능력이 바둑에 한정되어 있었기 때문에 사람들의 기억 속에서 쉽게 잊혀졌다. 알파고가 제아무리 바둑을 잘 두어도 우리의 삶에 직접적인 영향을 줄 것은 아니므로 지금처럼 많은 매체에서 오랫동안 호들갑을 떨지는 않았다. 뉴스거리는 되었지만 일상생활과의 거리감 때문에 사람들의 뇌리에서 쉽게 잊혀진 것이다.

챗GPT로 떠들썩한 첫 번째 이유가 현재의 능력에 대한 놀라움 때문이라면, 두 번째 이유는 미래에 일어날 변화 때문이다. 다른 기술과 마찬가지로 우리 삶을 편하게 할 것이지만 일자리에 큰 변화가 올 것이라는 우려가 나오고 있다. 최신 AI의 능력에 대한 기대감과 위기감이 동시에 존재한다. 한 달 정도 걸려 작성해야 했던 사업제안서를 챗GPT를 사용하여 하루, 이틀 만에 끝낼 수 있었다는 경험담은 직장인들을 기대에 부풀게 했다. 대학생이 챗GPT에게 시켜 받은 결과를 과제물로 제출했더니 A+ 평점을 받았다는 사례에 사람들은 놀라움과 함께 우려를 표명한다. 우리의 사회적 위치나 직업이 학위, 자격증, 경력 등에 따라 결정되었는데 '만능 AI'가 나오면 이런 가치 시스템에 큰 교란이 올 것이다. 같은 현상을 놓고 한쪽에서는 편해지는 세상을 꿈꾸지만, 다른 쪽에서는 위기의식을 갖는 이유는 이해의 정도와 준비 태세가 각각 다르기 때문일 것이다.

챗GPT의 출현이 AGI의 등장을 예고한다는 의견이 점점 설득력을 얻고 있다. AGI는 모든 영역에서 인간과 유사하거나 인간을 초월하는 능력을 가진 존재로 인공적으로 만들어진 지능의 '끝판왕' 정도로 생각하면 된다. 이런 존재를 상상하기 어렵다면, 〈아이언맨Iron Man〉(2008, 2010, 2013)이나 〈그녀Her〉(2014)와 같은 공상과학영화를 떠올려보면 된다. 그런 AI가 과연 우리 생애에 나타나겠냐고 코웃음을 치던 사람들 중에는 챗GPT 출현 이후 갑자기 불안감에 휩싸이는 경험을 하는 사람도 꽤 많을 것이다.

불확실한 미래를 좋아하는 사람은 없다. 그래서 AI에도 관심을 가져보려 하지만 여러 가지 질문들이 꼬리를 문다. 챗GPT와 앞으로 나올 AGI는 도대체 어느 정도 능력을 가질 것인가? AI가 대중화되어 일자리를 차지하기 시작한다면, 그래서 기존 고용 시스템이 무너지면 어떤 세상이 올 것인가? 현재의 제도권 교육 시스템은 언제까지 유효할 것인가? 기업에서의 인력 채용 및 양성 그리고 관리 계획은 어떻게 바뀌어야 하는가? 곧 도래한다는 AGI 시대를 맞이하여 우리 아이는 어떻게 준비시켜야 먹고사는 데 문제가 없을 것인가? 이런 무거운 질문들은 개인은 물론 기업 및 정부기관으로서도 감당하기 쉽지 않다.

심리학 연구에 의하면 인간의 스트레스는 주로 미래에 대한 불확실성에서 온다고 한다. 학기 말 과제 발표, 상사 앞에서 하는 보고, 연애할 때 상대방의 반응, 교통 정체 등은 아주 가까운 미래가 어떻게 될지 모르는 상황이기 때문에 순간적으로 강력한 스트레스를 준다. 인류가 원시인 시절에 사나운 사냥감을 눈앞에 두고 받았던 그런 스트레스와 다를 바 없다. 그러다 보니 우리 몸은 순간적 스트레스에 대해서는 호르몬 분비를 비롯한 신체적 반응을 통해 나름 대응하도록 진화했다.

반면에 승진, 구직 활동, 대학 입시 준비, 자녀 교육, 법률 소송 등과 같이 장래에 대한 불확실성으로 받는 지속적인 스트레스는 인간이 미래를 예측하기 시작하면서 생겼을 것이다. 에너지를 폭발적으로 모아서 해결할 수 있는 순간적 스트레스와 달리 지속적인 스트레스는 암을 비롯한 만병의 근원이기 때문에 각자가 중장기적인 대처 방안을 마련해야 한다. 이런 종류의 스트레스를 없애는 가장 좋은 방법은 그 불확실성의 근원을 없애는 것이다. 먼저 그 상황을 제대로 이해한 후 체계적으로 대처해가는 것 외에 더 좋은 방법은 없을 것 같다. AI 때문에 생기는 미래에 대한 불확실성을 해소하는 방법은 AI를 이해하는 것이 첫 번째 스텝이다.

거역할 수 없을 것 같은 AGI 시대는 얼마나 가까운 미래일까? 그 시대에 인간은 어떤 방식으로 삶을 이어나가야 할까? 이런 질문들이 내포하는 불확실성으로부터 받는 스트레스는 나이, 사회적인 위치와 역할, 직업 등에 따라 다를 것이다. 하지만 스트레스의 정도와 상관없이 그 근원은 모두 같다. AI가 현재 어떤 능력을 가지고 있고 앞으로 어떻게 더 발전될 것인지 잘 모르기 때문이다. 또한 그로 인해 촉발되는 위기감이 너무 막연하기 때문이기도 하다. 현재의 AI에 대해 제법 안다는 전문가들도 불안감에 시달리는 것은 마찬가지다. 눈이 핑핑 돌 정도로 빠르게 변하고 있는 AI 기술의 발전 속도를 어떻게 따라갈 것인지, 자신의 현재 전문 분야 지식과 경험만으로 생존이 가능할 것인지, 대대적인 투자를 아끼지 않는 최첨단 대형 IT기업들이 '승자독식勝者獨食' 하는 세상이 오면 어떤 운명을 가지게 될지 등의 궁금증은 실존과 직결된 문제다. 전문가들은 태풍의 한가운데 있다 보니 오히려 더 불안할 수 있다.

AGI의 등장으로 인류 역사는 종말을 맞이할 수도 있을 것이라고 AI 과학자들과 미래학자들이 이야기하고 있다.[1] 우리는 어렸을 때 접했던 공상과학 영화나 소설 속에 등장했던 것들이 당시에는 허무맹랑하게 들렸지만 이미 실현된 사례들을 목도해왔다. 그렇다면 AGI도 조만간 실현되지 않을까 예측해보는 것을 무리한 사고의 확장이라고 비판만 할 수는 없다. AGI는 아직 만들어지지 않았다. 하지만 2022년 11월 30일에 세상에 나온 챗GPT라는 AI는 AGI를 향한 첫걸음이라는 평가를 받고 있다. 정말 그렇다면 미래에 쓰일 인류의 역사에는 인류가 걸어온 길을 챗GPT 이전과 이후의 시대로 구분할지도 모른다. 즉 챗GPT의 등장이 인류 역사에 있어 새로운 시대를 여는 신호탄이 될 수도 있다는 것이다.

한 번도 경험해보지 못한 세계

'과연 챗GPT가 인류 역사에 한 획을 그을 만큼 대단한 것인가?'

이 질문은 미래를 내다보며 사는 사람이라면 진중하게 생각해봐야 한다. 정책 입안자는 물론 사회의 오피니언 리더라면 이 질문에 대한 답을 정확히 알고 있어야 한다. 챗GPT가 촉발한 AGI 시대가 오면 거의 모든 영역에 걸쳐 지금 생각하고 있는 모든 분석과 전략이 무용지물이 될 수 있기 때문이다. 미래 일자리를 중심으로 논의를 좁혀 구체적으로 살펴보자.

교사들을 포함한 교육 전문가들뿐만 아니라 학부모들도 이 질문의 의미를 알면 좌불안석이 되는 것이 정상일 것 같다. 현재의 직업관이 송두리째 바뀌어야 할 가능성이 매우 높기 때문이다. 5~10년 후에 과연 지금처럼 변호사나 기자가 많이 필요할까? 교사나 교수는 지금처럼 지식을 전달하는 역할을 계속해갈 수 있을까? 학생들은 지식을 습득하고 문제 풀기를 잘하기 위한 교육만 받아 좋은 대학에 가면 안정된 미래를 꿈꿀 수 있을까? 이러한 질문들은 미래학, 교육학, 철학, 역사학, 경제·경영학, 정책학 등의 영역에서 전문가들 간에서만 다루어질 문제가 아니다. 신문 칼럼에 담론으로 싣는 수준에서 끝날 수 있는 질문도 아니다. 미래 세대의 생존을 위해 각자 깊은 관심을 가지고 구체적으로 살펴보고 계획해야 하는 이슈들이다.

　현재의 직업 및 교육 시스템을 과연 유지할 수 있을 것인가를 묻는 위 질문들에 대한 나의 답은 모두 '그렇지 않다'다. 모두 미래 예측에 관한 것이기 때문에 나의 답이 엄밀한 근거에 기반한 과학적인 논증으로 증명될 수 있는 것은 아니다. AI의 핵심 분야인 자연어처리 기술과 정보검색 기술 연구에 오랫동안 몸담아온 사람으로서의 '감'이고 '느낌'이라고 보는 것이 더 정확할 것 같다. 하지만 그렇다고 나의 '감'이나 '느낌'에 의한 결론을 믿으라고 할 수는 없다. 이 책의 임무는 독자들에게 챗GPT의 겉과 속을 들여다볼 수 있게 하여 각자 사회 변화에 대한 실존적 질문들에 스스로 답을 구해보도록 하는 것이다. 이 분야에 배경지식을 가지고 있지 않은 사람이 한 권의 책으로 챗GPT의 내부를 속속들이 이해한다는 것은 쉬운 일이 아니다. 다만 인간 지능과 비교하면서 AI의 '계산 모델'을 들여다보면 AI 시대에 대한 꽤 정확한 '감'을 잡을 수 있을 것이라는 기대는 할 수 있다. 이 과정을 통해 AI의 '빛과 그림자'를 볼 수 있는 균형감을 키우고, AGI 시대를 맞이해야 할 우리 미래 세대의 삶, 일자리 그리고 교육에 대해 제대로 생각할 수 있을 것이다.

　챗GPT의 '대단함'을 보여주는 두 가지 경고 사례를 먼저 소개하겠다. 챗GPT를 출시한 오픈AI의 대표 샘 올트먼Sam Altman은 2023년 3월 미국 ABC방송사와의 인터뷰에서 이 기술의 위대함과 함께 두려움을 표명했다.[2] 챗GPT가 하나의 '블랙박스black box'[1]로서 어떤 능력까지 보여줄 수 있는지 정확히 알지 못한다는 점 때문에 올트먼 자신도 조심스러워하는 모습을 보였다. 그의 인터뷰가 세계적인 반향을 일으킨 가장 큰 이유는 개발 주체가 스스로 나서서 이 기술을 통제할 수 있는 정부의 규제가 필요하다고 강조했기 때문이다. 이 기술이 인류 문명의 발전을 위해 매우 유용하지만 활용에 따른 위험성이 있다는 것을 피력한 것이다. 자신이 만든 기술에 어떤 위험성이 있을지 모르니 정부에서 통제해달라고 한 사례가 과거에 있었을까? 굳이 뒤집어본다면, 올트먼이 기업 대표로서 책임감을 보여주고 오픈AI사의 신뢰를 견지하기 위한 전략적인 주장일 수도 있다. 심지어 이 기술의 대단함을 홍보하는 것처럼 들릴 수도 있다. 하지만 많은 AI 연구자들이 이런 견해에 동조하고 있다는 것을 감안하면, 챗GPT가 인류 역사를 바꿔놓을 만한 대단한 기술이라는 점은 부인할 수 없다.

챗GPT의 위력을 더욱 부각시킨 사례로, 캐나다 토론토대학의 제프리 힌턴Geoffrey E. Hinton 교수가 미국 뉴욕타임스지와 가진 인터뷰가 있다.[3] 신경망Neural Network 기반 AI의 대부라고 불리는 그는 인터뷰에서 AI가 인간 지능을 능가하는 날이 머지않았을 것이며, 이러한 기술이 부적절하게 사용될 경우 극도로 위험할 수 있다고 경고했다. 그러면서 자신이 신경망 기반 AI 기술을 발전시킨 데 대해 후회를 표명했는데, 이 기술의 잘못된 활용이 인류에게 치명적인 결과를 초래할 수 있음을 강조한 것이다. 그의

---

1   소프트웨어가 내부에서 어떤 일을 하는지 알기 어려운 경우를 빗대어, 검게 칠해져 있는 속을 들여다볼 수 없는 상자라는 의미로 쓰이는 용어다. 반대말은 글래스박스(glass box)로 소프트웨어가 어떻게 작성되는지 명확히 알 수 있어 투명도가 높다는 것을 의미한다.

경고는 챗GPT와 같은 기술의 발전이 가지고 있는 잠재력으로 인해 추가 개발과 활용에 막중한 책임과 신중함이 따라야 한다는 것을 알려준다.

겉에서 본 생성형 AI

챗GPT의 능력을 좀 더 엄밀한 방법으로 측정할 수는 없는지 의문을 제기할 수 있다. 하지만 이러한 시도는 자칫하면 인간의 능력을 지엽적인 측정 지표인 지능지수(IQ)Intelligence Quotient로 평가하는 식의 우를 범하는 결과를 초래할 수 있다. 챗GPT는 대화를 통해 광범위한 지적 활동을 수행하는 AI이기 때문에 대학생을 평가할 때 지표로 사용하는 논문 실적이나 대회 우승 실적과 같은 업적만으로 평가할 수도 없다. 향후 AI 연구가 더 진행되어 '지능 스페이스'가 정의된다면 그 공간 안에 있는 다양한 지능 중 어느 부분을 챗GPT가 어느 정도 달성하는지 객관적으로 평가할 수 있는 날이 올 수는 있다. 하지만 지금으로써는 챗GPT의 내부 구조를 들여다보면서 그 능력과 저력을 분석적으로 가늠하여 판단하는 것이 최적의 방법일 것 같다.

우리가 어떤 대상을 파악하려고 할 때 그 내부는 무시하고 밖으로 드러나는 것만을 관찰하여 판단한다면 그 대상을 '블랙박스'라고 한다. 즉 챗GPT의 내부 작동 방식을 모르는 상태에서 입출력만으로 능력을 평가하고 내부 기제를 추정하는 것을 의미한다. 이러한 방법은 과거 인지과학에서 인간의 마음이나 뇌의 기능을 연구하기 위해 사람에게 다양한 자극을 주어보고 그 반응을 관찰하는 '자극과 반응 모델Stimulus-response model'을 사용한 것과 유사하다. 뇌 연구에서도 얼마 전까지만 해도 뇌를 블랙박스로 보고 자극에 대한 행동 반응을 반복적으로 관찰함으로써 내부 기능을 추정하는 방식으로 진행되었다.[2] 이제 우리도 몇 가지 질문을 통한 간접적 탐침probing으로 이 '외계인'을 테스트해보면서 그 '대단함'의 정도를 알아보려고 한다.

아래는 챗GPT의 능력을 테스트하기 위해 만들어낸 질문으로 쉽게 연결시키기 어려운 정보를 종합해야지만 답변할 수 있다.

[질문 1]
키 175㎝에 체중이 120㎏ 나가는 50세 남자의 당화혈색소 수치가 6.4인데, 발목 골절로 두 달간 안정을 취해야 하는 상황이다. 앞으로 두 달 동안 생활을 어떻게 해야 두 가지 문제점을 극복할 수 있을까?

직접적인 인과관계가 없을 것 같은 두 가지 건강상의 문제, 즉 당뇨병과 골절이 연결된 이 질문은 바로 답을 검색하거나 고민 없이 쉽게 답하기 어려워 전문가의 복합적인 추론을 필요로 한다. '비만'이라는 용어가 사용되지 않았지만 환자의 키와 체중으로 비만도를 추정하여야 하고, 수치 정보를 통해 현재 당뇨병

---

[2] 최근에는 기능적 자기공명영상(fMRI) 기술을 이용하여 뇌 내부를 들여다보는 연구가 크게 진전되어 뇌의 미세한 부위의 역할도 알아내고 있다.

단계에 접어들었다는 것도 이끌어내야 한다. 당뇨병에 대처하기 위해 많이 걸어야 한다는 등 운동 처방을 해야 하는데, 골절로 그것이 불가능해진 상황에 어떤 조언을 할 수 있을 것인가도 고민해야 한다. 다음은 이 질문에 대한 챗GPT의 대답이다.

[답변 1]
두 달 동안 발목 골절로 인해 안정을 취해야 하는 상황에서, 당화혈색소 수치가 낮고 비만인 상태인 남성이라면 두 가지 주요 문제점을 극복하기 위해 다음과 같은 조치를 취할 수 있습니다:

올바른 식단 관리:
- 영양 밸런스: 비만인 경우 체중 관리가 중요합니다. 당뇨병과 관련하여 당화혈색소 수치를 관리하기 위해 영양 밸런스를 유지해야 합니다. 탄수화물, 단백질, 지방 등의 영양소를 균형 있게 섭취해야 합니다.
- 당분과 탄수화물 제한: 당화혈색소 수치를 관리하기 위해 당분과 탄수화물을 제한해야 합니다. 과도한 당분과 탄수화물 섭취는 혈당 수치 상승을 유발할 수 있습니다.

상황에 맞는 운동:
- 발목 골절로 인해 운동이 제한되는 상황에서도 가능한 운동을 선택해야 합니다. 의사와 상의하여 꾸준한 상지운동을 실시하거나 유산소운동 중 하체에 영향을 덜 받는 운동을 선택할 수 있습니다.

- 상지 근력 운동: 가벼운 상지 근력 운동은 하체 부상이 있을 때 근력을 유지하는 데 도움이 될 수 있습니다. 상지운동은 발목 골절이 된 하체에도 영향을 주지 않습니다.
- 신체 활동 조절: 두 달간 운동이 제한되므로 식사량을 조절하여 에너지 섭취량을 줄이고, 체중 감량을 도모하는 것이 중요합니다.

두 달 동안은 발목 골절의 치료와 후유기로 인해 생활 습관을 적절히 조절해야 합니다. 의사와의 상담을 통해 올바른 식단과 상황에 맞는 운동을 선택하여 체중 관리와 당화혈색소 수치를 개선하는 데 중점을 둘 필요가 있습니다. 이러한 노력을 통해 건강한 상태로 회복할 수 있고, 두 달간 안정을 취하는 동안 당뇨와 비만 문제를 극복할 수 있을 것입니다.

검색엔진을 통해 얻을 수 있는 결과와 비교하면 챗GPT의 답변은 놀라운 차이를 보여준다. 이 답변을 보면 세계시장에서 점유율 95%를 자랑하는 구글이 챗GPT와 연결한 검색엔진 빙Bing의 약진에 크게 당황할 수밖에 없는 이유를 알 수 있다. 영원할 것 같은 '구글신'이 더 이상 세계를 제패하지 못할 수도 있다는 위기의식을 느낄 정도로 챗GPT의 파급력은 크다.

특히 위 답변에서 '상지 근력 운동'을 권하고 '운동이 제한되므로 식사량을 조절하라'는 부분은 매우 논리적인 추천으로 챗GPT가 발목 골절과 당뇨 관계를 잘 이해하고 있는 것 같다. 챗GPT의 지식수준이 적어도 의대 가정의학과 인턴 정도로 여겨지지 않는가? 인터넷 검색을 많이 사용해온 독자라면 이 정도 지식은 인터넷 어딘가에서 가져올 수 있을 것이라고 생각할 수도 있다. 하지만 이 블랙박스 안에서 어떤 일이 벌어지는지 알게 되면 그 생각이 바뀔 것이다.

일단 왜 챗GPT를 '생성형 AI'라고 부르는지 짚고 넘어가자. 챗GPT는 문장이나 문단을 검색해서 제공하는 것이 아니라 문장 형태의 답을 그때그때 만들어낸다. 즉 대화나 답을 즉석에서 '생성'하여 제공하는 것이다. 이는 사람이 대화할 때 외운 문장을 끄집어내는 것이 아니라 단어를 순차적으로 발화하는 과정과 같다. 의대 가정의학과 인턴들이 진료 시 환자의 상태를 보고해야 한다면, 단순히 암기한 것만 떠올리는 것이 아니라 저장된 지식과 환자의 상태를 기반으로 추론하고 그 결과를 말로 표현할 것이다. 교육과정을 통해 많은 배경지식을 쌓고 사례집을 통해 다양한 환자 진료 케이스를 접한 뒤에라야 위와 같은 질문에 쉽게 답을 생성할 수 있다. 챗GPT도 엄청난 양의 콘텐츠를 읽어 상당한 '지식'을 보유하고 있고, 이를 바탕으로 답변을 만들어간다.

근래에 미디어에서 '생성형 AI'를 강조하는 이유는 지금까지 많이 사용되어온 대부분의 AI가 '분석형' 위주였기 때문에 새로운 AI라는 것을 부각시키려는 의도도 있다. 예컨대 이메일이 스팸인지 아닌지 판단하거나, 고객서비스센터에 들어온 민원을 '부품 불량', '패키지 불량', '배달 문제', '고장 수리 지연'과 같은 여러 범주로 분류하는 것은 '분석형 AI'의 역할이다. 자동분류기라고 불리는 이 AI는 특정 범주에 속하는 문서들에 나타내는 단어가 얼마나 있는지 '분석'하여 판단한다. 이 판단은 학습 과정을 통해 미리 만들어놓은 범주별 '모델'과 분석 대상 문서 간 유사도를 계산한 결과에 근거를 둔다.

주식을 매수할지 매도할지 결정해주는 AI라면 먼저 산업 동향, 기업 전망, 기업 실적 등이 있는 훈련데이터를 '분석'하여 '매수 모델'과 '매도 모델'을 내부에 만들어놓는다. 어떤 주식 이름을 주면서 매수·매도 여부를 물으면, 이 주식이 어느 모델과 가깝게 있는지 판단해서 '매수'나 '매도'를 결정해준다. 이러한 분석형 AI는 그동안 여러 분야에서 사용되어 네이버와 같은 콘텐츠 플랫폼에서 독자의 성향을 파악하여 새로운 신문 기사를 추천하는 것도 'AI 추천'이라고 한다. 과거 데이터로부터 학습한 독자의 성향 모델과 최근 신문 기사를 '분석'하여 비교함으로써 추천 여부를 결정한다.

이에 반해 챗GPT와 같은 생성형 AI는 주어진 조건에 따라 문장을 직접 '생성'하는 능력을 보유하고 있다. 하지만 챗GPT가 생성형 AI로서 처음 등장한 것은 아니다. 질의응답 시스템에 질문이 들어오면 응답하는 것도 문장의 생성이고, 문서의 요약문을 써주는 것도 문장을 순차적으로 생성하는 것이다. 즉 주어진 과업에 따라 직접 문장을 '생성'한다면 모두 '생성형 AI'인 것이다. 텍스트뿐만 아니라 이미지, 동영상, 프로그램 코드, 음악 등을 생성해내는 것도 생성형 AI에 포함된다. 텍스트를 입력으로 받아 그 의미에 따라 이미지를 생성하는 식으로 콘텐츠 형식 간 교차 생성도 가능하다.

한편, 생성형 AI의 대표 선수 중 하나인 자동번역기를 보면 '분석'과 '생성'은 동전의 양면이라는 것을 알 수 있다. 자동번역은 한 언어로 쓰인 '원시 텍스트'를 다른 언어로 쓰인 '목적 텍스트'로 변환해주는 것이 핵심인데, 이 과정에서 원시 텍스트의 분석이 먼저 수행된 후 그 결과로 언어와 독립적인 잠재적 표상이 만들어진다. 이 표상에는 원시언어 텍스트의 어휘, 구문, 의미, 화용 등에 관한 정보가 모두 포함되어 있으므로 여기서 실을 뽑듯이 목적언어 단어열을 생성하여 번역 문장을 만들어간다. 원시 텍스트 분석을 잘하는 것과 문장 '생성'을 잘하는 것은 전혀 다른 능력이다. 학교에서 영어 독해력을 위해 분석 공부만 10년 이상 해온 학생이 외국인 앞에서 말 한마디도 제대로 못하고 쩔쩔매는 것은 생성하는 능력을 기르지 못했기 때문이다. 챗GPT는 이런 언어능력을 바탕으로 깊이 있는 지적 대화를 무한정 끌고 나갈 수 있다.

너를 알기 위해 나를 들여다본다

글을 읽는다는 것

[답변 1]은 챗GPT의 핵심적인 특징을 담고 있다. 우선 글이 매우 자연스럽고 논리적이어서 상당히 높은 수준의 언어 구사력을 지니고 있다는 점이다. 이러한 뛰어난 능력의 근간에는 GPT라는 AI가 있고 그 안에는 '언어모델^{Language Model}'이란 것이 구축되어 있기 때문이다. 이런 언어모델을 만들기 위해 거대한 콘텐츠를 사용하기 때문에 보통 '거대언어모델(LLM)^{Large Language Model}'이라고 불리며, 이런 AI를 '초거대 AI'라고 칭하기도 한다. 챗GPT는 GPT AI를 발전시켜 대화를 잘하도록 특화시킨 것으로, 현재 GPT 3.5 버전과 4.0 버전이 탑재된 두 가지를 무료와 유료로 제공하고 있다.

언어모델의 개념은 인간이 말하고 글 쓰는 능력을 곰곰이 생각해보면 어렵지 않게 이해할 수 있다. 잠시 AI를 떠나 우리 자신의 사고 과정을 살펴보자. 우리 자신의 인지적 능력을 들여다보면 언어모델 기반의 AI의 능력을 제대로 알고 그 어깨 위에 올라설 수 있는 것이다. 언어처리 현상에 있어 놀랍게도 유사한 점이 많은 GPT와 인간의 인지 모델을 비교해보면 각각을 이해하는 데 도움이 될 뿐 아니라 지능이 뭔지 이해하기도 쉽다.

우리가 문장을 읽을 때 머릿속에서 일어나는 현상을 살펴보기 위해 글을 읽고 있는 상황을 설정해보자. 소설에서 아래와 같은 문장을 접했을 때 우리 뇌 속에서는 어떤 일이 벌어질까?

'나는 어제 따스한 햇볕으로 가득 찬 카페에서 혼자 녹차를 마셨다는 기억을 떠올리고 씁쓸한 마음이 들었다.'

이 문장을 읽어가면서 우리 뇌는 여러 가지를 상상하고 과거 경험을 떠올린다. 첫 단어인 '나는'을 읽는 순간 뇌는 이 소설의 주인공에 대해 읽은 기억을 떠올려 문장의 다음 부분을 받아들일 준비를 한다. 주인공과 관련된 이미지나 연관된 인물들이 엮여 하나의 맥락을 구성하기 시작하는 것이다. '따스한 햇볕으로 가득 찬'이라는 표현은 이런 장소를 머릿속에 그리게 한다. 순간적으로 온실, 해변, 어렸을 적 놀던 마당 등 과거에 경험했던 특정한 장소나 상황의 이미지가 스쳐갈 수 있다. 다음 단어인 '카페'는 이미 가봤거나 영화에서 봤던 카페의 모습과 정경을 떠오르게 할 것이다. 심지어 카페에서 누군가와 이야기했던 기억이 순간적으로 머릿속을 지나갈 수도 있다. 이렇게 우리는 문장을 읽으면서 직간접적 경험과 연관된 개념들을 떠올려 연결시켜간다. 아마 '카페'라는

개념을 중심으로 연관된 개념과 이벤트들이 연결되어 하나의 덩어리를 만들어가는 느낌을 받을 것이다. [3]

이런 식으로 문장을 읽다가 '쓸쓸한 마음이 들었다'라는 문구에 다다르면 우리 뇌는 여태까지 만든 생각의 덩어리, 즉 '프레임'에 감정까지 연결한다. 이 문구 전까지는 자신이 과거에 녹차를 마셨던 장면을 떠올리면서 그때 느꼈던 행복감이 잠시 연결될 수도 있었겠지만, 이제 반대 상태인 '쓸쓸한 마음'으로 떠올려지는 감정이 연결된다. 설령 녹차를 마시면서 쓸쓸했던 기억이 없더라도 녹차를 마시는 행동과 쓸쓸한 감정이 연결된 이미지를 뇌 속에 만들어가면서 그 소설 속의 상황을 이해하는 것이다.

이렇게 우리는 한 문장을 읽으면서도 머릿속에서 이미지와 감정이 번뜩이는 경험을 한다는 것을 알 수 있다. 마치 꿈을 꾸는 듯한 느낌일 수도 있다. 이런 상상은 우리 뇌 속에 담겨 있는 다양한 개념과 경험이 상호작용하여 이루어지는 것이다. 즉 과거에 경험했던 '따뜻한 날', '카페', '녹차를 마셨던 기억', '누군가를 떠나보내고 나서의 쓸쓸한 마음'과 같은 것들이 얽히고 중첩되어 그 문장이 나타내고 있는 현 상황을 이해하는 것이다. 상상력이 풍부한 사람이라면 주인공에게 어떤 감정적 변화가 있을지 혹은 어떤 사건이 전개될지 예측도 할 수 있다. 독자의 호기심을 불러일으키고 이어지는 스토리를 예측하게 하는 소설의 플롯에는 우

---

3   한 개념의 속성과 값들 그리고 연관된 개념들과 이벤트를 엮은 생각의 덩어리를 인지과학과 AI에서 '프레임(frame)'이라고 부른다.

리 뇌가 가지고 있는 특징을 활용하는 전략이 숨어 있는 것이다.

뇌에서 이런 연상 및 예측이 일어나는 것은 진화의 산물이다. 인간은 원시시대부터 생존을 위해 눈앞의 상황을 인지해서 직접 대처해야 했고 때로는 다른 사람들에게 이를 전달해야 했다. 설명하는 능력을 위해 언어를 발전시킨 우리 뇌는 필요한 단어들을 뽑아내어 문장을 만들어가는 능력을 점차 키우게 된 것이다.[4] 현 상황의 인지뿐만 아니라 통제까지 해야 했던 인간은 앞으로 어떤 일이 벌어질지 예측하는 능력도 키우게 되었고 궁극적으로 스토리텔링을 할 수 있는 지구상의 유일한 존재로 진화되었다. '단어들을 뽑아내어 문장을 만들어가는 능력', '예측하는 능력', '스토리텔링' 모두 앞서 보았던 챗GPT의 능력이 아닌가?

독해와 작문 실력을 키우려면 독서를 많이 하라는 조언을 들어본 적이 있을 것이다. 글을 많이 읽으면 어떤 일이 벌어지는 것일까? 결론부터 이야기하면 어휘력, 문장 구성 능력, 논리적 사고력 등이 향상된다. 우리 뇌는 독서의 과정을 통해 단어, 문장 구조, 문단의 흐름 등 언어적인 요소들을 파악하여 언어지도[4]를 만들어내고 이를 계속 업데이트한다. 우리는 이러한 언어지도를 사용하여 말이나 글을 생성하는 것이다. 글을 많이 읽다 보면 언어지도가 더욱 고급스럽게 만들어져 논리학이나 글 쓰는 법 같은 것을 별도로 배우지 않아도 어느 정도 터득하게 된다. 모국어

---

4   복잡한 아이디어나 지식을 '마인드맵'과 같은 소프트웨어로 정리하여 지식 지도를 만드는 것과 유사하게 생각할 수 있다.

문법을 별도로 배운 적이 없어도 틀리거나 어색한 문장을 지적해 낼 수 있는 것은 글을 많이 읽고 들었기 때문이다. 이와 같이 우리는 명시적으로 가르치지 않아도 생겨나는 '창발創發 능력'을 가지고 있다. 그런데 챗GPT도 이런 능력을 가지고 있다.

모두가 가지고 있는 언어모델

GPT AI도 인간과 같이 학습 과정을 거치면서 언어지도를 구축한 후, 이를 바탕으로 단어를 순차적으로 선택하여 문장을 생성해낸다. 학습 과정에서는 방대한 양의 텍스트를 읽어 들여 인간이 지식과 생각을 표현할 때 사용하는 어휘 정보, 문장구조 및 문법, 의미 정보 등과 같은 언어적 요소들을 자연스럽게 습득한다. 이렇게 형성된 언어지도를 이용하여 질문에 답하고, 문장을 번역하기도 하며, 요약을 하는 등 문장을 만들어낸다. 내비게이션 시스템이나 운전자가 온라인 지도를 사용하여 특정 경로를 찾아가는 것과 같이, GPT도 언어지도의 안내를 통해 문장을 생성하는 것이다. AI와 언어학 분야에서 쓰는 용어인 '언어모델'은 바로 이 언어지도를 지칭한다고 보면 된다.

인간은 태어나서 부모와의 대화를 시작으로 다양한 교육과정을 거치면서 각자 자신만의 '언어모델'을 구축해간다. 언어모델은 성장 과정을 통해 변화하기 때문에 특정 시점에 만들어내는 문장의 스타일이나 품격 그리고 담겨 있는 지식의 깊이와 넓이 등을 결정한다. 마찬가지로 GPT도 학습에 사용한 데이터와 학습 알고리즘에 따라 언어모델이 달라지기 때문에 읽어 들인 지식정보의 종류와 크기가 생성되는 텍스트의 품질에 결정적인 역할을 한다.

인간과 GPT AI는 학습을 통해 언어모델을 구축한 후 필요할 때마다 주어진 맥락에 맞게 언어를 생성한다는 면에서 유사하다. GPT 이름도 이런 면을 반영한 것으로 'Generative Pre-trained Transformer'의 약자다. 'Generative'는 '생성형' AI라는 특성을 반영하고, 'Pre-trained'는 언어모델이 '사전 학습'되었다는 것을 의미한다. 마지막 단어인 'Transformer'는 GPT가 언어모델을 구축하고 활용하는 알고리즘을 지칭한다. 요약하면, GPT는 트랜스포머라는 계산 알고리즘을 사용하여 언어모델을 사전에 학습한 후 같은 알고리즘으로 문장을 생성하는 AI이다. 부르기 쉽지 않은 이름이지만 이 AI가 어떻게 작동하는지를 그대로 담고 있다.

그러면 트랜스포머라는 계산 모델이 무엇이기에 이런 '대단한 언어능력'을 가능하게 해줄까? 구글의 과학자들은 통계수학 모델에 기반하여 트랜스포머를 만들었다. 그러다 보니 트랜스포머는 작동하는 방식에 있어 생물학적인 뇌가 언어모델을 구축하는 기제와는 다르다. 하지만 개념적으로는 인간의 뇌에서 신경세포 네트워크를 통해 일어나는 인지 작용과 비슷한 면을 많이 가지고 있다. 따라서 우리가 글을 읽고, 정보를 저장하며, 글을 생성하는 인지 과정을 이해하면 트랜스포머를 기능적으로 이해하는 데 큰 도움이 된다. 즉 수학이나 공학적 배경지식 없이도 트랜스포머라는 낯선 알고리즘의 이해가 가능한 것이다.

계산과학적으로 만들어진 언어모델과 생물학적인 인간 뇌의 작동 원리를 비교하고 대조해보면 상호 참조가 되어 두 모델을 이해하고 발전시키는 데 큰 도움이 된다. 실제로 AI와 인지과학은 서로를 바라보면서 큰 발전을 이루었다. 또한 두 기제 간의 구조적·절차적 차이를 이해한다는 것은 AI와 인간 지능 간의 잠재력뿐만 아니라 서로 다른 점도 알 수 있게 한다. 따라서 이런 비교와 대조를 통해 AI와 인간이 미래에 각각 장점을 살려 어떻게 공존할지 혹은 어떤 충돌이 일어날지 예측도 할 수 있다.

놀랍고 무서운 신생아 챗GPT

신생아의 의미

《사피엔스Sapiens》와 《호모 데우스Homo Deus》의 저자로 널리 알려진 역사학자 유발 하라리Yuval N. Harari는 챗GPT를 아메바에 비유한다. 챗GPT는 기본적인 지능만을 갖춘 AI이기 때문에 이 단세포 '아메바' 수준의 AI가 어떤 가공할만한 능력을 가진 존재로 진화해갈지 모르는 현 상황을 강조한 것이다. 이런 비유가 파격적이긴 하지만 다수의 AI 연구자, 미래학자, 역사학자들은 입을 모아 챗GPT는 시작에 불과하다고 평가한다. 미래에 나타날 AI를 고려하면 챗GPT, 구글의 바드Bard 및 제미나이Gemini, 메타Meta의 라마LLaMA, 앤트로픽Anthropic의 클로드Claude 등은 모두 AI의 신생아인 셈이다. 이런 AI가 앞으로 어떻게 어디까지 성장할지 정확히 예측하는 것은 누구에게도 쉬운 일이 아니다. 따라서 이 시대를 살아가는 사람들은 스스로 기술 트렌드를 읽을 수 있는 혜안을 키워 자신의 미래를 판단해야 한다. 즉 전문가만큼 분야별로 깊이 알지는 못해도 이들의 의견을 알아 듣고 종합할 수 있는 능력을 갖추어야 한다.

AI 연구자로서 나는 챗GPT를 공룡 티라노사우르스(티렉스)에 비유하는 것이 더 적절하다고 생각한다. AI 세계에서 '초거대 모델'로 불릴 정도로 엄청난 컴퓨팅 규모를 가지고 있기 때문이다. 지구상에 공룡 같은 AI 신생아가 갑자기 나타난 셈이다. 티렉스는 육식동물로서 그 이름은 '폭군'이라는 뜻을 지니고 있다. 이 별칭이 적절한 이유는 챗GPT가 가공할만한 양의 전력 에너지를 사용하고 있다는 점 때문이다. AGI를 목표로 매개변수 parameter[5] 숫자를 계속 증가시키는 것은 에너지 소비 관점에서 지속 가능하지 않다는 비판에 비추어볼 때 이런 '공룡'은 멸종할 가능성도 있다. 새로운 종류의 AI가 나타날지 아니면 좀 더 생존에 유리한 경량화된 GPT로 진화해갈지는 두고 봐야 한다.

무기나 기계의 성능을 평가할 때 우리는 주로 제원을 사용한다. 총과 대포는 구경을 통해 능력을 가늠하고, 항공기는 최대 속도나 탑승 가능 인원 등으로 특징을 나타낸다. 챗GPT의 경우 가장 주목할만한 제원은 1750억 개나 되는 매개변수의 규모인데, 그 이유는 챗GPT의 매개변수가 실제로 뇌의 시냅스synapse 연결 강도와 유사한 역할을 하기 때문이다. 언어 정보를 '기억한다'는

---

5   인공신경망을 구성하는 뉴런들 간의 가중치로 훈련에 의해 그 값이 결정된다.

것은 챗GPT의 경우 인공뉴런neuron들 간의 연결 강도인 매개변수 값들이 결정되는 것이고, 인간 뇌의 경우에는 시냅스의 연결 강도가 결정되는 것이다. 즉 매개변수의 수는 기억할 수 있는 용량과 추론의 깊이를 결정한다.

이런 제원과 능력을 가진 챗GPT는 어떻게 갑자기 탄생하게 되었을까? 크게 세 가지로 정리할 수 있다. 첫째, 트랜스포머라는 AI 모델이 텍스트 데이터를 처리하는 방식에 있어 혁신을 가져왔다. 이 모델은 생물학적 뇌에서 볼 수 있는 뉴런 간 상호작용을 모방한 것으로 보이지만, 이전에 개발되었던 다양한 인공신경망Artificial Neural Network 모델 기술들이 징검다리 역할을 해주었다. 둘째, 이러한 거대한 컴퓨팅 구조를 지원하기 위한 하드웨어 기술의 약진이 중요하다. GPU[6]라는 반도체 칩이 인공신경망의 가공할만한 계산을 가능하도록 뒷받침하지 않았으면 이런 규모의 계산 모델을 제안하는 것이 아무런 의미가 없었을 것이다. 셋째, 이 '인공두뇌'를 훈련시키기 위한 방대한 양의 데이터가 있었다는 점이다. 챗GPT는 약 5조 개의 토큰token[7]으로부터 정보를 학습했다고 알려져 있는데, 이는 인류가 생산한 콘텐츠를 거의 다 섭렵했다는 의미다. 이렇게 세 박자가 들어맞아 신생아가 탄생했다.

챗GPT를 신생아로 부르는 다른 이유가 있다. 약 100조 개

---

6 'Graphical Processing Unit'의 약자로, 원래 그래픽 처리에 특화된 칩이었으나 뉴럴 네트워크 AI에서의 많은 계산이 행렬 계산으로 이루어져 있어 AI 구현에 있어 핵심적인 역할을 하고 있다.

7 단어나 단어의 부분을 지칭하는 컴퓨터공학 용어다. 일정 수의 문자열을 가진 단위로, 단어보다 하위개념이지만 토큰을 단어로 생각해도 무리가 없다.

의 시냅스를 가지고 있다고 알려진 인간의 뇌와 비교하여 매개변수의 수가 한참 떨어지기 때문이다. 단순 계산에 의하면 현재 챗GPT는 인간 뇌가 해내는 최대 계산 능력의 500분의 1 수준에 불과하다. 그럼에도 불구하고 챗GPT가 인간의 평균 언어 수준을 능가하는 이유는 모든 컴퓨팅 파워가 언어모델링에 집중되기 때문이다. 주지하다시피, 인간의 뇌는 생명 유지, 감정 처리, 운동능력 등을 포함해서 훨씬 다양한 방면에 사용된다. 챗GPT가 인간의 뇌와 같은 계산력을 가지려면 매개변수의 면에서 약 500배 커져야 하니 아직 어린아이에 불과하다.

무섭다는 이유

인류의 진화 과정과 개인의 생후 발달 과정을 비교하면 챗GPT를 왜 '무서운' 신생아라고 하는지 알 수 있다. 인간은 350만 년 동안의 진화를 통해 현재의 뇌를 얻었는데, 이렇게 오랜 시간이 걸린 이유는 생물학적 진화라는 특성 때문이다. 반면, AI는 실리콘으로 이루어진 컴퓨터라는 기계 안에서 비교가 안 될 정도로 빠르게 '진화'할 수 있다. 생물학적 진화 프로세스가 알고리즘으로 대체되어 긴 시간이 필요한 진화의 결과를 단시간에 얻어낼 수 있으니 AI의 발전은 그야말로 빛의 속도로 진행될 수 있다. 기술 발전에 필요한 인간의 노력에 드는 시간적 제약은 분명히 있지만, AI가 스스로 자신을 발전시킬 수 있는 능력이 나타나고 있으므로 그 제약도 조만간 사라질 수 있다. 기술 발전에 대한 사회적 수용 여부가 이 신생아가 급성장하는 데 제동을 걸 수 있는 유일한 장치일지 모른다.

인간 개인이 가지고 있는 한계와 취약성을 고려하면, 이 신생아의 능력은 더욱 놀랍다. 우리가 평생 읽을 수 있는 책이나 학습할 수 있는 지식의 양은 제한되어 있을 뿐만 아니라, 뇌에 저장된 지식이 아무리 훌륭해도 생물학적인 방법으로는 후손에게 전달할 수 없다. 지식의 전달로 인류의 번영을 꾀하려면 인쇄 기술이나 디지털 기술과 같은 도구를 사용해야 한다. 후속 세대는 개별적으로 모든 지식을 다시 학습하는 과정을 거칠 수밖에 없는 것이다.[8] 반면 챗GPT는 몇 달 만에 5조 개의 토큰을 읽어 들일 정도로 학습 속도가 빠를 뿐만 아니라, 이러한 인공 '뇌'는 수많은 사람이 공유할 수 있으며, 컴퓨터 메모리만 충분하다면 부한히 복제하여 사용할 수도 있다. 즉 디지털 '뇌'는 하나만 있어도 인간 세계에 미치는 영향력이 거의 무제한일 수 있다는 의미다.

챗GPT의 기술이 가지고 있는 내재적인 특성과 별도로 우리가 이 기술을 다루는 방식, 즉 외재적인 요소도 불안감을 자아낸다. 단 두 달 만에 1억 명의 사용자가 몰려들었던 것만으로 놀랍기도 하지만, 앞으로 챗GPT가 인류에게 어떤 영향을 미치며 세상을 변화시킬지에 대한 불안감이 더 큰 것이다. 이 책을 쓰고 있는 시점에는 오픈AI가 자사 기술의 행보와 추가적인 학습을 전

---

[8] 칩을 뇌 속에 삽입하여 뇌신경계와 연결시키는 뉴럴 링크와 같은 기술의 개발은 이런 한계를 완화시킬 수 있다.

적으로 관리하고 있으므로 챗GPT 기술이 인간의 지적·사회적 활동에 미칠 영향을 이 기업이 혼자 결정하는 셈이다. 기술 개발에 자율성을 주는 것은 바람직하지만, 지금은 안전성에 대해 아무런 통제가 없어 브레이크 없는 차가 질주하고 있는 형국이다.

과거 기술 발전의 역사를 살펴보면, 아무리 인기를 끌었던 도구라도 사용되는 시기에만 인간의 행동에 영향력을 발휘했다. 하지만 챗GPT와 같은 AI는 경우가 다르다. 우리와 지적 수준의 대화를 통해 상호작용을 하는 존재이다 보니 우리의 '생각'에 직접적이고 영속적인 영향을 미칠 수 있다는 점에서 큰 차이를 보인다. 부모나 교사의 영향이 자녀나 학생의 미래에 지대한 영향을 미치는 것과 마찬가지로, 챗GPT는 대화를 통해 사용자의 행동과 미래에 되돌리기 어려운 영향을 미칠 수 있다. 챗GPT에 대한 신뢰와 친밀감이 쌓이면 사용자는 AI가 제안하는 방향으로 의사결정을 하게 되어 자신도 모르게 원치 않는 방향으로 이끌려 갈 수 있다. 이런 장기적 영향은 지적 동반자로서 편리함을 제공한다는 이 기술의 가치를 상쇄시키고도 남을 수 있다.

한 계 및 새 로 운 관 계

하지만 다행스럽게도 실제 세계에서는 이론과 달리 브레이크가 걸릴 수 있다. 물리적 현실의 한계 때문에 이 '공룡'이 무한정 커질 수는 없기 때문이다. 실리콘 기반의 AI가 필요로 하는 컴퓨팅 하드웨어는 막대한 양의 에너지를 소비한다. 최근 한 연구는 챗

GPT와 20~50개의 질문과 답을 주고받는 대화를 위해 500㎖짜리 생수 한 병 정도의 냉각수가 필요하다고 추정했고,[5] 5조 개의 토큰을 학습하는 훈련 과정에 쓰인 냉각수의 양은 70만 ℓ로 이는 BMW 자동차 370대를 생산하는 데 소요되는 양이라고 한다.[6] 이 추산에는 서버가 있는 데이터센터를 가동하는 데 들어가는 전기 비용과 냉각에 필요한 물이 모두 포함되었다.

다른 최근 연구에서는 학습 과정이 아닌 추론 과정에서 사용되는 에너지 사용량을 조사했는데, 생성형 AI로 평균적인 크기의 이미지 하나를 생성하는 데 들어가는 에너지가 스마트폰 1대를 충전하는 것과 유사한 것으로 나타났다.[7] 텍스트 생성은 이미지 생성에 비해 약 50분의 1 정도의 에너지를 사용하므로 간단한 추산을 하면 텍스트 형태의 답 50개 정도를 생성하기 위해 스마트폰 1대를 충전하는 에너지를 사용하는 것이다. 이러한 연구 결과는 현재 방식대로 컴퓨팅 규모를 늘려 추가적인 지능을 얻어내는 AI는 머지않아 지속 가능하지 않을 수 있다는 의미다. 결국, 에너지 소비와 관련된 환경적 문제로 현재와 같은 기술은 한계에 다다를 수 있다. 큰 몸집을 유지하기 위해 지나치게 많은 에너지가 필요했던 공룡이 빙하시대를 견딜 수 없었던 것처럼.

AI 전문가 중 일부는 챗GPT가 대용량 콘텐츠를 읽고 기억한 후 다시 섞어서 뱉어내는 수준이기 때문에 '언어 지능'만 가지고 있는 AI가 인간에게 주는 영향은 미미하다고 한다. 이런 한계에 관한 주장은 대부분 자연어처리와는 거리가 먼 AI 전문가들로부터의 의견이거나 특수한 언어학 이론에 근거한 판단이다. 하지만 인간이 보유한 언어 지능이 인류 문명의 발전과 역사를 여기까지 끌고 오는 데 혁혁한 공을 세웠다는 점을 상기시켜보면 그렇게 언어 지능의 여파를 경시하고 넘어갈 수는 없는 노릇이다.

언어에 담긴 논리학이나 수사학적 발전이 없었으면 철학부터 시작하여 거의 모든 학문의 발전은 불가능했을 것이다. 처칠 영국 수상의 명연설이 없었더라면 제2차 세계대전의 향방이 어떻게 되었을 것인지 알 수 없다. 링컨 미국 대통령의 게티즈버그 연설이 없었으면 미국은 현재 어떤 나라가 되어 있을까? 그 외에 세계 지도를 바꿔놓은 정치·군사적 인물들도 하나같이 언어 지능에 기반한 카리스마로 유명하다. 무엇보다도 언어 지능은 매일매일의 삶을 가능하게 하는 기본적인 능력이고, 미래를 예측하며 계획을 세울 수 있게 해주는 경쟁력의 핵심 능력이다.

우리가 아이들을 보며 무섭다고 할 때는 지금 당장 위협적 존재이기보다 이런 아이가 성장하여 어른이 되었을 때를 상상해보며 하는 말이 대부분이다. '신생아 챗GPT'도 마찬가지다. 향후 챗GPT의 매개변수 규모가 늘어난다면 이미 우리를 놀라게 한 능력이 어디까지 확장될 것인지 상상도 하기 어렵다. GPT-4의 출시를 앞두고 그 규모에 대해 예측이 난무했었던 것도 그런 이유였다. 모델의 스케일이 커지면서 향후 어떤 새로운 능력이 생길지 궁금해지고 우려되는 부분도 많아진다. 따라서 우리는 이 기술이 어떻게 발전하고 있는가를 항상 주시하면서 인간과 구별할 수 없거나 인간보다 더 신뢰와 친밀감을 줄 정도로 발전되는 것은 막아야 할지 모른다.

인간은 일반 언어 지능뿐만 아니라 감성 지능, 운동 지능, 공간 지능, 메타인지 지능, 사회 지능 등 GPT 계열의 AI가 아직 제대로 탐구조차 하지 못한 영역에서도 뛰어난 능력을 갖고 있다. 그런데 AI에게 감성이나 창의력과 같은 비언어적인 고급 인지능력이 한층 더해진다면 우리 사회는 어떻게 변할까? 더욱 풍요롭고 안정적인 AI 시대를 마주할 것일지, 아니면 인간의 정체성에 혼란을 가져오게 될 것인지 궁금해진다.

AI에게 어떤 능력을 허용할 것인가와 같은 질문과 더불어, 인간은 어떤 능력을 더 강화하고 발전시켜야 하는가에 대해서도 논의가 필요하다. 특히 미래 세대는 AI와 공존하면서 인간으로서 경쟁력을 가지고 살기 위한 방법을 이해해야 한다. 그리고 이런 능력 배양에 필요한 교육 및 기업 환경의 변화를 도모하는 것은 이 시대를 살아가고 있는 사람들이 가져야 할 절체절명의 사명감이 되어야 할 것이다.

세력을 키우는 AI

막을 수 없는 팽창

챗GPT는 그 파급력에서 우리 시대를 대표하는 다른 어떤 디지털 플랫폼 서비스의 추종도 불허한다. 출시 후 불과 2주 만에 한 달 사용자 1억 명을 돌파하여 그전까지 가장 빨랐던 틱톡TikTok의 9주, 인스타그램의 30주 기록을 단숨에 갱신했다.[8] 2023년 6월 통계에 따르면 누적 사용자 수는 17억 명 정도이고, 미국에서는 총 인구의 60% 이상이 사용하고 있다고 한다.[9] 2023년 10월 통계에 의하면 챗GPT 사이트의 누적 방문 수는 140억 회 정도이고, 매달 15억 회 정도를 유지하고 있어 그 열기가 계속 유지되고 있음을 보여준다.[10] 18~34세 사이의 사용자 비율이 전체 사용 인구의 65%에 달하는 것으로 조사되어 젊은 세대가 학업과 업무 등 일상에서 주로 활용하고 있다는 것도 알 수 있다.

2023년 2월 24일 〈월스트리트저널〉의 칼럼에서 헨리 키신저Henry A. Kissinger, 에릭 슈미트Eric E. Schmidt, 대니얼 허튼로커Daniel Huttenlocher는 'AI가 계몽시대 이후 경험해보지 못한 스케일로 철학적·실용적 도전장을 내밀고 있다'고 평가하여 AI가 인류에 포괄적으로 미칠 영향력의 규모를 예측했다.[11] 현재는 비교적 단순한 업무에 챗GPT를 사용하고 있고 관심사도 생산성 향상에 맞춰져 있지만, 미래에는 인류 삶 전체에 막대한 영향을 미칠 것이라고 경고한다. 최근에 MS, 구글, 메타, 아마존 등 굴지의 글로벌 IT기업들과 국내 네이버, 삼성전자, LG 등이 잇따라 생성형 AI 기술 개발에 막대한 투자를 하는 것도 이 기술의 실용성에 대한 기대가 그만큼 크기 때문이다. 뿐만 아니라 다양한 AI 기반 비즈니스 창출에 관한 기사가 국내 미디어에도 하루가 멀다 하고 나타나고 있어 AI의 붐은 점점 현실 속으로 파고드는 모양새다.

AI의 발전 속도는 급격한 증가세를 보여주고 있다. 2023년 〈네이처〉지에 발표된 연구 결과는 지난 10년간 '아카이브arXiv'라는 논문 발표 사이트에 올라온 AI와 '기계학습(ML)machine learning' 분야의 논문 편수가 지수 함수 형태로 가파르게 증가했음을 보여준다.[12] 지수적 변화가 무서운 것은 시간이 지나면서 변화의 속도에 엄청난 가속이 붙는다는 것이다. 이는 복리로 원금과 이자를 합친 금액이 눈덩이같이 붙어나가는 것과 같다. 이미 2022년도에 월 4000여 편의 논문이 인터넷에 올라오고 있으니 하루에 평균 새로운 논문 100여 편이 저술되고 있다는 것이다. 이런 지식의 폭발이 향후 AI 기술에 어떤 여파를 가져올지 지켜봐야 하겠지만, 이 기술의 발전 속도와 관심사의 가파른 증가는 확실한 추세다. AGI가 수년 안에 출현할 것이라는 전망은, AI가 AI를 만들어내어 이 지수적인 변화가 더 가팔라질 것으로 예측하기 때문이다.

걷잡을 수 없는 AI 기술의 발전은 챗GPT와 같은 기술이 컴퓨터와 인터넷이 만드는 디지털 세계에 존재하기 때문이다. 디지털 세계에서는 정보가 '빛의 속도'로 움직일 뿐만 아니라, AI는 쉬지 않고 학습하고 실험할 수 있어 그 능력치의 향상 속도가 기존 기술과 비교가 안 된다. 자동차, 조선, 로봇 등의 산업과 같이 실세계에서 물리적인 제약을 받아가며 제조와 실험을 통해 기술 발전이 이루어졌던 것과는 판이하게 다르다. 특히 코딩coding도 자동화되어가면서 인간의 사고 및 노동 과정이 많이 생략되어 AI 및 소프트웨어 기술 발전은 고삐 풀린 말이 되고 있다. 코딩 자동화가 더 진전되어 AI가 AI를 만들어내는 시대가 도래하면 그 발전이 통제되기 어려울 수 있다.

AI 기술 자체의 발전 속도도 무섭지만, 이 광기가 여러 분야로 급속하게 퍼져나가 적용됨으로써 특정 분야의 급속한 발전을 견인하기도 한다. 예를 들어, 최근 재료공학 분야에서는 AI를 이용하여 새로운 소재 발굴에 쾌거를 이루었다. '알파고'와 '알파폴드AlphaFold'로 유명한 '구글 딥마인드'사는 세상에 없던 물질 구조를 예측해내는 '딥러닝(DL)Deep Learning[9]' 기반의 AI 도구인 '재료 탐색 그래프 네트워크(GNoME)Graph Networks for Material Exploration를 만들었다. 2023년 11월 29일 〈네이처〉지 발표에 의하면, 해당 연구

팀이 발견한 38만 개의 새로운 물질[10]은 초전도체나 차세대 배터리 등과 같이 미래를 바꿔놓을 기술 개발에 쓰일 수 있는 잠재력이 큰 소재로 인정받고 있다.[13] 기존의 실험 기반 연구 방법을 사용하면 이 정도 결과를 내기 위해서 800년이 걸린다고 하니 AI로 과학기술의 발전이 얼마나 빨라질 것인지 알 수 있다.

AI 기술의 급속한 발전이 우려되더라도 기술의 연구를 막거나 통제하기는 어렵다. 윤리적 문제를 내포하지 않는 한 혹은 특별한 법에 저촉되지 않는 한 개인이 호기심과 스스로의 동기에 의해 추진하는 과학기술 연구 및 개발을 저지한다는 것은 인간의 자연스러운 욕망을 저지하겠다는 것과 같다. 대학이나 연구기관에서 연구 계획을 심의하는 장치인 '의학연구윤리심의위원회/기관감사위원회(IRB)Institutional Review Board'도 연구 대상자의 안전, 복지, 권리의 침해 여부를 사전에 심의하는 곳일 뿐 연구 목표나 주제에는 거의 관여하지 않는다.

최근 AI의 갑작스런 발전을 원자폭탄의 발명과 비교할 정도로 위험성이 높다는 견해를 피력하는 경우가 있다. 원자폭탄은 제2차 세계대전을 승리로 이끌기 위한 목적으로 미국 정부가 주도한 '맨해튼 계획Manhattan Project' 안에서 오펜하이머Robert Oppenheimer를 중심으로 세계적인 물리학자들이 모여 집중적으로 연구한 결과

---

9 깊이가 깊은 인공신경망을 학습시키는 기술을 통칭하는 것으로, 근래의 AI는 거의 모두 딥러닝에 의존한다.

10 이 도구로 220만 개의 새로운 물질 구조, 즉 신소재 후보를 발견한 후 이 중 아주 안정적이라고 판단되는 물질의 개수다.

로 만들어졌다. 하지만 챗GPT는 세계 곳곳에 분산된 기관들과 연구자들이 독립적으로 개발한 기술들이 모여 근간을 이루었기 때문에 기술의 성격과 개발의 과정은 원자폭탄 개발 사례와 매우 다르다. 원자폭탄의 개발은 하나의 프로젝트를 중단하면 멈출 수 있었지만, 챗GPT와 같은 AI는 공개된 환경에서 경쟁적이면서도 서로 협력하는 형태로 연구 개발되므로 한 기관이나 국가의 결정으로 개발이 멈춰지지 않는다. 원자폭탄의 사용은 도시 두 개를 파괴하고 멈췄지만, 챗GPT와 같은 AI가 잘못 사용되는 경우 그 파괴력은 전 인류에 지속적인 영향을 줄 수 있다.

　온 세계가 기술 개발을 멈추도록 제어할 수 있는 한 가지 방법은 국제사회가 AI 개발을 통제하는 기관을 만들어서 공동 운영하는 것이다. 하지만 현재와 같은 신냉전시대의 정치외교적인 구도에서 진영 간의 협력을 이끌어낼 수 있는 기관이 출현할 가능성은 높지 않아 보인다. 오히려 AI를 선도하는 미국과 중국의 대형 IT기업들이 경쟁적으로 기술 개발을 하는 경우 브레이크가 없는 질주가 될 가능성이 높다. 또한 핵 사찰과는 다르게 AI는 기본적으로 소프트웨어이기 때문에 개발이 끝날 때까지 물리적으로 드러나지 않을 수 있다는 점도 통제를 어렵게 한다.

　그나마 근래에 들어 국가나 국가 간 연합에서 AI를 규제하여 위험성을 막으려는 움직임을 보인다. 기술 개발을 막는 것이 아니라, 기술을 책임 있게 사용하도록 규제하는 것이다. 이러한 움직임의 신호탄으로 2023년 12월 8일에 유럽연합(EU)에서는 세계 최초로 AI 기술 규제를 위한 포괄적인 법안 도입에 합의했다.[14]

법안의 골자는 AI 기술의 위험 정도에 따라 네 가지 등급으로 구분해 규제를 차등 적용하는 것이다. 예를 들어, 논란이 많은 안면 인식 기술은 위험도가 가장 높은 등급으로 분류되어 보안 영상 등에서 생체 정보를 수집하는 것 자체가 금지된다. 인종, 종교, 정치적 신념, 성적 지향 등을 기준으로 사람을 분류하여 악용될 수 있기 때문이다. 사법 당국이 범죄 용의자 추적 등을 위해 이 기술을 사용하는 것은 허용하되 기업이 관련 규정을 어기는 경우 최대 3500만 유로(한화 약 5000억 원)의 벌금을 물리는 것이 골자다. 법안이 발효되기까지 시간이 더 걸리겠지만, AI 규제의 길을 열었다는 점에서 큰 의미가 있다.

기술 개발에 제한을 가하는 다른 방법은 학자들이 합심하여 AI 기술이 잘못된 방향으로 개발되는 것을 통제하는 것이다. 예컨대, 2018년에 카이스트가 국내의 한 방산업체와 공동으로 국방인공지능융합연구센터를 설립한 것이 와전되어 해외 석학들이 카이스트와의 공동 연구를 전면 중단하기로 성명을 발표한 적이 있다. AI를 이용해 살상용 무기인 '킬러 로봇'을 만든다는 소문이 퍼졌기 때문이다. 카이스트 총장의 해명으로 일단락되어 하나의 해프닝을 끝난 사례이지만, 과학기술자 '시민운동'이 한 본보기라고 할 수 있다.

사회학자들의 연구가 사회에 경종을 울려 간접적인 제약을 가할 수 있다. 예를 들어, 스마트폰이나 사회관계망(SNS)의 사용에 따른 인간 행동의 변화나 대인 관계 패턴의 변화를 분석하여 교육 현장에서의 사용을 제한하는 정책을 만들 수 있다. 그런데 이런 연구는 이미 기술이 사회에 스며들어 사회적인 현상을 분석할 수 있는 상태에 도달해 있을 때 수행되므로 항상 후행적이다. 다시 말해, 연구 결과는 '사후약방문'이 되기 쉽다. 연구로 경종이 될만한 사회적 행동 양식의 변화가 밝혀졌더라도 이미 변화가 진행되어 큰 흐름을 바꾸는 것은 늦어버린 상태일 수 있다. 특히 AI는 기술 변화가 빨라서 후행적 연구는 빛바랜 결과가 되기 쉽다.

불확실한 미래

사회 곳곳으로 AI의 광풍이 불어닥칠 조짐이 보이지만, 다른 기술들이 그랬던 것처럼 AI 기술도 사람들의 반응을 둘로 나눠놓고 있다. 기술회의론자들은 AI가 몰고 올 변화에 대해 회의적 반응을 보이고 그 여파를 과소평가하여 지나가는 바람 정도로 치부한다. 반면에, 기술옹호론자 진영에서는 기술이 가져다줄 유토피아 세상을 그리며 새로운 가능성에 희망을 두고 적극적으로 활용할 길을 찾아간다. 어느 진영에 속하든, 2023년도와 같이 기술이 사회에 충격을 주는 시기에는 사람들이 높은 관심을 보이지만 대부분 관망하거나 소극적으로 대응하는 경향을 보인다. 앞서 나가려면 시간과 돈의 투자가 필요하니 불확실한 상황에서는 일단 기다려보자는 전략을 취하는 것이다.

　그런데 AI를 제대로 알고 있다면 머뭇거릴 수 있을까? AI의 발전 속도가 워낙 빠르다 보니 이 기술이 사회 곳곳에 스며드는 속도도 무서울 정도로 빠르다. 넋 놓고 있다가 사회 변화에 뒤처지는 것은 순간이다. 챗GPT와 같은 AI는 그동안 전문가들이 해오던 작업의 많은 부분을 대체할 수 있기 때문에 일자리 대체나 감소가 이미 가시화되고 있다. 점점 인간보다 더 똑똑해지고 있는 AI가 가져다주는 막연한 불안감은 시작일 뿐이고, 이제는 구체적이고 실존적인 문제를 걱정해야 할 때다.

이렇게 급변하는 세상의 배후에는 글로벌 IT기업들과 연구개발자들이 진을 치고 있다. 그들은 AI로 더 편리한 세상을 만들고 싶다는 사명감, 창의적인 아이디어의 개발로 자신들의 존재감을 드러내고 싶은 욕망, 그리고 남들보다 앞서 기술 개발을 하겠다는 경쟁심 등으로 가득 차 있다. 요즘 이공계 대학에서는 거의 모든 연구가 AI와 연관되어 있다고 해도 과언이 아닐 정도이고, 글로벌 IT기업들은 막대한 자본을 앞세워 AI 원천 및 응용 기술 개발에 뛰어들었으며, 일반 타 기업들도 AI의 활용에 사활을 걸고 있으니 어느 누구도 머뭇거리고 있기 어려운 상황이 되어버렸다. 군비 경쟁과 마찬가지로 내가 안 한다고 다른 사람들이 같이 멈추어주지 않기 때문이다.

'결국 일은 사람이 한다.' 기업이나 조직을 경영해본 사람들이 한결같이 하는 말이다. 능력 있는 인력의 확보 여부가 그 조직의 사활을 결정한다는 뜻이다. 그런데 이제 몇 년이 지나면 이 말은 '결국 일은 사람과 AI가 한다'로 바뀔 것이다. 여기에는 두 가지의 뜻이 담겨 있다. 첫째, 사람과 AI가 일을 나눠서 할 것이므로 같은 업무라면 사람이 예전만큼 필요하지 않다는 것이다. 둘째, AI와 협업을 하려면 조직에 필요한 인재상이 바뀌어야 한다는 것이다. 빠르게 진화하며 눈부시게 발전하는 AI와 협업을 잘한다는 것이 어떤 능력일지 깊이 생각해봐야 한다. 업무에 필요한 소프트웨어 패키지를 능숙하게 다루는 것 같은 능력과는 차원이 다른 것이 요구될 것이다.

요컨대, 새로운 인재상이 요구될 뿐만 아니라 점점 소수 정예 인력만 필요한 경우가 많아질 것이다. 그렇다면 나머지 인력은 새로운 직업으로 전환되어야 할 텐데, 어떤 새로운 직업이 만들어질지 누구도 쉽게 점치기 어렵다. 예측은 해볼 수 있지만 AI 파도와 강풍이 어떻게 들이닥칠 것인지에 따라 일자리 지형은 달라질 것이기 때문이다. 예측하는 미래가 항상 보장되는 것은 아니지만, 그래도 최대한 예측하여 실행에 옮기지 않을 수 없다. 어찌 보면 미래의 모습은 지금 우리가 어떤 선택을 하느냐로 결정되기 때문이다. 인간과 AI의 차이를 알고 교육의 방향을 정해 미래 세대를 키워나간다면 불확실한 미래의 일부를 우리가 만들어가는 셈이 된다.

이렇게 AI라는 거대한 태풍으로 산더미 같은 불확실성이 우리 앞에 있는데 우리가 너무 조용한 것은 아닐까? 교육 당국은 백년 앞을 내다보며 계획하고 조심스럽게 실행하는 것을 미덕으로 삼아왔다. 돌다리도 두드리면서 가는 것이 교육정책의 정석이었다. 수능과 같은 대학 입시 정책 중 극히 일부만 바뀌어도 수험생이나 학부모에게는 불안 요소이고 교사에게는 추가 업무로 다가온다. '유치원 의대반' 같은 기형적인 교육 사다리가 존재하고 개인 교육비용의 증가로 사회적인 스트레스가 만연해온 것도

다 알고 있지만 교육 시스템은 그대로 가고 있다. 타성이 자리 잡고 있는 사회에 변화는 불편한 것이고 위험한 것이기 때문에 교육정책 전문가, 교사, 학부모 모두 같은 배를 타고 여기까지 온 것이다. 태풍을 앞에 두고 입시 위주의 교육이라는 사회의 타성에 우리가 얼마나 더 머물러 있을 수 있을까?

필요했지만 내부적으로 일어나지 않았던 변화는 결국 외부 요인에 의해 촉발되어 전체 시스템을 바꾸는 계기가 되기도 한다. 우리는 '금융 위기'라는 외부 요인으로 인해 우리나라 산업구조와 기업의 체질이 개선되었던 시절을 기억하고, 외국에서 수출 규제를 했기 때문에 외국 의존도를 낮추고 자체 기술을 발전시켜 산업 경쟁력을 강화시킨 새옹지마의 경우도 경험했다. AI가 촉발하는 매머드급 변화는 이제 막 시작되었고 매우 빠르게 진행될 것이다. 이 필연적인 변화를 어떻게 받아들일 것인지의 결정이 남아 있을 뿐이다.

2

AGI의 시작 '생성형 AI'

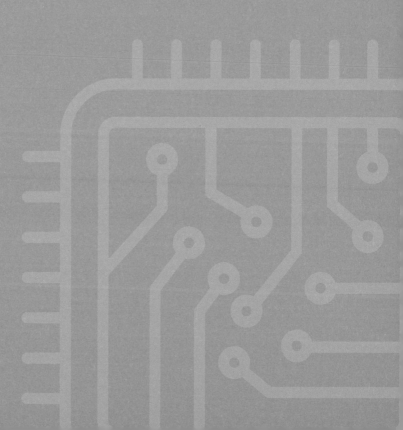

아름다운 질문을 하는 사람은

언제나 아름다운 대답을 얻는다.

- E. E. 커밍스Cummings (미국 시인)

AI '영장류'

미 래 를 위 해 뿌 리 찾 기

어렸을 때는 역사 공부가 따분하기만 했던 사람도 나이 들면서 점점 역사에 흥미를 가진다. 사람은 각자 뿌리가 어디에 있는지 알고 싶어 하는 아주 자연스러운 욕구가 있는 것 같다. 가족과 민족의 역사를 통해 태생과 근본을 이해하면 자신을 알아가는 데 도움이 되고, 인류의 진화 과정을 거슬러 올라가본다면 호모 사피엔스가 어떻게 발생해서 어디로 향하고 있는지도 들여다볼 수 있기 때문이다.

'인류가 어떻게 진화하여 여기까지 왔는가?'라는 관심을 좇다 보면 지금까지 생존한 인간에 면면히 흐르는 속성이 뭔지 궁금해 진다. 도구의 발전, 사상의 흐름, 제도의 변화 등 인류 문명을 디지털시대까지 견인해온 인류 역사의 뒤에는 인간의 어떤 면이 숨어 있을까? 이러한 인간의 속성들은 현재 인류가 당면한 문제들을 어떤 식으로 해결할 수 있을까? 이런 답을 구하고자 역사학, 철학, 인류학 등이 발전해왔다. 인문학적 사고가 현대의 위기를 벗어날 수 있는 빛으로 보이는 이유다.

마찬가지로 AI의 발자취를 보면서 어떻게 진화해서 여기까지 왔는지, 즉 챗GPT와 같은 생성형 AI가 어떻게 태동되었는지 알게 되면 AI의 속성을 이해하고 미래의 모습을 예측하는 데 큰 도움이 될 수 있다. AI는 기술의 결과물이기 때문에 진화의 과정이라기보다 기술 발전의 과정을 이해하는 것이다. 기술의 흐름을 알면 현재 기술이 앞으로 어떤 궤적을 그리면서 발전될지 예측하는 데 도움이 된다. 특히 실패한 AI 기술들은 미래 기술 개발에 큰 교훈이 된다. 당시 연구 개발에 있어 사고의 함정이 어디에 있었는지, 잘못된 투자가 왜 그렇게 오래 진행되었는지, 향후 AI의 발전에 그런 기술이 새롭게 접목될 수 있을지 등을 살펴봄으로써 현재의 상황을 좀 더 잘 이해하고 미래를 내다볼 수 있다.

AI의 뿌리를 찾아가면서 인간 지능을 이야기하지 않을 수 없다. AI를 제대로 이해하고자 한다면 '지능'의 성격과 근원을 따져봐야 하기 때문이다. AI와 인간 지능 간에는 어떤 관계가 있는가? 70여 년의 AI 발전사에 인간 지능을 모방한 여러 가지 지능들이 만들어졌는데, 왜 챗GPT와 같은 AI가 이들을 무용지물로 만들면서 갑자기 세상의 주목을 받고 있을까? 무서운 발전 속도를 보이는 현재의 AI는 인간 지능을 모두 능가할 것인가? 이런 질문과 함께 현재의 AI를 인간 지능과 연결해봄으로써 지능과

AI에 대한 이해도를 높이고 미래를 조망해보자.

인간 지능의 원천이자 인류 문명의 발전에 절대적인 공헌자 중 하나는 인간의 두뇌다. 뇌는 우리 몸에서 가장 신비한 부분으로 남아 있지만, 21세기 들어 뇌신경과학 및 인지과학의 눈부신 발전으로 그 비밀이 하나씩 벗겨지고 있다. 이러한 과학적 진보를 통해 알게 된 뇌의 구조와 작동 방식은 현재 AI 기술의 태동에 큰 역할을 하여 챗GPT의 구조에도 적지 않은 영향을 미쳤다. 뇌 신경세포 수준의 이해는 현재 AI의 특정 능력을 유추해볼 수 있는 근거를 제공하기도 한다.

이런 뇌에 관한 이해는 거시적 진화 과정과 직접 연결되어 있어 뇌에 관한 생물학적 이해와 인간 행동을 연결시켜준다. 예컨대, 우리 뇌 깊숙한 곳에는 '파충류의 뇌'가 있고 그것을 싸고 있는 '포유류의 뇌'가 있으며 가장 바깥에 이성을 관장하는 뇌가 있다는 것은 뇌가 진화 과정에서 점진적으로 발달되었다는 것을 알려준다. 이러한 뇌의 '과거사'를 이해하면 우리 행동 패턴의 많은 부분이 설명된다. 어떻게 우리가 무의식적으로 숨을 쉬면서 삶을 영위할 수 있고, 왜 우리가 의사결정할 때 감정에 먼저 영향을 받으며, 이성은 어떻게 우리의 행위를 합리화하는지 등을 좀 더 잘 이해할 수 있다. 마찬가지로 AI 알고리즘의 태생을 이해함으로써 현재 AI의 '행위'를 이해할 수 있고 점차 관심이 높아지고 있는 AI 위험성 논란에도 대처할 수 있는 길이 생길 것이다.

신기술을 이해하는 데 있어 수박 겉핥기식으로 여러 가지 지식 조각들을 알고 있는 것보다 핵심 개념 몇 가지를 심도 있게 이해하는 것이 훨씬 도움이 된다. 이런 차이는 물리 공식만 외워 기계적으로 문제에 답만 내는 것보다 주변에서 일어나고 있는 물리현상을 깊이 이해하는 것이 살아가는 데 훨씬 도움이 되는 것과 같다. AI의 기본을 제대로 알아야 활용할 수 있고 그 미래도 상상해볼 수 있다.

챗GPT를 필두로 사람들에게 알려진 현재의 AI 개념을 한마디로 정리한다면 어떻게 될까? '인간의 신경망을 흉내 내는 AI 소프트웨어가 딥러닝이라고 불리는 과정으로 습득한 지식과 지능을 통해 인간과 유사한 지능을 보이는 것' 정도일 것 같다. 이 정의로 AI를 아주 추상적인 수준에서 이해하는 데 문제가 없다. 사람의 뇌도 신경망으로 이루어져 있고, 사람도 태어나서부터 교육과 경험을 통해 많은 것을 학습하여 지능적 존재가 되었으니 컴퓨터도 그렇게 만들었을 것으로 이해하면 되기 때문이다. 하지만 생명체가 아닌 디지털 기기가 어떻게 인간의 뇌를 모사할 수 있는지, 학습은 어떻게 할 수 있는지, 어떻게 인간을 초월하는 지능을 가질 수 있을지 등과 같은 질문을 던지기 시작하면 우리는 인간 고유의 호기심과 지적 욕구에 따라 재미있는 여정을 시작할 수 있다.

AI도 데이터 변환 프로그램

컴퓨터 프로그램은 음식 레시피와 같다. 레시피는 요리하는 사람을 위한 설명서로 인간의 언어로 적어놓은 것이고, 프로그램은 컴퓨터를 위한 작업지시서로 컴퓨터의 언어로 적는다는 것만 다르다. 레시피를 보고 음식 재료를 준비했다면 컴퓨터 프로그램에서는 입력데이터가 준비된 것이고, 레시피에 따라 완성된 요리가 나왔으면 프로그램에서는 출력 데이터가 나온 것이다. 결국 레시피는 식재료 변환기이고, 프로그램은 데이터 변환기인 셈이다.

AI는 일반적인 컴퓨터 프로그램 혹은 소프트웨어와 뭐가 다를까? 일반 프로그램을 돌리는 것이 개별 레시피를 받아 그대로 음식을 만드는 사람과 같다면, AI는 학습 및 응용 능력이 뛰어난 요리사다. 마치 세계 각국의 레시피들로 연습시킨 후 그 학습 자료에는 없는 비빔밥식 퓨전 한식을 만들라는 지시를 받고도 뚝딱 만들 수 있는 숙련된 요리사와 같다.

컴퓨터 세계로 돌아와서 보면 AI도 데이터, 하드웨어, 개발자, 사용자로 구성된 컴퓨팅 생태계에 존재하는 프로그램 소프트웨어다. 하지만 AI는 인식, 추론, 학습과 같은 인간이 가진 지적 능력을 흉내 내어 '어려운 문제'를 해결한다는 면이 특별하다. 여타 프로그램과 특별히 다른 점은 '지능'을 구현하기 위해 학습 과정이 내재되어 있다는 것이다. AI를 정의하는 데 있어 '어려운 문제'나 '인간이 가진 지적 능력'과 같이 다소 애매한 기준은 컴퓨팅 기술이 발전되면서 변하고 있다. AI가 가져야 할 '지능'의 범위도 변해왔다. 따라서 예전에 인공지능이라고 생각했던 프로그램이 현재는 AI로 취급받지 못하기도 한다.

예를 들어, 비행기를 추적하여 격추시키는 자율주행유도미사일은 분명히 어려운 기술이지만 AI라고 부르지는 않는다. 여기에는 주변으로부터 뭔가를 배워서 새로운 작업에 사용하는 학습 기능이 없고 뚜렷한 추론 과정이 없기 때문이다. 주위에서 열을 감지하여 방향을 바꾸는 것은 단세포동물이 생존을 위해 주변에 반응하는 수준의 원시 '지능'일 뿐이다. 따라서 기계학습을 통해 '지식'을 보유한 후 사전에 알려지지 않은 문제를 인간보다 더 잘 해결하는 프로그램이라야 AI로서의 자격을 얻는다. 챗GPT가 AI인 것은 인간의 두뇌를 모사하고는 있다는 면도 있지만, 사람이 따라가지 못하는 학습 능력으로 엄청난 '지식'을 보유하고 인간의 언어로 유연하고 깊이 있는 '대화'를 할 수 있기 때문이다.

챗GPT를 쉽게 이해하기 위해 프로그램을 보는 관점의 전환이 필요할지 모르겠다. 우선 챗GPT를 포함한 모든 컴퓨터 프로그램을 단순화하여 하나의 '데이터 변환기'라고 보면 좋다. 옷이 만들어진 과정을 보면, 목화나 누에고치가 실로 변환된 후 직조기를 통해 헝겊으로 변환되고 기계와 사람의 손을 거쳐 완성된 옷으로 변환된다. 이 과정이 프로그램이 하는 일과 유사하다. 비빔밥을 만드는 것도 야채, 계란, 고기 등 다양한 식재료를 썰고 익히는 등의 변환 과정을 거친 후 이들을 양념장과 밥을 섞는 변환 과정을 거치는 것이다. 차이가 있다면 옷과 요리의 경우에는 물리 세계의 재료가 변환되는 반면, 컴퓨터 안에는 디지털 재료가 변환된다는 것이다.

프로그램 관점에서의 변환기 예를 들어보자. 첫 번째 그림과 같이 숫자 하나를 받아 제곱한 후 출력해주는 단순한 프로그

[그림] 데이터 프로그램 관점에서의 변환기

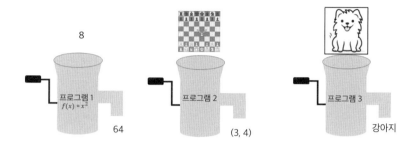

램을 데이터 변환기라고 부르는 것은 직관적으로 다가올 것이다. 내부에 어떤 코드가 있는지 관심이 없다면 이 프로그램은 이런 데이터 변환 기능을 가진 블랙박스로 이해하면 그만이다. 체스게임에서 다음에 어느 말을 어디로 움직일지 판단하는 프로그램도 데이터 변환기다. 두 번째 그림과 같이, 현재 체스판의 판도를 데이터로 입력 받아 말을 어디로 옮길지 판단한 후 움직인 말의 좌표를 출력하기 때문이다. '판단'도 변환 과정의 일부다. 세 번째 그림에서와 같이 사진을 입력했을 때 그 사진이 어떤 동물을 찍은 것인지 판단해주는 프로그램도 사진의 픽셀 데이터를 단어(예: 강아지) 데이터로 변환시켜주는 것이다. 이 프로그램은 이미지를 분석하는 비교적 고급 기능으로 인간의 지각력에 근접하므로 AI의 반열에 오를 수 있다. 하지만 그 변환 프로그램의 실행 로직logic이 기계학습에 의해 만들어지지 않고 사람이 직접 코딩을 한 결과라면 요즘 기준으로는 AI라고 하지 않는다.

AI 발전의 궤적

사회를 바꿔놓는 주요 기술이 모두 그렇듯이 챗GPT 관련 기술들
도 하늘에서 뚝 떨어지지는 않았다. 이 기술을 가능하게 한 배경
에는 두 가지 기술 생태계적 변화가 있었다. 첫째는 인터넷의 발
전으로 디지털 세상이 자리를 잡으면서 엄청난 디지털 콘텐츠가
축적되어 AI 기술이 사용할 수 있는 학습데이터가 충분해졌다는
것이다. 둘째는 대용량 데이터를 효율적으로 처리하는 반도체 기
술의 약진이 있었기 때문에 초대용량의 콘텐츠를 사용하여 AI를
훈련시키는 것이 가능해졌다는 점이다. 그 바탕 위에 AI의 지능을
담당하는 소프트웨어, 즉 인공신경망 기반의 학습 및 추론 모델들
이 개발되어 가공할만한 위력을 가진 AI가 태어났다.

　약 70년의 역사를 가지고 있는 AI 소프트웨어 기술도 몇 번
'죽었다, 살았다'를 반복한 후 현재에 다다른 것이다. AI의 목표
는 시작되었을 때부터 인간을 능가할 수 있는 지능을 구현한다
는 데 있었다. 어떤 기술이 살아남으려면 산업적 가치가 있어야
하는데, AI 연구자들은 인간 지능을 구현한다는 도전성 때문에
실제 인간의 삶을 얼마나 개선시킬 것인가에는 다소 소홀했다.
그러다 보니 새로운 형태의 AI가 나왔다고 할 때마다 과학기술
적·사회적 관심을 모았지만, 결국 산업적·실용적 기대에 못 미쳐
'AI 겨울'로 진입하고는 했다. 지구에 빙하시대가 몇 번씩 나타나
일부 생물을 멸종시키면서 생태계에 큰 변화가 일어난 것과 같
이, 이런 'AI 겨울'은 기존 AI 기술 생태계를 무너뜨리면서 새로

운 기술이 태동할 수 있는 환경을 만드는 역할을 했다.

　'인공지능'이라는 용어가 최초로 만들어진 것은 1958년에 매사추세츠공과대학(MIT)의 젊은 교수였던 마빈 민스키Marvin Minsky가 그 이름으로 자신의 프로젝트를 부르면서 시작되었다. 당시 연구는 로봇 팔을 지원하는 시각 처리 기술이 핵심이었는데, 현재의 기준으로 AI라고 할 수 없는 수준이었다. 하지만 그는 인간을 '생각하는 기계'로 보면서 뇌의 기능을 닮은 기계를 만들겠다는 이상을 가지고 연구에 매진하여 AI 분야에 혁혁한 공을 세웠다. 대표적으로 1974년에 '프레임Frame'이라는 지식구조체를 고안하여 AI가 정보를 지식화하여 효율적으로 추론할 수 있는 길을 열었다. 이는 1980년대에 붐을 일으켰던 '지식 기반knowledge-based AI'의 초석이 되었다. 그는 인지과학 및 계산신경과학 분야에도 많은 기여를 하여 그가 저술한《마음의 사회The Society of Mind》와《The Emotion Machine(감정 기계)》는 아직도 AI 및 인지과학 연구자에게 영감을 주고 있다.

　그 이후의 AI 기술은 '상징추론Symbolic Reasoning'이라는 방식으로 진행되었는데, 핵심 아이디어는 인간의 지능적인 활동이 언어나 기호로 표현될 수 있다는 것이다. 예를 들어, '비가 오면(R) 도로는 젖는다(W)'라는 명제는 인과관계를 나타내는 'R→W'로 표현하고, '도로가 젖으면(W) 미끄럽다(S)'는 'W→S'로 표현한 후 삼단논법에 의해 '비가 오면 미끄럽다(R→S)'를 추론하는 식이다. 논리 표현 방법으로 '정리증명Theorem Proving'하는 AI를 만들려는 시도나, 문제 해결의 틀을 규명하여 지능화함으로써 다양한 문제를 해결하려는 '범용 문제 해결기(GPS)General Problem Solver'[11]는 상징추론 기반 AI의 대표적인 예다.

당시 AI 분야에 새로운 영감을 제공했던 '엘라이자ELIZA'라는 프로그램은 사용자와 대화를 이끌어갔다는 면에서 챗GPT의 최초 버전이라고 할 수 있다. 이 프로그램은 정신과 상담자를 흉내 내어 대화를 이어갔는데, AI가 인간과 대화를 할 수 있을 것이라는 기대감을 주었다는 면에서 가치가 있었지만 기술적으로는 상징적 추론이 가지고 있는 한계를 드러냈다고 할 수 있다. 대화는 다음과 같이 진행되었다.

사용자	오늘 극심한 두통이 있어.
ELIZA	그게 당신에게는 뭘 의미하나요?
사용자	약 처방전을 써줄래?
ELIZA	내가 듣기에 당신은 내가 처방전을 써줄 수 있길 바라네요.
사용자	그래, 내 두통에 대해 뭘 좀 해줘.
ELIZA	그렇군요. 같이 조금 더 생각해봅시다.
사용자	머리가 빙빙 돌아.
ELIZA	머리는 어디에 있어요?

잘 관찰해보면, 이 프로그램은 사용자가 쓴 문장에 나오는 패턴을 잡아낸 후 미리 만들어져 있는 규칙을 적용하여 문장을

11　모든 문제를 하나의 틀로 사상하여 논리적으로 해결하려 하였다.

만들어내는 것을 알 수 있다. 이 프로그램은 상담 전문가의 지능을 표층적으로 흉내 내면서 대화를 이끌어가는 데에만 관심 있는 '속빈 강정' 같은 AI의 대표적인 사례다.

논리적 추론과 같은 사고의 틀만으로 스스로 복잡한 문제를 풀 수 없다는 것을 깨달은 이후 1980년 중반부터는 지능의 핵심은 '지식'이라는 주장이 설득력을 얻게 된다. '지식 기반' AI를 만들기 위해서는 '지식 베이스knowledge base'를 만드는 것이 필요했고, 이를 위해 의사나 엔지니어와 같은 전문가들이 가지고 있는 지식을 규칙으로 만드는 '지식 획득' 과정이 핵심이 되었다. 지식 베이스만 잘 만들어지면 '추론 엔진inference engine'이라는 간단한 논리 프로그램을 돌려 환자 진단과 같은 유용한 일을 할 수 있었으므로, 의학 및 공학 영역에서 '전문가 시스템expert system'이라는 것이 풍미하던 시절도 있었다. 하지만 인간 전문가가 관여해야 하는 '지식 획득' 과정의 어려움으로 이런 AI는 현실적이지 못하다는 이유와 함께 AI 무대에서 서서히 퇴장하고 말았다.

좁은 영역에서만 위력을 발휘하는 전문가 시스템의 한계를 깨달은 AI 연구자들은 보통 사람과 같이 상식을 가진 AI를 만들기 위한 노력을 꾸준히 해왔다. '우유를 담고 있는 컵을 떨어뜨리면 우유가 바닥에 쏟아진다'와 같은 상식을 가진 AI를 만들어 전문 영역 밖에서도 상식을 이용한 추론이 가능하도록 하려는 노력이었다. CYC라는 이름의 프로젝트[12]는 백과사전 지식을 모두 규칙으로 만들어 '상식추론commonsense reasoning'을 가능하게 하겠다는 목표로 야심차게 진행되어 세간의 관심을 끌었다. 이 프로젝트에서는 수작업으로 150만 개 수준의 상식 기반 추론 규칙을 쌓아갔지만 엄청난 예산을 쏟아 부어 진행했음에도 불구하고 현재 GPT 계열의 AI가 가지고 있는 능력을 보면 실패로 끝났다고 볼 수밖에 없다. 세상의 모든 지식을 담은 거대한 규칙 기반의 지식 베이스를 만들어 추론에 사용하겠다는 이 시도는 GPT 계열 AI와 목표는 유사했으나 방법론에서 큰 차이를 보였다.

요컨대, 상징추론 AI는 언어로 표현되는 지식과 추론 과정을 모사하여 규칙과 지식 구조 형태를 정의하는 식으로 지능을 담아내려 했지만 한계에 부딪히고 말았다. 핵심 실패 이유를 꼽자면, 세상의 지식을 심볼symbol 기반으로 담아내는 '지식표상knowledge representation'에 한계가 있고, 전문가 시스템은 본래의 영역을 벗어나면 꼼짝 못하는 경직성을 가지고 있으며, 모든 백과사전적 지식을 담아내는 것은 그 스케일 면에서 현실적이지 못했다는 것이다. 하지만 상징추론 방식은 2010년대 중반부터 인공신경망 AI가 본격적으로 개발되기 전까지는 AI 기술의 대세를 이루었다. 예를 들어, IBM에서 만든 왓슨Watson은 슈퍼컴퓨터에 탑재되어 백과사전을 포함한 다양한 콘텐츠를 읽어 들여 상징추론 방식으로 질문에 대한 답을 한다. 왓슨은 2011년에 상식 퀴즈왕을 뽑는 방송 프로그램 〈제퍼디Jeopardy!〉 쇼에서 인간 챔피언을 이기는 쾌거를 달성했다, 이 기술은 이후 계속 업그레이드되어

---

12   1984년부터 10여 년간 더글러스 레넛(Douglas Lenat)의 리더십으로 MCC라는 기관에서 진행된 AI 프로젝트.

우리나라 기관과 기업에서도 도입했고, 2018년에 IBM에서 실패한 프로젝트로 선언이 되기 전까지 미국에서도 의료, 금융, 법률 분야 등에서 실제 비즈니스에 사용되었다.

상징추론 혹은 기호 기반 방식의 가장 큰 장점은 추론 과정을 명시적으로 보여주므로 추론 결과에 대해 명확한 설명이 된다는 것이다. 즉 인간의 뇌에서 일어나는 추론을 신경세포 간의 전기화학적 신호로만 보면 그 내용을 해석할 수 없지만, 기호 기반 방식인 언어로 표현한다면 추론 과정과 사용된 지식을 설명할 수 있는 것과 같다. 따라서 현재 대세를 이루는 인공신경망 기반 AI와 기호 기반 접근 방법을 접목하여 '뉴로 심볼릭Neuro-symbolic' 방법으로 AI가 진화한다면 과거 상징추론 방식의 유산을 활용하여 현재 AI가 스스로 자신의 추론을 설명할 수 있는 날이 올 수도 있다.

뇌의 용적이 현생 인류보다 컸다는 네안데르탈인이 호모 사피엔스와 공존했었다면 우리 인류는 현재 어떤 모습일지 궁금하듯이, 과거의 상징추론 AI 기술이 현재의 인공신경망 연구와 접목된다면 어떤 창의적인 아이디어가 창출될지 궁금하다. 특히 설명 가능한 AI가 개발될 수 있기 때문이다. 또한 이런 두 분야의 융합 과정은 인간의 뇌에서 '의식'이 어디에 어떻게 존재하는가의 미스터리를 푸는 실마리가 될 수도 있다. AI에서 인공신경망 차원의 신호처리가 기호적 표상과 연결되는 방법을 찾아낸다면, 뇌에서 감각기관으로부터 받은 정보를 전기화학적 회로에서 처리한 것이 인식으로 이어지는 과정을 찾아가는 데 모델로 쓰일 수 있기 때문이다.

챗GPT 탄생의 비밀

인간 신경망을 모사하다

챗GPT와 같은 AI의 시작은 '기계학습'이라는 개념이 프로그래밍 세계에 나타나면서 비롯되었다. 원래 소프트웨어는 사람이 특정 목적에 맞게 알고리즘 혹은 로직을 설계하고 프로그래밍 언어로 코딩하여 구현한다. 반면, 기계학습이 포함된 프로그램은 훈련 데이터를 읽어 들여 학습한 후 필요한 실행 과정을 스스로 만들어내므로 프로그래머가 모든 것을 직접 코딩해줄 필요가 없다. 즉 프로그래머는 달성하고자 하는 목표를 기술하고 이를 위해 데이터로부터 배우는 과정을 프로그램하면 되는 것이다.

예를 들어, 이미지를 보고 남자·여자를 분류하는 프로그램을 만드는 것이 목적이라고 하자. 과거에는 프로그래머가 남자 이미지와 여자 이미지의 특징을 찾아내어 직접 프로그램화했다면,

기계학습을 이용하는 경우에는 프로그램이 남자와 여자 이미지들을 다량으로 읽어 들여 두 그룹 간의 차이를 이미지 패턴으로 스스로 잡아내는 과정을 거쳐 남자와 여자의 모델을 만들어낸다. 프로그래머가 할 일은 두 그룹의 데이터를 읽어 들여 각각의 특징을 학습하는 부분만 프로그램하면 되는 것이다. 이 프로그램은 분류해야 할 새로운 이미지가 들어오면 학습을 통해 이미 만들어진 남자·여자의 모델과 비교하여 남녀를 구분한다. 우리의 뇌가 누군가의 프로그래밍 결과가 아니라 독서나 경험 등을 통해 만들어진 회로를 통해 판단력을 갖게 되는 것과 같다.

현재 AI는 이런 기계학습을 인공신경망으로 구현한 것으로부터 태동되었다. 인공신경망은 사람의 뇌에서 신경세포가 연결되어 기억하고 생각한다는 것을 단순화하고 추상화abstraction하여 프로그램으로 구현한 것이다. 인공신경망의 작동 원리를 이해하기 위해 우리에게 비교적 친근한 사람의 뇌신경회로를 먼저 살펴보자.

78쪽 위 그림과 같이 생긴 뉴런(신경세포)은 수상돌기를 통해 다른 신경세포들로부터의 신호를 받은 후 축삭돌기를 거쳐 시냅스라는 연결 부위를 통해 다른 신경세포로 신호를 전달하는 일을 한다. 여기서 각 뉴런은 시냅스를 만드는 부분에 약 1000~1만 개의 가지를 가지고 있어 그만큼의 다른 뉴런들과 연결될 수 있다. 따라서 사람의 뇌는 약 100조에서 1000조 개 사이의 시냅스 연결점을 가지고 있는데, 이들을 통한 뉴런들 간의 연결 상태는 기억의 상태와 추론을 결정한다. 예를 들어, 내가 '철수'와 '영희' 두 단어가 같이 나오는 문장을 여러 번 읽어서 그 연관성이 내 머

[그림] 뉴런(신경세포)

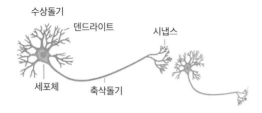

그림 출처: "Molecular Details of Brain Injury Revealed", Biocompare, Oct 11, 2017

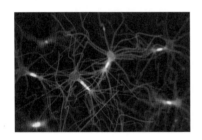

그림 출처: MIT News, June 26, 2017

[그림] 인공뉴런 연결 구조

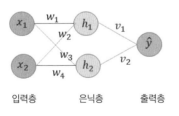

입력층   은닉층   출력층

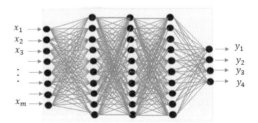

릿속에 각인이 된다는 것은, 이와 연관된 신경세포들이 활성화되면서 그 연결성이 강화되는 것이다.

인공신경망은 뇌에서 신경세포들이 연결되어 있는 것을 모방하여 78쪽 아래 왼쪽 그림과 같이 원으로 되어 있는 모든 인공뉴런들이 서로 연결된 구조를 갖는다. 뇌에서 뉴런들이 자유자재로 연결되는 것을 프로그램상에서 그대로 흉내 내기 어려우므로 인공신경망에서는 미리 인공뉴런들을 연결해놓은 구조에서 연결선에 할당된 가중치(w)만 조정하는 식으로 모델링한다. 만약 두 뉴런들 간의 가중치가 0이라면 이들은 연결되지 않은 상태인 것이다. 이 그림에는 5개의 인공뉴런이 연결되어 있는데, 왼쪽의 두 뉴런은 외부에서 입력 신호를 받아 내부 뉴런들에게 보내주는 역할을 하고 맨 오른쪽의 뉴런은 최종 출력 신호를 외부로 보내주는 역할을 한다. 가운데 은닉층에 있는 뉴런들은 입력을 출력으로 변환시켜주는 역할을 한다. 모든 프로그램은 데이터 변환기라는 것을 상기하면 인공신경망도 이런 식으로 입력을 출력으로 변환시키는 일을 한다는 것을 알 수 있다.

이런 식으로 더 많은 뉴런들을 연결시키면 78쪽 아래 오른쪽 그림과 같은 형태가 된다. 입력으로 m개의 신호(숫자)가 들어오면 n개의 신호(숫자)를 출력시키는 데이터 변환기다. 인공신경망을 훈련시킨다는 것은 내부 가중치들의 값을 훈련데이터 집합의 입출력 쌍에 맞도록 조정해간다는 의미다. 훈련데이터의 입출력 쌍들은 어떤 입력이 들어왔을 때 어떤 출력이 나와야 하는지를 알려준다. 많은 입출력 쌍을 통해 인공신경망 내부에 있는 가중치들의 값을 계속 바꿔나가면 나중에 수렴해서 고정된 값들을 가지면서 훈련이 끝난다. 즉 학습이 끝나면 '분류기' 같은 하나의 프로그램이 만들어져 어떤 입력이 들어오더라도 기대치에 맞는 출력을 하게 되는 것이다.

예컨대, 사람 이미지를 보고 남녀를 구분하는 인공신경망을 만들고 싶다면 이미지 각각에 '남자' 혹은 '여자'의 값이 붙어 있는 입출력 쌍들로 구성된 훈련데이터가 있어야 한다. 학습이 시작되면 데이터가 하나씩 인공신경망에 들어가면서 내부의 가중치들을 점진적으로 바꿔주는 것인데, 특정 입력 이미지가 들어가서 망을 거쳐 나온 출력(예측치)이 나오면 훈련데이터에서 정한 성별(정답)과 비교한다. 만약 예측치가 정답과 다르면 그 차이를 만들어낸 가중치를 수정하는 식으로 학습이 진행된다. 사람이 표범과 퓨마를 구분하기 위해 사진들을 보면서 이들의 특징을 점차 잡아나갈 때 뇌에서 시냅스의 변화를 통해 두 동물의 모델을 기억하는 과정과 유사하다.

그림에서 보듯이, 모든 입력은 '벡터vector'라고 부르는 숫자열로 변환되어 인공신경망으로 들어간 후 변환 과정을 거쳐 다른 형태의 숫자열(벡터)로 출력하는 놀랄 만큼 단순한 구조를 가지고 있다. 가중치들이 처음에는 임의로 세팅되어 있다가 훈련데이터를 처리하는 과정을 통해 예측치와 정답이 맞도록 바꿔나갈 뿐이다. 데이터 변환 과정도 가중치를 입력 값에 곱하는 정도로 매우 간단하고, 가중치를 학습해가는 과정은 '경사하강법Gradient Descent'이라는 수학 모델을 따른다. 사람의 경우 신생아가 '초기화'되어 있는 뇌를 가지고 태어나지만 자라면서 학습 과정을 거쳐 똑똑한 뇌로 변하는 것과 같은 원리다.

챗GPT라는 대단한 '어린아이'가 태어나게 된 것은 2012년경부터 나타나기 시작한 '심층신경망(DNN)$^{Deep Neural Network}$' 기술에 기인한다. 인공신경망에 은닉층을 많이 만들면 그 깊이가 깊어진다고 하여 붙인 이름인데, 그 안에서 일어나고 있는 기본적인 계산법은 단순 신경망과 다를 바 없다. 다만 네트워크에 층이 더해지면서 데이터의 변환이 복잡해지므로 분류 기능의 경우 범주 간 경계선을 학습데이터에 맞도록 매우 정교하게 만들 수 있다. 신경망의 층이 많을수록, 즉 '깊이'가 깊을수록 더 정교한 분류가 가능해지니 더 똑똑하다고 할 수 있다. 층이 많다는 것은 뇌신경 세포의 연결 부위인 시냅스의 수가 늘어난다는 것과 같은 의미이고, 더 많은 가중치 값들을 학습해야 한다는 것이므로 그만큼 더 많은 학습데이터가 필요하다. 이렇게 층이 많은 신경망을 사용해서 AI를 만드는 과정은 '딥러닝' 혹은 '심층학습'이라는 이름으로 대중에게 알려져 있다.

딥러닝으로 가장 큰 성능 혁신을 가져온 이미지 인식 영역에서 고양이 사진과 호랑이 사진을 구분하는 인공신경망을 생각해보면 왜 깊이를 더 깊게 하고 뉴런의 개수를 키우려고 하는지 알수 있다. 고양이와 호랑이 사진 한 쌍을 보여주면 그 차이가 인공신경망의 파라미터^{parameter}(매개변수) 값 세팅을 통해 '기억'되는데, 훈련데이터가 많으면 많을수록 그 차이를 확신할 수 있다. 사람은 이미지를 인식할 때 감각신경을 통해 들어오는 신호를 받아 뇌에서 도형 모양과 같은 특질들을 잡아내는 것으로 시작해서 이들을 조합한 얼굴 모양, 몸통, 털 무늬 같은 것을 인식하고 다시 이들을 조합하여 동물 형태라는 것을 인지한 후 고양이로 판단한다. 이와 유사하게 이미지 인식을 하는 '합성곱신경망(CNN) Convolutional Neural Network'이라는 신경망 모델도 기본적인 특질로부터 복합적이고 의미적인 특질을 잡아내서 최종적으로 분류한다. 이 과정에서 매우 다양한 특질들을 잡아내고 계층적으로 모아가기 위해 인공신경망의 깊이가 깊을수록 그리고 각층의 뉴런 개수가 많을수록 정교한 구분이 가능하다.

훈련데이터에 '고양이', '호랑이'와 같은 정답 레이블label이 붙어 있는 경우 이를 '지도학습supervised learning'이라 한다. 많은 AI는 지도학습 과정을 거치는데, 이를 위해 레이블이 붙어 있는 훈련데이터를 확보해야 하는 것이 가장 큰 걸림돌이다. 반면, 학습데이터에 레이블이 붙어 있지 않다면 '비지도학습unsupervised learning'이라고 한다. 사람이 글을 많이 읽으면서 스스로 문해력이 생기거나, 하늘에 떠 있는 별들로부터 패턴을 인지하여 별자리를 만든 것과 같은 학습은 데이터가 충분히 있으면 되는 것이기 때문에 비지도학습에 속한다. 챗GPT의 근간이 되는 언어모델두 텍스트를 있는 그대로 사용한 비지도학습의 결과다.

그러면 AI가 똑똑하다는 것은 어떤 의미일까? 다양한 방법으로 AI의 능력을 평가할 수 있지만, 분류와 같이 이미지나 텍스트의 내용을 분석하는 AI의 경우에는 데이터의 패턴을 읽어 판단을 잘하는 것이 똑똑한 것이다. 학습 시점에서도 그렇고 학습 후 새로운 입력을 판단할 때도 그렇다. 의료 영상으로 병변 유무를 판단하는 데 있어 AI가 인간 의사를 능가하는 경우가 많아지고 있는 것은 AI가 전문의사보다 패턴인식 문제를 더 잘 풀기 때문이다. 이렇게 AI를 똑똑하게 만드는 방법은 크게 두 가지다. 하나는 인공신경망층, 입력 벡터 크기, 은닉층 뉴런 수 등 구조를 키워서 파라미터 수를 늘리는 것인데, 이는 뇌의 뉴런 수를 늘리는 것과 같다. 다른 방법은 훈련데이터의 양을 늘리되 범주별로 균형을 이루도록 하여 패턴인식의 품질을 골고루 높이는 것이다. 인간의 경우 균형 잡힌 독서나 다양한 경험을 하는 것과 같다.

　일반인이 이런 내용을 다 알아야 할지 의문이 들 수 있다. 스마트폰이 어떻게 작동하는지 몰라도 잘 쓰고 있는 것과 같이 AI도 쓸 줄 알면 되는 것 아니냐고 할 수 있다. 이런 물음에 대한 답은 이 책 전체를 통해 구해나갈 것이다. 하지만 일단 의학 지식의 사례를 보면 어느 정도 짐작할 수 있다. 우리나라 생활수준이 높아지면서 그리고 유튜브YouTube 등의 매체가 활성화되면서 국민의 의학 상식 수준이 매우 높아졌다. 의료 지식을 많이 알면 얻는 혜택은 어떤 것이 있을까? 우선 몸에 이상이 있을 때 병원을 가야할지 판단이 쉬워지며 적절한 병원이나 의사를 찾는 데도 도움이 된다. 의사와 질의응답을 통해 스스로 치료 방향을 결정해갈 수 있고, 의료사고나 과잉 진료에도 대비할 수 있다. 이렇게 '의료 주권'을 갖게 되는 것은 우리가 신체 구조를 이해하고 병과 치료법 간의 인과관계를 잘 알고 있을 때 가능하다. AI에 관한 지식도 마찬가지다. AI의 결정을 이해하고 판단할 수 있다면 오용과 남용을 막을 수 있고, 새로운 활용법을 찾을 수 있으며, 폐해에 대해서도 사전에 대처할 수 있다. AI는 스마트폰과 같은 수동적인 도구가 아니고 우리의 일상과 정신세계에 들어올 존재이기 때문에 이런 능력을 갖추는 것이 더욱 중요하다.

언어모델이 핵심

'분석형' AI에 반해 챗GPT를 '생성형' AI라고 부르는 이유는 훈련 과정을 거쳐 구축한 '언어모델'을 사용하여 텍스트를 생성해가기 때문이다. 생성형 AI에서 핵심이라 할 수 있는 언어모델의 기본 아이디어는 직관적으로 간단하다. 아래와 같이 문장의 일부가 주어졌을 때 다음에 나올 단어가 무엇인지 예측할 수 있는가?

'철수는 퇴근해서 집으로 돌아올 때 버스를 …'

'탄다'가 적절한 단어라고 생각하는 사람은 꽤 괜찮은 언어모델을 가지고 있다고 할 수 있다. 하지만 '먹는다'라고 예측한다면 그 사람이 가지고 있는 언어모델은 엉터리일 가능성이 높다. 만약 '샀다'라고 한다면 말이 안 되는 것은 아니지만 실제 상황과 맞을 확률은 높지 않으므로 특이한 언어모델을 가지고 있을 것이다. 우리는 성장하면서 독서, 작문, 대화 등 언어처리 과정을 통해 꾸준히 언어에 대한 모델을 만들어간다. 언어모델이 풍성해진다는 것은 단어나 언어적 현상이 학습되어 뇌 회로의 연결성과 강도가 높아진다는 것이고, 이에 힘입어 언어 구사력이 좋아지고 논리도 정연해진다.

[그림] 3차원 개념 공간

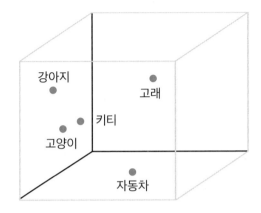

　　GPT 계열의 AI도 양질의 훈련데이터를 많이 읽어 들일수록 대화, 질의응답, 요약, 번역 등 언어처리 능력이 좋아진다. 단어, 구, 문장, 문단 등 다양한 텍스트 구조들 간의 연결성이 인공신경망의 가중치 값들에 반영되어 불완전한 문장을 마무리 짓는 과업도 능숙하게 해낼 수 있다. 심층신경망으로 인간의 신경망을 모사하여 언어모델을 구축하는 것이다.

　　모든 인공신경망의 입력은 숫자 벡터 형태를 취해야 하므로, DNN이 언어모델을 구축하는 첫 단계는 단어를 의미가 담긴 벡터로 변환하는 것이다. 만약 100차원의 벡터를 사용한다면 '고양이'는 '0.25, 0.04, 0.9, …', '강아지'는 '0.2, 0.33. 0.1, …' 이런 식으로 각 단어를 100개의 숫자로 표현한다. 문장 안에 있는 단어들의 벡터를 이용하면 문장 벡터를 만들 수 있으므로 어떤 크기의 텍스트도 그 의미를 벡터로 표현할 수 있게 된다. 그러면 컴퓨터 프로그램은 문서분류, 자동번역 등 언어처리를 할 때 숫자열만 취급하면 되는 것이다.

그런데 단어의 의미가 벡터에 담겼다는 것은 어떤 뜻일까? 유사한 단어들을 표상하는 벡터들은 벡터 공간[13]에서 가까이에 있고 상이한 것들은 서로 멀리 떨어져 있게 하면 된다. 85쪽 그림은 몇 가지 단어들의 벡터들이 3차원 공간에서 서로의 의미적 유사성에 따른 위치를 가지고 있음을 보여준다. 이렇게 단어 백터들을 고차원의 공간으로 사상시키기 위한 대표적인 기술로 '워드투벡Word2Vec'이 2014년에 나왔는데, 이때부터 인공신경망에 의한 언어처리 기술이 획기적으로 발전했다.

이 기술의 핵심 아이디어는, 한 단어의 의미가 이를 포함하는 모든 문장을 통해 결정될 수 있다는 것이다. 아래와 같이 ▆▆로 가려진 단어의 주변 맥락만으로 이 단어의 의미를 알아낼 수 있을지 보자.

곡식이 여물면 ▆▆ 이 옵니다

기상학적으로 ▆▆ 의 기준은 일평균 기온의 이동 평균

세시풍속에서의 ▆▆ 은 음력 7월부터 9월까지를 일컫는다

▆▆ 은 온대 지방의 사계절 중 하나다

푸른 ▆▆ 하늘, 여인의 적갈색 피부, 초록색 식물

---

13 벡터 공간은 수학적인 용어이지만 이해를 돕기 위해 이를 '개념 공간'으로 치환해서 생각해도 된다.

완연한 ■■■ 이 왔다. 낮아진 온도에 따라 우리나라

진나루터에서 ■■■ 국화 전시회를 개최한다

2023년도 ■■■ 학술대회를 11월 1일 개최

■■■ 은 수확의 계절이다

    위에서부터 읽다 보면 점점 그 단어에 대한 감이 잡혀 어느 순간에는 그 단어가 '가을'이라는 것을 알아낼 수 있다. '워드투벡'은 이런 현상을 이용하여 한 단어가 출현하는 모든 맥락을 '기억'함으로써 그 의미를 표상할 수 있도록 설계된 인공신경망이다. 이 신경망은 대형 말뭉치를 읽어 각 단어의 맥락을 예측하도록 훈련하는 과정을 거치게 되고 그 과정에서 단어들의 벡터가 형성된다. 예를 들어, '사과'라는 단어를 위한 표상을 만들려면, 학습데이터에서 그 단어의 주변에 나오는 '먹다', '따다', '과일', '빨간', '썩은', '먹음직스런'과 같은 단어들이 잘 예측되도록 신경망의 가중치를 조정한다. 그 과정에서 '사과'에 해당하는 벡터도 조정되어 학습이 끝나면 맥락을 통해 추출된 의미가 그 벡터에 담기는 식이다.

    대량의 말뭉치로 훈련시키면 여기 출현하는 모든 단어에 대한 의미 기반 표상이 생성된다. 이렇게 만들어지는 단어의 벡터를 '임베딩embedding'이라고도 한다. 비슷한 의미를 가진 단어들이 비슷한 임베딩 벡터를 가지게 되므로 문장, 문단 등 더 큰 텍스트의 벡터도 단어 벡터들로부터 만들어낼 수 있는 길이 열리는 것이다. 아무런 레이블이 달리지 않은 말뭉치를 학습데이터로 사용하므로 '워드투벡'은 비지도학습 방법의 좋은 예다.

DNN의 자연어처리 과정은 인간의 언어 습득 및 활용 과정과 유사한 면이 많다. 특히 DNN이 언어를 배우는 현상은 원어민이 자신의 언어를 배우는 것과 매우 유사하다. 문법과 상관없이 어렸을 때부터 한국어 문장을 수없이 듣고 읽고 말하는 것만으로 언어 구사력이 갖춰진 것은 한국어 언어모델을 구축했기 때문이다. 그런데 우리나라에서 외국어를 공부할 때는 보통 문법을 먼저 배우고 이를 적용하여 문장을 해석하는 방법을 배운다. 학교에서 10년 넘게 외국어를 공부해도 대화나 작문을 하는 것이 쉽지 않은 것을 보면, 언어 구사를 위해서는 문법 규칙을 통한 언어 학습보다 언어모델 구축을 통한 방법이 훨씬 효과적이라는 것을 알 수 있다. GPT 계열의 생성형 AI의 뛰어난 능력도 여기에 있다.

언어모델을 구축하는 다양한 방법이 개발되었는데, GPT의 근간이 되는 언어모델은 '트랜스포머'라는 구조를 가지고 있다. 그전까지는 '순환신경망(RNN)Recursive Neural Network'이 핵심 알고리즘이었다. 이 알고리즘은 비교적 적은 학습데이터를 사용하는 언어처리 등에 여전히 사용되고 있지만, 불과 몇 년 만에 옛날 방식이 되어버렸다. 하지만 순환신경망 기술이 아래에 설명할 인코더encoder와 디코더decoder의 개념을 처음으로 도입했기 때문에 트랜스포머 및 텍스트 생성형 AI의 탄생에 중요한 징검다리 역할을 했다.

생성은 어떻게 하나?

인간의 언어처리 과정을 살펴보면 '언어 지능'을 가진 AI를 이해하기 쉬워진다. 사람이 대화나 질문에 응답하는 과정 혹은 번역하는 과정 등은 모두 문장을 생성하는 과정이다. 예를 들어, '대전 겨울의 날씨는 어떤가요?'라는 질문에 대한 답으로 '오늘 대전의 날씨는…'까지 발화했다면 다음에 나올 단어는 의도나 정보에 따라 어느 정도 한정된다. 여기서는 '흐린 날이', '가끔', '대체로', '맑은' 등의 단어가 올 확률은 높지만 '빨간', '맛있는', '영양가' 등 맥락과 관계가 없는 단어가 오기는 어렵다. 일반적인 대화를 나눌 때도 대화 전체의 맥락, 바로 전 상대방의 발화 내용, 화자가 말하고 싶은 내용 등에 의해 다음 단어가 결정된다.

DNN에서도 마찬가지로 문장을 생성하는 과정은 입력 텍스트가 들어오면 언어모델에 의거한 확률 계산을 통해 다음에 나올 단어를 고른다. 인간의 경우 다음 단어를 생성하는 메커니즘이 아직 알려지지 않은 것과 달리, DNN에서는 순환신경망이나 트랜스포머와 같은 알고리즘을 사용하여 명시적으로 확률을 계산하여 문장을 생성한다. 생성형 AI를 만들 때, 같은 학습데이터를 사용하더라도 언어처리 능력은 결국 어떤 알고리즘을 사용하여 확률을 계산하는가에 따라 달라진다.

단어들을 하나씩 순차적으로 출력하여 의미 있는 텍스트를 생성하기 위해서는 학습된 언어모델에 단어를 순차적으로 읽어들이고 생성하는 과정이 있어야 한다. 이를 이해하기 위해 순환신경망의 인코딩encoding과 디코딩decoding이라고 불리는 과정이 어떻게 진행되는지 살펴보자.

인코딩은 앞서 설명했던 언어모델 구축 과정과 개념적으로 동일하다. 즉 문장의 단어열을 순차적으로 받아들이면서, 특정 목적에 맞게 단어들을 벡터 공간으로 사상mapping시키는 과정이다. 여기서 특정 목적이란 다음 단어를 예측하는 것과 같은 것을 의미한다. 인코딩 학습 과정의 결과로 훈련데이터의 각 단어가 벡터로 변환된 하나의 개념 공간이 만들어지는 것이다. 이렇게 인코더라고 불리는 DNN의 파라미터 세팅을 통해 언어모델이 만들어지면, 임의의 텍스트가 들어왔을 때 동일한 인코딩 과정을 거쳐 벡터로 표현될 수 있다. 인코딩 결과는 텍스트의 분류나 요약, 질의응답을 하는 데 유용하게 사용되지만 생성 기능을 위해서는 디코더가 같이 학습되어야 한다.

디코더 개념을 이해하기 위해 영한 번역 목적을 가진 순환신경망의 학습과 실제 번역 과정을 살펴보자. 같은 의미를 가진 영어와 한국어 문장의 쌍들을 가지고 있는 '병렬 말뭉치parallel corpus'를 읽어 들이면서 번역에 적합한 언어모델을 만들어가는 과정이 핵심이다. 영어 문장이 하나씩 입력으로 들어올 때마다 인코딩된 문장 벡터를 사용하여 한국어 단어를 순차적으로 생성할 수 있도록 디코더를 계속 학습시켜가는 것이 그 원리다. 문장의 단어열을 순차적으로 받아들이면서 주어 동사와 수의 일치, 특정 명사를 수식할 수 있는 형용사 종류의 제약 사항 등 어휘나 문법 정보가 순환신경망의 파라미터의 조정을 통해 암묵적으로 '저장'

된다. 다른 관점에서 보면, 영어와 한국어의 언어적 특성을 반영한 벡터 공간이 형성되는 것이다. 이 과정을 통해 순환신경망의 파라미터가 번역에 적합하도록 세팅된 영한 번역기가 탄생한다.

순환신경망을 변형한 모델들이 다수 나왔으며, 이들은 GPT의 기반이 되는 트랜스포머가 나오기 전까지 기계번역, 질의응답, 분류 등 다양한 자연어처리에 있어 상징추론에 의한 과거 방법보다 훨씬 좋은 성능을 보였다. 뿐만 아니라 DNN 기반의 방법을 사용하면 병렬 말뭉치와 같은 훈련데이터만 있으면 번역기를 만들 수 있어 자연어처리 기술로의 진입 장벽이 많이 낮아졌다. 과거에는 문장의 어휘, 문법 지식, 의미 정보 등 다양한 수준의 언어학적인 지식을 명시적으로 규칙화하여 상징추론 기반의 AI를 만들었지만, DNN을 사용하는 경우 이런 지식이 명시적으로 필요하지는 않기 때문이다. 언어처리에 있어 상징추론 위주의 AI에서 DNN 위주의 AI로 패러다임의 전환이 일어난 것이다.

단순함이 아름다운 트랜스포머

순환신경망의 핵심은 단어열을 순차적으로 받아들이면서 어휘, 문법구조, 의미 구조 등 언어적 현상을 '기억'하는 것인데, 한 가지 중요한 약점을 가지고 있다. 읽어 들이는 문장이 긴 경우, 앞서 '기억'했던 정보의 강도가 점점 약해져서 마지막 단어를 읽는 시점에는 그 정보가 사라지는 문제다. 즉 문장을 이해하고 생성하는 과정에서 긴 문장을 처리하는 데 어려움이 있는 것이다.

후속 모델인 트랜스포머 구조는 이런 약점을 극복하여 멀리 떨어져 있는 단어들 간의 관계, 문장이나 문단 간의 관계 등 원격으로 연결된 언어적 현상을 모두 감지하여 '기억'하도록 설계되었다. 문장의 단어들을 순차적으로 읽으면서 인접 단어 간의 관계를 보고 기억한다는 개념을 버렸기 때문에 앞서 기억한 정보가 사라지는 문제는 원천적으로 나타나지 않는다. 대신 문장 구성 요소 간의 모든 관계를 '기억'하고 문장이나 문단 간의 관계도 모두 '기억'할 수 있도록 발상의 전환을 한 것이다. 하지만 모든 관계가 동일하게 중요한 것은 아니므로, 중요한 관계에 더 집중하도록 하는 '어텐션attention'이라는 메커니즘을 도입했다. 이는 트랜스포머 구조의 핵심 아이디어로, 중요하고 반복되는 시냅스 연결성이 강화되어 뇌에서의 신경 회로가 만들어지는 것과 유사하다.

예를 들어, '오늘 대전의 날씨는 대체로 맑겠지만 오후부터는 기온이 급하게 영하권으로 떨어지겠습니다'라는 문장을 트랜스포머가 읽어 들일 때 '대전'과 '날씨', '기온'과 '영하권' 간의 연결 강도는 '오늘'과 '급하게' 혹은 '대전'과 '오후' 간의 연결 강도보다 높게 학습이 되는 것이다. 즉 어텐션은 중요한 문장 구성 요소 간의 관계에 주목할 수 있게 하여 대용량의 말뭉치에 들어 있는 쓸모없는 관계 정보를 여과시켜주는 역할을 한다. 이 메커니즘은 사람이 책을 읽으며 내용을 이해하는 과정에서 필요한 부분에 더 주목하고 자주 출현하는 관계를 더 오래 기억하는 면을 모델링한 것이다. 인간의 뇌가 동시에 입력되는 연관 정보를 여러 번 받아들임으로써 기억을 하게 되는 것이나, 시간이 지나 입력 정보의 동시성이 사라질 때 망각하는 현상과 유사하다. 어텐션 메커니즘은 새로운 문장의 핵심을 빨리 파악하고 대화할 때도 자연스럽게 연결되는 단어를 쉽게 골라낼 수 있도록 하는 등 GPT 계열의 언어처리 능력의 디딤돌 역할을 한다.

트랜스포머의 다른 핵심 아이디어는 하나의 단어열에 존재하는 다양한 언어적 특성을 '기억'하기 위해 '다중 헤드Multi-heads'를 사용한다는 것이다. 이는 마치 하나의 문장을 놓고 여러 사람이 각자의 역할에 따라 분석하는 것과 같은 효과를 준다. 예를 들어, 한 사람은 어휘적 특성에만 치중하고, 두 번째 사람은 문법적 구조만 분석하며, 세 번째 사람은 의미적 현상만을 보고, 네 번째 사람은 문장 간의 연결 관계만을 보는 식이다. 이렇게 다중 헤드와 어텐션을 이용하여 텍스트 구성 요소 간의 다양한 관계를 파악함으로써 텍스트 이해와 생성에 필요한 정보를 '기억'하는 것이다.

여기서 '기억'한다는 것은 어구나 문장 혹은 문장의 묶음 등을 그대로 외우듯이 기억한다는 것과는 의미가 다르다. 다양한 언어적, 논리적 특성과 현상이 모두 반영된 수백 차원의 벡터 공간을 만들어 단어와 같은 문장 구성 요소를 그 공간으로 매핑하여 임베딩 벡터 하나하나에 다양한 정보가 표현되도록 하는 것이다. 이는 사람이 많은 글을 읽었다면 '사과'와 같은 단어가 출현했던 많은 맥락을 어렴풋이 기억하는 것과 같다. 대화 중에 이 단어를 만나게 되면 순간적으로 성경의 아담과 이브 이야기를 연상할 수 있고, 애플사의 창업자인 스티브 잡스Steve Jobs와도 연계할 수 있으며, 어제 마트에서 봤던 사과의 가격과도 연관시킬 수 있는 것이다. 이 '기억'의 과정을 트랜스포머 기계 관점에서 보면, 수천억 개 수준의 파라미터들을 세팅한다는 의미다.

　그런데 이렇게 다양한 언어적 특성을 잡아내는 트랜스포머의 구조는 의외로 단순하다. 이 구조의 메커니즘은 그 이름이 의미하는 바와 같이 '변환'의 연속으로, 입력 벡터를 받아 변환하여 출력하는 동일한 인공신경망 블록이 연속으로 쌓여 있는 다층 구조를 가지고 있다. 첫 층layer은 외부로부터의 입력 문장 단어열에 해당하는 벡터를 받아 변환시킨 후 그 결과를 다음 층의 입력으로 보낸다. 다음 층은 이를 받아 변환한 후 세 번째 층으로 보내는 식으로 마지막 층까지 같은 프로세스가 계속되어 벡터 변환만 이루어질 뿐이다. 하지만 각층을 거칠 때마다 출력되는 벡터에는 입력 벡터들 간의 관계가 새롭게 포함되므로, 결국 외부 입력 문장이 가지고 있는 언어적, 논리적 구조 등 정보가 계속 추상화되어 인코딩된다. 층을 거치면서, 조금씩 더 폭넓은 맥락 정보가 사용되고 점차 추상화 수준도 높아지는 것이다. 챗GPT의 경우 신경망 블록이 96층으로 쌓여 있는 트랜스포머를 사용하고 있다. 각 신경망 블록 하나하나는 데이터를 받아 가단한 변환만 하는 단순한 구조인데도 불구하고 고급 '지능'을 갖게 되는 이유는 많은 블록을 거치면서 이루어지는 추상화 때문이다.

　GPT-4의 경우 트랜스포머가 한 번에 받아들일 수 있는 입력 텍스트의 최대 길이가 3만 3000토큰이다. 이것의 의미는 100페이지 정도의 문서를 읽고 그 안에 있는 언어적 특성, 내용, 논리적 구조, 수사적 구조 등을 모두 순간적으로 파악해낸다는 것이다. 인간이 오랫동안 다양한 학습과 경험을 통해 얻을 수 있는 이런 언어와 논리 처리 능력을 초대용량의 텍스트를 읽어 데이터 변환만 하는 신경망 블록 96층으로 해낸다는 것은 놀라운 일이 아닐 수 없다. 하지만 인간의 뇌에서도 뉴런들이 서로 단순한 전기 및 화학적 신호를 주고받음으로써 회로를 형성하고 고차원의 지능을 갖게 되는 것을 생각하면 트랜스포머가 이런 단순한 구조를 가지고 있다는 것이 아주 생소하지는 않다.

트랜스포머는 여타 DNN과 마찬가지로 내부의 파라미터들의 값을 조정해가는 '학습 과정'을 거친다. 즉 학습이 완료되면 모든 파라미터 값이 고정되어 하나의 언어모델이 완성되는 것이다. 예를 들어, 챗GPT의 경우 디코더로서 텍스트 생성을 잘하도록 설계된 학습 과정을 거쳐 1750억 개 파라미터들의 값이 결정된 모델이 만들어졌다. 이렇게 학습된 트랜스포머는 '추론'을 통해 실제 질의응답이나 분류와 같은 과업을 수행할 수 있다. 새롭게 입력된 텍스트는 트랜스포머에 의해 인코딩되어 벡터로 최종 변환된 이후 실제 과업에 사용된다.

챗GPT와 같이 디코딩 기능을 갖춘 트랜스포머는 단어를 하나씩 생성할 때마다 후보가 되는 단어 각각에 대해 적절성 확률을 계산한다. 그런데 어떻게 복잡한 질문에 맞게 논리적인 구조를 가진 텍스트를 생성할 수 있을까? 이에 대한 답은 간단하다. 다음 단어를 생성할 때 현재 진행 중인 대화의 전체 맥락, 현재의 프롬프트prompt, 그리고 이에 대한 답변으로 여태까지 생성한 단어열을 모두 '사전 확률prior probability'로 사용하는 것이 핵심이다. 즉 그 시점까지의 대화 내용과 현재의 프롬프트가 무엇인지에 따라 확률 계산의 조건이 바뀌므로 출력은 다양하게 변하게 된다.

트랜스포머는 대용량 텍스트 데이터를 읽어 들여 언어모델을 구축하는 하나의 아키텍쳐architecture 혹은 알고리즘이지만, 이것이 훈련 과정을 거치고 나면 하나의 언어모델을 가지게 된다. 마치 인간의 뇌가 생물학적인 장기이면서 언어모델을 가지고 있고 다양한 추론을 할 수 있는 것과 같다. 말하자면 AI의 뇌라고 볼 수 있는데, 그렇다면 이런 언어모델을 가진 트랜스포머가 실제 추론은 어떻게 할까? 번역과 같이 트랜스포머의 인코더와 디코더만으로 가능한 과업도 있지만, 많은 경우 특정 과업의 특성을 반영하여 제대로 된 성능을 내기 위해서는 이미 구축된 언어모델을 '미세조정fine tuning'하는 과정을 거쳐야 한다. 이는 마치 우리나라 전체에 대한 일반적 지식을 가지고 있는 사람에게 대전 투어 가이드를 시키기 위해 추가적인 콘텐츠로 훈련을 더 시켜 뇌의 시냅스 구조를 살짝 바꿔놓는 것과 같다. 예를 들어, 질의응답 과업을 잘하도록 이에 해당하는 훈련데이터를 사용하여 트랜스포머를 추가로 훈련시키면 파라미터가 이 과업에 특화되도록 미세조정되어 언어모델이 약간 변형되는 것이다.

알고리즘, 데이터, 모델

기계학습을 통해 어떤 과업을 수행한다는 것은 효율적인 학습 알고리즘과 적절한 학습데이터가 있어야 하고 이들을 통해 과업을 위한 모델이 만들어져야 한다. 예를 들어, 고양이와 강아지 이미지를 구분하는 분류기가 필요하면 고양이와 강아지 이미지로 구성된 훈련데이터가 충분히 있어야 하고, 여기서 패턴들을 발견하여 고양이와 강아지 이미지를 구분하는 학습 알고리즘이 있어야 한다. 훈련이 완료된 후에 하나의 분류 모델이 만들어진다. 딥러닝으로 모델이 만들어진다는 것은 트랜스포머와 같은 학습 알고리즘에 있는 파라미터들이 훈련데이터에 의해 결정되는 것을 의미한다. 따라서 트랜스포머는 학습 알고리즘을 지칭하기도 하고 훈련 과정을 통해 파라미터 세팅이 끝나면 사전 학습된 하나의 모델이 되는 것이다.

훈련된 모델로 실제 과업을 수행할 때의 성능은 같은 알고리즘이라면 당연히 모델이 어떻게 훈련되었는가에 따라 달라진다. 한 아이가 태어난 후 (뇌에 학습 알고리즘이 있는 상태에서) 어떻게 독서를 시키는가(훈련)에 따라 어학력(성능)이 다르게 나온다는 말과 같다. 따라서 성공적인 AI 모델이 만들어지기 위해서는 어떤 학습데이터가 얼마만큼 있는가가 중요하다. 언어모델의 경우 비지도학습으로 진행되기 때문에 중요한 것은 전체 학습데이터의 양이다. 다만 말뭉치 안에 여러 장르, 미디어 스타일, 구성 주제 등이 균형 있게 포함되는 것이 중요하다. 이렇게 레이블링이 되어 있지 않은 초거대 용량의 콘텐츠를 사용하여 만들어놓은 것을 '파운데이션 모델Foundation Model'이라고도 하는데, 그 의미는 이 모델로부터 분류, 질의응답, 객체 인식, 이미지 제목 달기,

번역, 감성 분석 등 매우 다양한 과업을 수행할 수 있도록 변형할 수 있다는 것을 의미한다.

파운데이션 모델은 글로벌 빅테크big tech 기업[14]들이 각각 만들어내고 있다. 그렇다면 어느 모델이 더 좋은 것일까? 여러 가지 요인이 있지만, 일단 뇌가 클수록 고등동물인 것과 같이 파운데이션 모델도 그 크기가 중요하다. 보통 모델의 크기는 매개변수 개수로 그 규모를 가늠한다. 챗GPT는 총 1750억 개의 파라미터를 가지고 있고, 구글의 바드와 앤트로픽Anthropic의 클로드Claude-2도 비슷한 크기이며, 챗GPT 이후 새로 나온 GPT-4는 총 1조 7000개 정도일 것으로 추정되고 있다. 공개 소프트웨어인 라마는 70억, 130억, 330억, 650억 개의 매개변수를 가진 네 가지 버전이 있다. 네이버에서 2023년 8월에 출시한 '하이퍼클로버HyperCLOVA X'는 매개변수 수가 비공개로 되어 있으나 그 숫자가 챗GPT를 능가할 것으로 추정되고 있으며, 중국에서 출시된 판구PanGu, 어니봇ERNIE-Bot, 훈위안Hunyuan도 모두 매개변수 개수로는 챗GPT를 다소 능가하는 것으로 알려졌다.

학습데이터의 규모도 생성형 AI의 성능에 절대적인 영향을 준다. GPT-4의 경우 13조 개의 토큰을 가진 콘텐츠로 학습되었다고 추정이 되는데, 이 규모는 570기가 바이트(GB)Gigabyte의 데이터셋dataset을 사용했다는 챗GPT보다 월등히 큰 것으로 '사실

---

14   GPU를 독보적으로 생산하는 엔비디아, 생성형 AI 파운데이션 모델을 선도하고 활용하는 마이크로소프트(오픈AI와 협력), 구글(딥마인드와 협력), 메타 등 거대 IT기업.

확인ᶠᵃᶜᵗ ᶜʰᵉᶜᵏⁱⁿᵍ' 능력이 훨씬 좋아지게 된 이유이기도 하다.

챗GPT 한국어 버전이 영문 버전보다 여러 면에서 부족한데 그 이유는 한국어 데이터가 전체 인터넷 콘텐츠 중의 약 0.5% 정도라서 훈련에 사용된 한국어 콘텐츠가 차지하는 비율이 크게 낮기 때문이라고 추정된다. 하지만 한국어 챗GPT도 사용자 질문의 의도를 잘 파악하여 답변도 결코 낮은 수준으로 볼 수 없을 정도이며, 문장의 완성도나 자연스러운 정도도 크게 떨어지지 않는다. 그 이유는 트랜스포머가 가지고 있는 높은 학습 강건성이 일조하지만, '전이학습ᵗʳᵃⁿˢᶠᵉʳ ˡᵉᵃʳⁿⁱⁿᵍ'이라는 기술을 사용하여 영어로 배운 언어 지식을 한국어 언어모델로 이전시키는 것이 큰 역할을 한다. GPT-4의 경우에는 영어를 포함한 다국어를 사용하여 복합적으로 학습을 시키기 때문에 다양한 언어에 걸쳐 있는 언어 현상을 같이 배운 효과도 있다.

창발 능력

인간을 불안하게 만들다

GPT-4가 미국 로스쿨입학시험이나 대학입학자격시험(SAT)과 같은 표준화된 '지능 테스트'에서 인간을 능가하는 것만으로도 사람들은 앞으로 인간이 설 자리가 어디인지 우려를 표명한다. 그런데 생성형 AI가 보여주는 다른 능력들 때문에 혀를 내두르는 경우가 하나둘씩 생기고 있다. 특히 생성형 AI가 만들어낸 창작품을 접하면 '아니 어떻게 이런 것까지…'라고 탄식이 섞인 놀라움의 반응이 나온다. 사람들은 AI가 어려운 문제를 풀거나 논리적인 사고를 잘하는 것은 이제 당연하게 생각하지만, 인간이 지키고 있는 마지막 보루 중 하나인 창의성이 도전받고 있다는 것을 알면 불안감에 휩싸인다. 왜냐하면 생각지도 못한 것을 만들어내는 창의적 AI는 우리가 예측하지 못하는 뜻밖의 행동을

[그림] Spiral Town(나선형 마을)

그림 출처: https://www.reddit.com/r/StableDiffusion/comments/16ew9fz/spiral_town_different_
approach_to_qr_monster/?rdt=64681

'창의적으로' 할 수도 있기 때문이다.

　AI가 창의성을 보인 예를 들어보자. 'Spiral Town(나선형 마을)'이라는 제목을 가진 101쪽 이미지는 2023년 9월에 'X'로 개명한 트위터와 레딧Reddit이라는 사이트에서 네티즌들의 인기를 끌었다. 그 이유는 이 이미지가 '스테이블 디퓨전Stable Diffusion'이라는 이미지 생성 AI로 만들어졌기 때문이다. 컨트롤넷ControlNet이라는 신경망을 통해 가공한 결과이기는 하지만, AI가 만들어낸 이 이미지는 중세도시의 모습을 나선형으로 디자인하여 초현실적으로 보이게 한다. 누구도 이런 그림을 과거에 본 적이 없으므로 SNS에서 뜨겁게 회자되었을 것이다. 연구자들은 생성형 AI가 가지고 있는 이런 능력을 '창발 능력emergent capability'이라고 부른다. 커가기만 하는 생성형 AI의 모델 아키텍처와 이를 지원하는 컴퓨팅 파워의 확장, 그리고 끊임없이 증가하는 학습데이터로 인해 개발자도 기대하지 않았던 창조적 결과가 나올 때 이런 표현을 쓴다.

　위의 이미지만큼 극적이지는 않더라도 여전히 창발 능력을 보여주는 예가 많이 있다. '바닷가 전경'과 같은 주제를 주고 특정 화가풍의 그림을 그려달라거나, '랩이 들어가 있는 경쾌한 분위기의 댄스 곡'같이 장르, 분위기, 주제, 악기, 템포 등 정보를 주고 음악을 작곡해달라고 했을 때 나오는 결과물들은 대부분 창발성을 보여준다. 기존 미술이나 음악을 바탕으로 예술적 창의성을 결합하는 형태이므로 순수한 창작물이 아니라는 비판도 있지만, 인간의 예술성도 대부분 기존 예술가의 작품을 감상하고 학습한 상태에서 다양한 습작을 하면서 나타나는 경우가 많다. 따라서 창작과 모방의 경계선을 어디에 두어야 할지 애매한 경우가 생긴다. AI의 창작물과 인간의 창작물 간 어떤 차이가 있는지 이해하기 위해서는 인간과 AI의 창조 과정에 대한 깊은 이해가 필요하다. 이 주제는 이 책의 5장과 6장에서 다룬다.

창발 능력은 언어처리 분야에서도 나타난다. 주제 및 간단한 줄거리 그리고 스타일을 제시하면 거뜬히 소설을 써내는 AI가 있다는 것은 이미 잘 알려진 사실이다. 이런 책들이 작가의 편집을 거쳐 아마존과 같은 서적 판매 플랫폼에서 판매되고 있다. AI가 인간의 가장 고차원적인 창작물 중 하나로 알려진 시를 쓰거나 노래 가사를 지어내는 사례도 있다. 2022년도 챗GPT가 출시되기 전에 발간된 시집《시를 쓰는 이유》는 거대언어모델에 기반한 AI가 근·현대 시 1만 3000여 편을 읽어 학습한 후 작성한 시 53편을 담고 있다. 이 시집의 해설에 나와 있는 시인들의 반응은 '단정함, 시를 이제 시작하려는 것 같음, 군더더기가 없음, 잘 읽힘, 시를 사전처럼 정의 내리려 함, 지시대명사 등 산문적 어휘를 자주 사용, 오글거림 없음, 처음 쓴 단어를 계속 쓰고 있음, 반복적인데 리듬감이 느껴지지 않음…'과 같았다. AI가 시의 형식과 표현 방식을 학습하여 재생산하는 과정을 거친 결과 정도로 볼 수 있다. 그런데 이 시도는 챗GPT가 나오기 전에 이루어졌다.

챗GPT가 시를 '이해'하고 해석하는 능력을 보기 위해 아래와 같은 대화를 시도해보았다.

MY   아래는 김소월이 쓴 <못 잊어>라는 유명한 시다.

못 잊어 생각이 나겠지요
그런 대로 한 세상 지내시구려
사노라면 잊힐 날 있으리다

못 잊어 생각이 나겠지요
그런 대로 세월만 가라시구려
못 잊어도 더러는 잊히오리다

그러나 또 한긋 이렇지요
그리워 살뜰히 못 잊는데
어쩌면 생각이 떠지나요?

이 시를 초등학생이 이해할 수 있도록 200자 이내로 풀어줘.

이렇게 프롬프트를 주었을 때 결과는 다음과 같다.

그 사람을 잊지 못해서 항상 생각이 나요. 그렇게 그대로 시간을 보내며 지내고 있지만, 언젠가는 그 생각이 사라질 날도 있을 거예요. 그래도 더러는 잊히지 않아요. 보고 싶어서 잊을 수가 없는데, 시간이 지나면서 조금씩 생각이 덜해질지도 모르겠어요. 하지만 그리움이 여전히 깊숙이 남아 있는 거죠.

시의 이해는 읽는 사람의 몫도 있으므로 평가는 각자가 해야 할 것 같다. 하지만 김소월의 시가 내포하는 의미를 충분히 이해하고 느끼는 것도 쉽지 않은 능력인데, 초등학생들이 이해할 수 있는 수준으로 풀어쓰는 이 능력은 교사들에게 위협적으로 느껴질 수 있을 것이다. AI가 쓴 시집과 이에 대한 시인들의 반응을 보면 어떤 생각이 드는가? 조만간 인간이 자랑하는 최고 수준의 문학적, 예술적 능력이 AI에 의해 침범당할 것 같은 불안감이 엄습할 수도 있다. 이러한 불안감을 해소할 수 있는 유일한 창구는 이러한 능력이 어떻게 가능한가를 이해하는 것이다.

그런 능력은 어디서 오는가?

"이런 고차원적인 '사고'가 어디서 어떻게 일어날까?"라는 질문의 답은 실망스럽게도 '아직 잘 모른다'다. 생성형 AI를 출시하는 기업은 물론 세계적인 AI 연구자들도 명확한 답을 자신 있게 내놓지 못하고 있다. '창발'이라는 표현을 쓰고 있는 이유도 아직 생성형 AI의 '사고' 과정을 충분히 이해하지 못하기 때문에 의외의 능력을 보인다는 면을 강조하려는 것이다. 두개골로 쌓여 있는 인간의 뇌가 일으키는 인지적 사고와 의식의 많은 부분이 아직 미스터리로 남아 있는 것과 같이 트랜스포머가 해내는 창발 능력도 아직 명확히는 알 수 없다. 챗GPT가 가지고 있는 수천억 개의 매개변수 값들의 분석을 통해 내부에서 어떤 일이 벌어지고 설명하는 것은 아직 매우 어려운 문제이기 때문이다.

트랜스포머에서 지식표상이나 창발 능력이 어떻게 일어나는지 알기 어려운 것은 우리 뇌에서 상징추론이 어떻게 일어나는지 규명을 못하고 있는 것과 유사하다. 뇌에서 뉴런 간의 상호작용을 통해 인지 활동이 일어나고 있다는 것은 알지만, 어떻게 지식표상이 이루어지고 창의적 사고가 일어나는지 생물학적으로는 아직 알 수 없기 때문이다. 개별 뉴런들이 처리하는 전기화학적 신호가 시냅스를 통해 다른 뉴런에게 전달되고 이런 연결이 하나의 회로를 형성하는 과정이 인지 작용의 생리화학적 모습이라는 것은 안다. 인지과학에서 모델을 통해 인간의 사고 과정을 기능적으로 설명하기도 한다. 하지만 사람의 언어모델이 어떻게 저장되어 있고 사람이 어떻게 의식적으로 이야기를 해나갈 수 있는지 그리고 창의적인 사고는 어떻게 진행이 되는지 등 아직은 미개척 영역이 많다. 다만 최근 뇌과학은 '기능적 자기공명장치(fMRI)'로 다양한 사고 과정에서 활성화되는 뇌 부위를 상세하게 알아내기 시작하면서 인간의 뇌가 보여주는 오묘한 능력을 분석해가고 있다. 예를 들어 수학 문제를 풀 때, 뭔가를 설명할 때, 화를 낼 때 등 다양한 인지 및 비인지 활동이 일어날 때 뇌의 어느 부위가 활성화되는지를 알아보면서 신경세포의 수준까지 하향식top-down으로 뇌의 비밀을 풀어나가는 중이다.

이와 유사하게 인공신경망 AI 연구에서도 특정 과업이 수행되고 있을 때 트랜스포머의 어느 부분에서 어떤 일이 진행되는지 분석하는 연구가 진행되고 있다. 입력 데이터가 트랜스포머의 각층을 거치면서 계속 변환되어 최종 표상이 벡터 형태로 생성되므로 각층의 입력과 출력을 관찰하여 층 내부에서 어떤 일을 하는지 부분적으로 알아보기도 한다. 생성형 AI뿐만 아니라 일반 딥러닝 기반의 AI에서는 이와 같이 블랙박스인 인공신경망 내부에서 어떤 일들이 벌어지고 있는지 알아내기 위한 연구가 '설명 가능한 AI'(XAI)라는 이름으로 활발히 진행되고 있다. 이는 AI가 내리는 결정의 신뢰성 담보를 위해 절대적으로 필요하기 때문에 AI의 산업화와 실용화에 절대적인 영향을 미친다.

창발 능력에 대해 과학적으로 규명되어 잘 정리된 것은 아직 없지만, 트랜스포머가 어떻게 작동되는지 이해했다면 거기서 어떤 일이 일어나고 있는가를 추정해볼 수는 있다. 우선 세상에 없던 새로운 이미지를 생성해내는 능력부터 생각해보자. 생성형 AI는 무지막지한 학습에 의해 매우 다양한 개념을 읽어 들였고 이와 관련된 이미지도 많이 학습했으므로 알려져 있는 개념에 대한 이미지를 생성하는 것은 자연스럽게 수행할 수 있다. '과일과 꽃병이 있는 정물화를 세잔 스타일로 그려줘'와 같은 프롬프트를 달리DALL-E나 미드저니Midjourney 같은 AI에게 넣어보면 안다. 그런데 알려져 있는 개념들이나 이미지들의 중간쯤에 있는 그림을 그려달라고 한다면 어떻게 될까? 예를 들어, '강아지'와 '고양이'를 혼합한 '보라색 동물'이라는 세 가지 개념이 포함된 그림을 그려달라고 하면, 세상에 없는 동물을 그려낸다. AI는 개념 공간에서 이미 알고 있는 세 가지 개념들의 중간쯤에 있는 영역에서 그림을 생성하는데, 그 결과는 매우 창의적으로 보인다.

시의 이해와 해석을 중심으로 언어적인 현상을 살펴보자. 트랜스포머 기능 관점에서 보면, 우선 시어들이 가지고 있는 깊은 의미를 '이해'하는 곳이 있어야 한다. 그 이해를 바탕으로 초등학생 수준의 설명을 만들어내려면 교육 수준별로 맞는 언어 현상을 잡아내는 곳도 있어야 한다. 시가 인간이 다다를 수 있는 문학 범주에서 매우 고차원적인 영역이라고 한다면, 챗GPT가 시어들을 이해하고 풀어쓰는 능력은 96층의 데이터 변환 블록을 가지고 있는 트랜스포머의 상층 어디선가 나타나는 능력으로 봐야 한다.

이러한 추정은 내가 이끄는 카이스트 연구팀에서 2020년에 수행한 연구[15]가 어느 정도 뒷받침해준다. 여기서 밝혀낸 것은 트랜스포머가 언어모델을 만들거나 과업을 위해 추론할 때 각층에서 추출하고 처리하는 정보의 종류가 다르다는 것이다. 외부 입력과 가까운 하층에서는 어휘 수준의 정보가 주로 처리되고, 층을 올라가면서 구문 구조, 의미 구조 등이 집중적으로 처리된다는 것을 확인할 수 있었다. 과거에 기호 기반 자연어처리에서도 어휘 분석, 구문 구조 분석, 의미 분석, 화용pragmatics 분석 과정을 순차적으로 진행했는데, 그 이유는 어휘 정보가 있어야 구문 구조 분석이 가능하고 이 결과를 사용하여 의미 분석을 하는 식으로 필요한 지식이 계층적으로 처리되었기 때문이다. 이 '탐침' 연구에서 가장 흥미로운 발견은 트랜스포머도 과거에 자연어처리 연구자들이 단계적으로 언어를 처리한 것과 같이 층별로 언어적 특성을 단계적으로 처리한다는 것이다. 즉 각층에서 표상의 변환이 일어날 때 어휘, 구문, 의미 등 해당 층에 특화된 정보를 처리하여 상층으로 보낸다. 이렇게 층을 거치면서 일종의 '추상화 과정'이 진행되어 최종적으로 출력되는 임베딩 벡터에는 입력 텍스트가 가진 다양한 정보가 모두 인코딩된다.

이 연구에서는 12개 층을 가진 트랜스포머 구조를 사용했기 때문에 추상화 과정에 한계가 있어 언어처리 능력에 초점을 맞춰 진행되었다. 하지만 이런 경향을 96개 층을 가진 트랜스포머나 더 많은 층을 가진 향후 모델에 적용하면 언어처리 능력을 초월한 논리 구조나 문서 구조 등 상위개념의 정보도 임베딩에 저장될 것으로 추정할 수 있다. 현재 챗GPT가 보여주는 인과관계, 담화discourse 관계, 맥락의 적절성 등의 처리뿐만 아니라 더 다양한 창발 능력도 벡터 공간에서의 개념화와 추상화 과정을 통해 이루어질 것으로 짐작할 수 있으며, 이는 향후 추가적인 탐침 연구를 통해 밝혀질 수 있을 것이다.

추 상 화 라 는   마 법

추상화란 '복잡한 대상 또는 대상들에서 단 하나의 공통된 특징만을 제외하고는 모두 제거함으로써 어떤 새로운 의미를 발견해내는 작업'이다. 과학자가 복잡한 현상으로부터 어떤 원리를 찾아내거나 자연현상을 수식으로 표현하는 것들이 그 예다. 좀 더 구체적인 예로, 어린아이가 모국어를 배우는 과정을 생각해보자. 아이는 자라면서 대화와 독서를 통해 많은 문장을 접하게 된다. 이 과정에서 올바른 문장들과 그렇지 않은 비문들을 경험하면서 형용

사나 명사와 같은 품사를 문장의 구성 요소로 인식하고 그것들이 어떻게 엮여 문장을 구성하는지 자연스럽게 알게 된다. 해당 언어의 문법구조를 별도로 배우지 않아도 자연스럽게 이를 깨닫게 되는 것은 추상화의 좋은 예다. 동사가 없는 문장을 주었을 때 아이가 바로 '이상한 문장'으로 파악할 수 있는 것은 그동안 경험했던 문장들로부터 올바른 문장에 대한 개념을 추상화하여 습득했기 때문이다.

앞서 '탐침 연구'의 결과가 제시했듯이 트랜스포머도 유사한 방식으로 추상화를 하는 것으로 추정된다. 단어로부터 품사 정보, 문장구조에서의 역할 등을 찾아내고 단어의 공기共起, co-occurrence 정보를 통해 의미 정보도 추출하는 것은 모두 추상화의 결과다. 이런 정보들은 비교적 낮은 수준의 추상화이지만, 층이 높아지면서 점점 더 넓은 맥락을 보게 되므로 더 높은 수준의 추상화가 진행된다. 그 결과로 명제를 파악하고 대등절이나 종속절 등의 관계 등을 알아낼 수 있는 것이다. GPT-4는 곱셈의 개념도 추상화를 통해 배운 것으로 나타났다. 증명된 바는 없지만, 은유와 직유의 개념도 96개 층을 거치면서 추상화하여 학습했을 것이고, '공손하게 말하는 법'이나 '공감하는 법' 같은 개념도 추상화 과정을 통해 배웠을 것으로 보인다. 환자들이 의사와의 대화보다 챗GPT와의 대화를 선호할 정도로 사용자에게 공감할 줄 알게 된 것도 이런 과정의 산물인 것이다.

이렇게 트랜스포머의 기본 블록이 층을 이루어 쌓여 있는 것은 추상화에 추상화를 거듭할 수 있는 길을 열어주었고, 입력 데이터가 층을 거쳐 가면서 다양한 개념이 융합된 결과가 임베딩 벡터에 담길 수 있게 된다. 학습데이터에 의해 형성된 수백 차원의 벡터 공간에서 두 개념이 융합되는 경우 학습데이터에서 볼 수 없었던 개념이 나타날 수 있으므로 창조적 현상도 충분히 일어날 수 있는 것이다. 어텐션 기술이 하는 역할도 매우 중요하다. 이 기법이 없다면 거리가 먼 객체 간에 존재하는 관계를 볼 수 없으므로 창발 능력이 일어나기도 힘들 것이기 때문이다. 인류가 문학, 과학, 예술에 끊임없이 적용해온 추상화가 다층 구조의 트랜스포머에 구현된 것이 현재의 생성형 AI에 숨을 불어넣어 주었다고 할 수 있다.

대 화 지 능

챗GPT는 GPT-3.5를 사용하여 대화를 잘할 수 있도록 추가로 훈련시킨 모델이다. GPT-3 기본 모델을 대화봇으로 사용할 때는 반복된 응답을 하는 등 자연스럽지 않았는데 그보다 업그레이드된 3.5 버전을 쓰면서 챗GPT에는 대화 능력을 위한 별도의 기술이 추가되었다. 우선 인스트럭트Instruct GPT라고 불리는 모델로 개선하여 사용자의 지시를 이해하고 답변하는 기본 틀을 갖추게 했다. 챗GPT를 사용해보면, 같은 질문일지라도 대화의 어느 지점에서 질문하느냐에 따라 다른 답변이 나오는 것을 알 수 있다. 그 이유는 인스트럭트GPT가 대화를 생성하면서 다음 단어를 고를 때 확률 계산을 하는데, 현재 대화 세션의 시작부터 그 시점까지 이어온 대화 및 답변 전체를 사전 지식 조건으로 사용하기 때문이다.

GPT-3.5를 사용하여 챗GPT를 만들면서 가장 중요한 발전은 공손한 대화 요령, 사람이 좋아하는 자연스러운 대화, 개조식으로 설명하는 방법 등 '대화 지능'을 위해 별도의 훈련 과정이 있었다는 것이다. 이 훈련을 위해 '인간 피드백을 통한 강화학습(RLHF)Reinforcement Learning from Human Feedback'이라는 기술을 도입했는데 크게 세 단계를 거친다. 우선 학습된 언어모델을 추가로 훈련시켜 사용자의 의도를 이해하고 답변할 수 있는 모델을 만들었다. 여기서는 사람이 선별한 대화 데이터를 사용하여 GPT-3.5 모델의 매개변수를 대화에 적합하도록 변경하는 미세조정 과정을 거친 것이다. 두 번째 단계에서는 첫 번째 단계에서 나온 모델에게 질문을 하여 후보 답변을 생성하게 하고, 그들 중 어느 것이 좋은 답변인지 점수화한 데이터셋을 수집한다. 이렇게 수집된 데이터로 강화학습이라고 불리는 기술의 '보상 모델'을 학습시킨다. 세 번째 단계에서는 위의 보상 모델이 제공하는 보상값을 사용하여 첫 번째 단계에서 만든 모델을 다시 미세조정하여 최종 모델을 만든다.

눈치가 100단

예부터 동네에 신동이 태어나면 보통 이렇게 이야기했다. '아무개는 하나를 가르쳐주면 열을 안다.' 챗GPT도 이런 면에서 신동의 대열에 들어간다. 대화 중 프롬프트에 간단한 예시만 주면 사용자의 의도를 파악하여 답변을 척척 해내기 때문이다. '맥락 내 학습In-context Learning'이라는 기술을 사용하여 기계학습 분야에서 추구하는 '퓨샷학습Few-shot Learning'을 수행한다. 이는 몇 개 안 되는 예제로 새로운 개념이나 방법 등을 배우는 기계학습 능력을 일컫는다. 예를 들어, 아래와 같은 사용자 프롬프트에 나와 있는 보기 하나를 통해 질문에서 원하는 바를 파악하여 대답하는 것이다.

> MY 밥 먹으러 학교 식당에 가자 → Let's go to the school cafeteria for a meal.
> 오늘 식당 메뉴는 어떤 것이 있을까 → ?

> "오늘 식당 메뉴는 어떤 것이 있을까"를 영어로 번역하면 "What is on the menu at the cafeteria today?"가 됩니다.

이 예에서는 두 언어로 쓴 같은 의미의 문장, 즉 원시언어인 한국어 문장과 목적언어인 영어 문장 쌍을 예시로 주고 원시언어로 된 다음 문장을 주었을 뿐이다. 그런데 챗GPT는 이 문장을 목적언어로 번역하고 싶다는 의도를 파악하여 답을 해주는 능력을 보인다. 번역하라는 지시를 명시적으로 하지 않았지만 주어진 번역 예제만을 보고 할 일이 무엇인지 파악한다.

수학 연산도 문제와 답 몇 개를 주면 처음 보는 문제라도 해결할 수 있고, 문장을 몇 개 주면서 각각을 '긍정', '부정'으로 주석을 달아주면, 새로운 문장의 감성 분석을 하여 답을 달아주기도 한다. 다양한 분야에서 퓨샷학습이 됨을 알 수 있다. 아래는 인수분해 공식을 수학기호가 아닌 '#'를 사용한 예제를 주고 그 기호를 사용한 실제 수식을 주었을 때 정확한 답을 도출하는 것을 보여준다.

> **MY** (x#2) - (y#2) = (x+y)*(x-y)이다
> (8#2) - (2#2) = ?

> 주어진 수식에서 '#' 기호는 단순히 특수한 의미를 갖지 않고, 두 수를 나타내는 기호로 사용된 것이었습니다. 따라서, 주어진 수식을 계산하면:
>
> (8#2) - (2#2) = (8+2)(8-2)
>
> 계산 결과는:
>
> 10x6=60
>
> 따라서, (8#2) - (2#2) = 60이 됩니다. 이 경우에는 제곱이 아닌 두 수를 나타내는 것으로 해석되었습니다.

새로운 기호 때문에 사람이 봐도 이해하기 어려운 규칙 하나로 새로운 문제를 해결한 것이다. '두 수를 나타내는…'으로 시작되는 설명은 이 대화 바로 전에 '#'가 특정한 의미를 가지는 것이 아니라고 프롬프트를 주었기 때문에 나온 부가 설명이다.

앞서 소개했던 챗GPT의 대화 능력, 질문에 대한 응답 능력, 추상화 능력 등이 모두 AI를 한 단계 진보시키는 데 큰 역할을 했지만, '맥락 내 학습' 개념도 이들에 버금가는 기술적 혁신이다. 분석형, 생성형 상관없이 기계학습 기반 AI가 제대로 된 성능을 보이기 위해서는 많은 학습데이터가 필요하다는 것이 일반적인 정설인데, 이렇게 한 개 혹은 불과 몇 개의 훈련데이터 샘플로 원하는 기능을 얻어내기 때문이다.

일반적으로 파운데이션 모델을 특정 목적에 맞게 특화시키려면 그 목적에 맞는 추가 학습데이터로 미세조정하는 과정을 거치지만, '맥락 내 학습' 방법은 몇 개 안 되는 훈련데이터로 미세조정을 대체할만한 성능을 보여준다. 사람이 이렇게 힌트만 보고 할 일을 이해하여 척척 해내는 능력을 가지고 있다면 두뇌 회전이나 눈치가 매우 빠르다고 하는 것과 같이, 챗GPT도 이 정도면 눈치가 보통이 아니다. 주어진 과업을 수행시키기 위해 별도의 학습데이터로 미세조정하는 과정에서는 트랜스포머 내부 파라미터의 미세조정이 있지만 프롬프트의 예시를 사용하는 퓨샷 학습에서는 파라미터 조정이 전혀 일어나지 않는다. 사실 '맥락 내 학습'이라는 표현이 의미하는 바와 다르게 언어모델 내에 구체적인 학습이 일어나지는 않는다. 오히려 예제를 보고 그 관계를 유추하는 '직유법'을 이해하고 적용하는 능력이 더 가깝다. 그렇다면 이런 '유사 학습' 혹은 '직유법적 사유' 능력은 어떻게 가능할까?

오픈AI사에서 이와 관련하여 정확한 내용을 공개하지는 않았지만, 그 답은 거대언어모델과 깊이 연관되어 있을 수밖에 없다. 방대한 양의 텍스트를 읽어 들여 많은 개념과 기본적인 지식 구조를 이미 가지고 있는 트랜스포머에 들어가는 입력 프롬프트는 다음 단어 생성에 사전 지식으로 작용한다. '맥락 내 학습' 과정에서 사용되는 예시 정보도 다음 단어 생성 과정에 영향을 줄 것이다. 예시는 언어모델이 가지고 있는 일반적인 지식을 보완하거나, 응답을 위한 단어 생성 시 확률 계산에 직접적인 영향을 미치기도 한다. 특히 예시 문장에 붙어 있는 '긍정' 혹은 '부정' 같은 범주 레이블은 거대언어모델의 지식에 근접하는 경로로 사용되어 새로운 문제에 대한 추론을 바로 이끈다. '맥락 내 학습' 과정에 대한 이런 추정들이 트랜스포머 설계자로부터 직접 확인되지는 않았지만 다양한 실험을 통해 그 개연성이 확인되었다.

생성형 AI의 진화 생태계

아 직 미 숙 한 아 이

현재 생성형 AI가 놀라운 능력을 보이지만 여러 가지 취약점을 가지고 있다. 가장 많이 회자되는 치명적인 약점은 답변에 사실과 다른 내용이 버젓이 들어갈 수 있다는 것이다. 예를 들어, '카이스트의 맹성현 교수에 대해 알려달라' 같은 질문이 챗GPT에 주어졌을 때 소속 학과를 '전산학과'가 아닌 '화공학과'로 틀리게 알려주는 것과 같은 오류를 범한다. 우리나라에서 '세종대왕 맥북 투척 사건'에 대해 알려달라는 프롬프트에 소설과 같은 스토리를 역사적인 사건인 것처럼 버젓이 답해준 사례는 이제 거의 '고전'에 속한다. 2023년 5월에 미국에서는 한 변호사가 제출한 소송의견서에 챗GPT가 뽑아준 판례를 포함시켰는데, 실제로 존재하지 않는 것으로 밝혀져 곤혹을 치렀다는 사례도 있다.

인간의 지적 노동을 대체할 것이라고 세상을 놀라게 한 챗GPT가 왜 이런 오류를 만들어내면서 아는 척을 할까? 그 이유는 챗GPT가 '사실' 기반이 아니라 '확률' 기반으로 대화하도록 설계되었기 때문이다. 문장 생성 시 확률적으로 가장 적절한 단어를 하나씩 선정하는 것이 기본적인 메커니즘이므로 챗GPT는 생성된 문장에 들어 있는 내용이 사실에 기반한 것인지 확인할 수 없는 구조를 가지고 있다. 즉 챗GPT는 스스로 무엇을 모르는지 확인하도록 훈련되어 있지 않으므로 그저 확률이 높은 단어를 생성할 뿐 그 단어가 문맥상 정확한 데이터인지 판단하지 못하는 것이다. 나의 소속 정보를 '화공과'라고 오류를 범한 것도 그런 이유다. 이런 사례는 챗GPT가 저장한 것을 검색해서 그대로 출력하지 않는다는 점을 명백히 하기도 한다.

GPT 계열 AI가 정보 관점에서 오류가 포함된 문장을 아무런 경고 없이 그럴듯하게 출력하는 것을 '환각 현상'이라고 한다. 환각은 일종의 버그라고 볼 수도 있지만, 창작 관점에서는 아무 문제가 없다. 사람이 쓴 소설에 있는 내용에 대해 사실 검증을 하지 않는 것과 같다. 이런 환각의 발생이 당연한 것은 챗GPT 안에는 자신이 출력하는 것이 모두 진실이어야 한다는 가이드라인이 없기 때문이다. 이는 우리가 자신의 언어모델을 사용하여 말하거나 글을 쓸 때 내용 전체에 대해 미리 사실관계를 확인하지 않는 것과 같다.

환각 현상 때문에 '챗GPT가 거짓말을 한다'고 비난하는 경우도 있는데, 이런 표현은 챗GPT의 계산 과정을 잘 모르거나 AI를 너무 의인화하기 때문에 나오는 것이다. '거짓말'은 화자의 의도가 있다는 것을 내포하는 데 반해, 의식이나 의도를 가지지 않은 챗GPT는 출력할 대답의 진실 여부를 판단하도록 설계되지 않아 사실이 아닌 정보를 거르지 못하고 제공하는 것뿐이다. AI 기술을 과소평가하는 것도 위험하지만, 마치 의식이 있는 것처럼 과신하는 것은 AI를 제대로 활용하는 데 걸림돌이 될 수 있다.

'환각 현상'은 챗GPT의 내부 메커니즘이 확률 기반이기 때문에 생기는 것이므로 트랜스포머 기반의 AI가 갖는 근본적인 한계로 볼 수도 있다. 하지만 사실 이 문제가 생기는 이유는 챗GPT가 아직 '미숙아' 상태이기 때문이라는 것이 더 정확하다. 이 미숙함의 원인은 크게 네 가지로 볼 수 있다. 첫째, 학습데이터에 잘못된 정보가 들어가 있거나 그 양 자체가 충분하지 않아 학습이 제대로 되지 않은 상태다. 둘째, 2021년 9월까지의 데이터로만 학습시킨 후 새로운 정보를 받아들이지 못했기 때문에 최근 정보는 알 수가 없다. 이런 한계들은 사람도 그대로 가지고 있다고 볼 수 있다. 셋째, 앞서 설명한 것과 같이 사실 확인 과정을 별도로 가지고 있지 않다. 확인 과정을 거치려면 외부 데이터베이스를 접속하면 되지만, 검색된 내용의 사실 여부가 프롬프트에 표현되어 있는 미세한 맥락에 따라 달라질 수 있기 때문에 간단한 문제는 아니다. 넷째, 챗GPT는 데이터에 존재하는 패턴들의 관계성만 활용하여 추론하기 때문에 인간과 같이 다양한 추론을 할 수 없다는 한계를 가지고 있다. 비록 추상화를 통해 생기는 창발 능력으로 다양한 추론을 흉내 낼 수 있지만, 언어모델만으로 논리적이고 수학적인 추론을 엄밀하게 수행하는 데는 한계가 있다.

요소별 뿌리 내리기

언어모델 기반의 생성형 AI에서 아직 미숙한 면들은 어떻게 보완될 수 있을까? '환각 현상'을 이해하고 수정하기 위해 1750억 개나 되는 파라미터를 모두 분석하는 식의 방법은 거의 불가능에 가깝다. 사람이 틀린 말을 했을 때 그 사람의 뇌를 살펴보면서 뉴런 수준에서 그 원인을 찾아 수정하려는 의도와 같기 때문이다. 그러다 보니 외부 자원을 활용하는 해결책이 시도되고 있다. 우선 훈련데이터를 늘려 사실 정보를 실제 학습할 수 있는 기회를 제공할 수 있다. 예를 들어, 훈련데이터가 풍부해지면 '맹성현'과 '전산학과'가 연결될 확률이 '화학공학과'와 연결될 확률보다 높게 계산될 것이다. 지금도 가능한 해결 방법은 사용자가 프롬프트에 상세한 정보를 되도록 많이 포함시켜 대화를 하는 것이다. 대화의 맥락을 풍부하게 하여 사용자의 의도를 정확히 할 수 있도록 하는 것이다. 즉 '맹성현'과 관련된 정보를 추가하는 식으로 맥락을 좀 더 상세하게 제공하면 올바른 단어(예: 전산학과)가 생성될 확률이 높아진다.

보다 적극적인 해결 방법은 복수 개의 챗봇들이 하나의 시스템을 이루게 하여, 들어오는 프롬프트에 대해 각각 반응하게 한후 그 결과가 서로 다를 때 챗봇들 간 토론을 시켜 최종 결과를 출력하게 할 수도 있다. 또 하나의 시스템적 방법은 '응용 프로그래밍 인터페이스(API)Application Programming Interface'를 써서 외부 시스템과 협업하는 환경을 확장하는 것이다. 계산기, 사실 검색, 그래프 기반 추론 등 외부 도구를 맥락에 맞게 활용할 수 있는 방법을 학습시키는 것이다. 즉 API로 새로운 데이터를 불러온 후 필요한 내용만 미세조정 과정에 사용하는 방식이다.

학습이 완료된 모델을 업그레이드하는 방법으로 트랜스포머 아키텍처의 파라미터 수를 극적으로 증가시키거나 프롬프트 입력의 최대 크기를 증가시키는 방법 등도 거론되었다. GPT-4의 출시를 앞두고 성능 개선에 관해 소문들이 자자했으나, 오픈AI사의 명확한 설명은 거의 없다. 다만 입력의 최대 크기를 3만 3000개 토큰으로 증가시켰고 2023년 11월에 출시된 GPT-4 터보Turbo는 그보다 6배 정도 더 큰 것으로 알려져 있다. 챗GPT가 허용하는 최대 토큰 개수인 4096개보다 8배, 48배 정도가 되는 이 숫자들의 의미는, 긴 텍스트를 프롬프트에 넣어 요약을 요청하거나 긴 대화를 끌고 나가도 모든 맥락을 기억하여 사전 확률로 사용할 수 있다는 것이다. GPT-4 터보의 다른 특징으로 알려진 것은 모델 전체의 크기를 키우기보다 각각 2200억 개 정도의 파라미터를 사용하는 8개의 '전문가' 트랜스포머들이 연합된 구조를 가지고 있다는 것이다. 이런 구조의 변화는 사용자 요구 사항에 따라 특화된 전문가가 답을 도출하도록 한 후 이들을 취합해서 최종 답을 생성하려는 의도다.

이와 같은 아키텍처상의 변화와는 별개로 학습데이터를 추가하는 방법도 있다. GPT-3는 3000억 개의 토큰을 훈련에 사용한 것으로 알려져 있는데, GPT-4의 경우 13조 개 정도의 토큰과 대량의 이미지 훈련데이터가 사용된 것으로 추정된다. 인류가 생산한 데이터 중 훈련데이터로 사용할 수 있는 데이터의 크기가 증가하는 데는 한계가 있으므로 학습데이터를 단시간에 더 늘리기는 어렵다. 이러한 한계를 극복하기 위해 AI가 생산한 콘텐츠를 학습데이터로 사용하는 방안도 시도되고 있지만 이 방법에 대한 우려도 있다. 이렇게 AI가 생산한 콘텐츠가 되먹임되는 과정을 계속 반복하다 보면 AI가 생성하는 콘텐츠에는 인간적인 요소가 점차 사라지게 된다는 것이다. 만약 이렇게 AI가 데이터 생성에 참여하는 순환 구조가 계속된다면 결국 콘텐츠로 대변되는 인류의 문화를 AI가 바꿔나가는 형국이 될 수도 있다.

이와 동시에 일어나고 있는 기술적 진보는 랭체인LangChain이나 커스텀CustomGPT의 출현을 필두로 AI를 맞춤형으로 만들어가는 것이다. 스피리아Spheria와 같은 플랫폼은 개인에 관한 정보를 기존 콘텐츠나 SNS로부터 받아 개인화된 AI를 쉽게 만들고 경험하게 한다. 챗GPT가 지적 대화를 통해 AGI로서의 가치를 보여주었다면, 맞춤형 AI는 비즈니스나 개인의 특수한 수요에 더 적합한 AI를 빠르게 개발할 수 있게 하여 생성형 AI의 실질적 확산을 촉진시키고 있다. 라마인덱스LlamaIndex는 LLM 앱을 구축하는 데 필요한 데이터 통합 서비스를 제공하여 생성형 AI 개발의 효율성을 높여준다. 이러한 도구들은 기업이나 개인이 파운데이션 모델로부터 시작하여 특정 목적에 맞는 AI 시스템을 개발할 때 편의성을 제공한다.

인간-AI 공존 생태계의 등장

그동안 생성형 AI가 엄청난 '독서'를 통해 텍스트와 이미지 등을 소화한 두뇌 역할을 했다면 이제는 현실 세계의 다양한 목적을 위해 다른 소프트웨어 및 하드웨어와 연결되어 문제 해결까지 해주는 온전한 비서로 진화해야 하는 시점이다. 이미 오픈AI사는 API 서비스를 제공하여 외부에서 앱을 만들 때 챗GPT의 기능을 연결시킬 수 있게 하였다. API를 통해 다양한 미디어의 생성, 미디어 간 변환, 검색 등의 기능을 제공할 뿐만 아니라 사용자가 원하는 기능에 최적화되도록 미세조정까지 할 수 있다. 즉 기존 소프트웨어가 챗GPT가 가지고 있는 기능들에 접속하여 그 잠재력을 외부에서 활용할 수 있게 된 것이다. 다시 말하면, 챗GPT의 능력을 취사선택해서 사용하는 외부 소프트웨어는 이제 AI의 면모를 가지게 되어 마치 챗GPT의 씨앗이 외부에 뿌려지는 것과 같은 효과를 보인다.

뿐만 아니라 플러그인plug-in으로 다른 기능을 챗GPT에 연결할 수 있게 하여 챗GPT가 원천적으로 가지고 있는 제약점을 극복할 수 있게 했다. 외부의 서비스를 가져와 활용할 수 있으므로 챗GPT를 중심으로 확장되는 생태계를 만드는 길이 열린 것이다. 예를 들어, 대화 내용이 진위 여부와 상관없이 생성된다는 점을 극복하기 위해 외부의 검색엔진을 끌어다 사용함으로써 사실 확인을 할 수 있게 되고, 수학적인 계산이 취약하다는 점을 극복하기 위해 외부 시스템에서 고급수학 계산을 한 결과를 사용

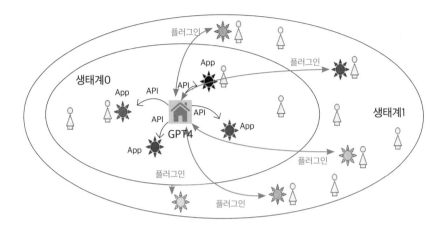

하는 것이다. 다양한 사이트에 직접 연결할 수 있으므로 다수의
앱을 동시에 연결하여 채팅 플랫폼상에서 통합하는 작업도 수행
할 수 있게 되었다. 이렇게 외부에 흩어져 있는 앱들을 연결할 수
있게 함으로써 본격적으로 '챗GPT 중심 생태계'가 만들어졌다고
볼 수 있다. 이에 발맞춰 수많은 개발자들을 위한 'GPT스토어'도
만들어졌다.

　　AI의 존재 이유는 인류의 번영을 위한 것이다. 그 외에 다른
이유가 있을 수 없다. 따라서 인간과 AI가 공존하는 생태계도 그
목적에 맞춰 조성되고 진화하여야 한다. 인간-AI 생태계 조성은
스마트폰의 발전 단계를 그대로 따라가도 될듯하다. 다양한 목
적으로 AI를 활용한 앱들이 우후죽순으로 탄생하면 앱스토어나
플레이스토어와 같은 AI 앱 장터들이 생길 것이고, 이는 AI 생태

계가 되어 확산의 기폭제가 될 것이다. 스마트폰 앱들의 생태계와 다른 것이 있다면, AI 앱들은 모두 능동성을 갖출 것이므로 인간과의 상호작용이 양방향으로 진행될 것이라는 점이다. 즉 인간 생태계와 AI 생태계가 서로 엮이면서 공존 생태계로 진화할 것이다. 이 이슈는 이 책의 6장에서 깊이 다룬다.

생태계란 그 안에 존재하는 것들이 스스로 협동하며 생존해가는 지속 가능한 환경을 의미한다. 따라서 이제 막 시작되는 인간-AI 생태계의 공진화를 위해서는 크게 세 가지 방향으로의 기준이 필요하다. 첫 번째는 AI의 사용성을 확장시켜 AI가 스스로 존재할 이유가 있어야 한다. 두 번째는 인간의 생태계가 공존의 생태계로 확장되었을 때 AI를 사용하는 인간이 안전해야 하고 인류의 번영에 도움이 되어야 한다. 세 번째는 이런 생태계가 지속 가능하도록 메타 수준에서 감독하고 점검하기 위한 기준이나 평가 체계가 있어야 한다.

첫 번째 방향성을 만족시키기 위한 첫걸음은 AI 파운데이션 모델을 다른 소프트웨어, 하드웨어, 콘텐츠와 결합시켜 독립적인 기능을 갖도록 하는 것이다. 부조종사Co-pilot의 역할[15]이 하나의 신호탄이다. 프로그램 코딩의 많은 부분을 맡아 인간과 협업하는 부조종사도 있고, 인간이 언어로 로봇 제어 명령을 내리면 자동 코딩된 프로그램을 로봇에 탑재시키는 부조종사도 있다.

---

15 AI 부조종사는 대화 형태로 다양한 전문적인 작업을 수행하는 데 보조 역할을 하는 AI를 통칭하는 용어로, 깃허브와 마이크로소프트의 co-pilot이 잘 알려져 있다.

이미 삼성 갤럭시24에 AI가 탑재되어 출시된 것과 같이, AI는 이제 디바이스에 올라가고 있다. 스마트폰에 챗GPT와 같은 AI가 특정 플러그인과 함께 탑재된다면, 단순히 '온디바이스' AI를 사용하는 수준에서 더 나아가 인간과 상호작용하는 능동적인 앱을 만드는 것이 가능해진다. 예컨대, 대화를 통해 항공편 예약을 해주는 것으로 끝나는 것이 아니라 다양한 항공사 옵션별로 여러 가지 비용까지 계산해 비교하여 보여주면서 최종 결정을 내릴 수 있게 하는 것이다.

두 번째 기준인 안전성 이슈는 세 가지로 나누어볼 수 있다. 첫째, 독립적 개체로서 AI가 가지고 있는 자체적 안전성이다. 마치 자동차를 출시하면서 다양한 안정성 테스트를 하듯이 AI가 생태계에 들어올 때는 인간에게 어떤 폐해도 주지 않도록 독립적 안전성 테스트를 마쳐야 한다. 둘째, AI가 안전하게 사용되도록 해야 한다. 예를 들어, AI가 해커나 악당의 손에 들어갔을 때 일어날 수 있는 참사나 재앙을 충분히 예측해서 학습데이터, 훈련 과정, 유지 보수 관리 등에 허점이 없도록 관련된 제도가 만들어져야 한다. 원자력이 폭탄이 아닌 에너지원으로만 쓰이게 하는 것과 같은 이슈다. 세 번째는 AI의 지적 파워에 의해 인간세계에 줄 수 있는 간접적 영향으로부터의 안전성이다. 개인이 AI에게 주는 신뢰가 과도하다 보면 인간이 AI의 결정에 종속되는 '가축화' 현상이 벌어질 수 있다. 이는 AI와 직접적인 연관성이 없어 보이는 영역, 즉 민주주의 붕괴와 같은 파멸의 길로 이어질 수도 있다.

세 번째 기준인 메타 수준에서의 점검은 생태계의 지속 가능성을 위한 것으로 안전성 이슈와 밀접한 관계를 가지고 있다. 우선 현실적인 방법으로 'AI 레드팀Red Team'을 구성하여 활용하는 것이다. '레드팀'은 가상의 적을 의미하는 것으로, 아군을 공격하는 범죄나 테러 등을 가상으로 만들어 사이버보안 같은 분야에서 시뮬레이션에 사용해왔다. AI 레드팀은 생성형 AI가 예측 불가능하게 사용될 수 있다는 점과 적용 범위의 한정이 어렵다는 점 때문에 거대 AI기업에서 채택하는 방식으로, 다양한 악용 사례를 사전에 만들어 공격해봄으로써 취약점을 발견한다.

안전성과 별개로 생태계가 건강하게 유지되기 위해서는 각 AI의 객관적이고 균형 잡힌 성능과 경제성이 담보되어야 한다. 성능으로 보면, 가짜 뉴스와 같은 거짓 정보가 걸러지고 학습데이터의 편향성을 없애 AI에 대한 신뢰성이 유지되어야 한다. 경제성 면에서는 탄소 중립 정책처럼 글로벌하게 적용되는 원칙이나 정책과 연관하여 거대한 전력 소모에 따른 환경문제, 빈부 격차에 따른 AI-리터러시literacy16 격차 및 AI에의 접근성 차이 등도 항상 모니터링되어야 한다.

미국 스탠퍼드대학교에서 주관하고 있는 '언어모델의 총체적 평가(HELM)Holistic Evaluation of Language Models' 같은 시도는 추상적인 개념을 실질적 지표들로 구체화하여 개별 모델을 평가하는 프레임워크로서 가치가 있다. 여기서는 다양한 효율 및 성능 지표와 '편견bias', '유해성toxicity' 같은 사회적 지표를 포함하여 총 110개의

---

16 문해력을 의미하는 리터러시에 AI를 붙여 'AI를 이해하는 정도'를 칭한다.

평가 기준과 100여 개의 평가 시나리오들을 포함하고 있다. 이러한 공동체적 노력을 확장하여 보다 다양한 면에서 인간-AI 생태계를 평가하고 선도하는 것이 바람직하다. 이렇게 건강하고 투명한 생태계를 유지하는 것이 기술을 만들어가는 기업들을 위한 것이 아니라 결국 우리의 미래 세대들이 AI와 공존해가는 사회를 만드는 데 필요한 것이라는 인식이 중요하다.

3

두 번째 인지혁명

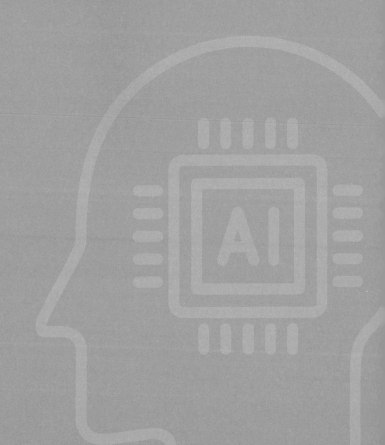

교육은 그대의 머릿속에 씨앗을 심어주는 것이 아니라,
그대의 씨앗들이 자라나게 해준다.

- 칼릴 지브란Kahlil Gibran (레바론 출신 미국 작가, 예술가)

도구의 변신

호모 테크니쿠스

현생 인류를 지칭하는 라틴어 중 가장 대표적이면서 잘 알려진
것은 '호모 사피엔스'이다. '지혜가 있는 사람'이라는 뜻을 가진
이 용어는 생물 분류 체계에서 사람속屬 생물 중 현존하는 종을
가리키는 것이다. 이와 더불어 인간의 특정 속성을 표현하기 위
한 합성어로 '호모 루덴스Homo Ludens(유희적 인간)', '호모 무지쿠스
Homo Musicus(음악적 인간)' 등이 나름 친숙한 편이다. '호모 모빌리쿠
스Homo Mobilicus(휴대폰을 생활화한 인간)'와 같이 21세기 인간의 특성
을 표현하는 신조어들도 있다. 이번 장에서 강조하고 싶은 인간
의 면모는 기술이나 도구를 사용하여 진화해온 '기술적 인간'을
지칭하는 '호모 테크니쿠스Homo Technicus'이다. AI 기술, 특히 생성
형 AI가 우리에게 가져다줄 기회와 위기를 함께 살펴봐야 미래

준비가 가능하기 때문이다.

인류 역사에서 새로운 도구나 기술의 발명은 새로운 사상을 낳기도 했고, 거꾸로 하나의 사상이 새로운 도구나 기술의 탄생을 예고하기도 했다. 예를 들어, 망원경의 출현은 지동설을 낳았고, 르네상스는 인쇄술을 발전시켰다고 볼 수 있다. 산업화시대에 출현한 기술이나 도구는 자동화의 새로운 장을 열어 인간의 삶을 효율적이고 풍요롭게 했고, 지금도 새로운 산업이나 비즈니스 창출을 위한 바탕이 되고 있다. 하지만 빛이 있으면 그림자가 따라다니는 것같이 인류 문명의 발전 단계에도 새로운 기술이나 도구의 발명은 인간 사회와 환경에 뜻하지 않은 해악을 끼치기도 하고 위기를 몰고 오기도 한다.

AI 기술이 미래 사회를 어떤 형태로 만들어갈 것인지 미래학자들과 과학기술자들 간에도 상반된 예측을 하고는 한다. 스페이스X^{SpaceX} 설립자이자 CEO인 일론 머스크^{Elon R. Musk}와 같은 기술낙관론자들이 주로 유토피아적인 사회를 꿈꾸는 반면, AI 연구자로 세계적으로 잘 알려진 인물 중 한 사람인 스튜어트 러셀^{Stuart J. Russell}이나 미래학자인 마틴 포드^{Martin Ford}와 같은 사람들은 AI로 인해 인류가 어떤 위기와 도전에 직면할 것인지에 대하 경고를 통해 기술만능주의에 제동을 건다. 특히 생성형 AI가 세상을 놀라게 하면서 AI 연구자들을 중심으로 인류의 멸종까지 예측해야 한다는 경고의 목소리가 커지고 있다. 따라서 AI 안전성 연구와 AI 관련 윤리를 제정하고자 하는 노력도 진행 중이다.

이런 논의가 점차 가속화되겠지만 아직은 기회의 가능성과 위기의 당위성을 위주로 추상적인 논의가 시작되고 있을 뿐 뚜렷한 방법론적 제안은 잘 보이지 않는다. 이 장에서는 생성형 AI, 특히 챗GPT와 같이 인간의 언어 구사력과 사고력에 도전장을 던진 기술이 가져올 '인지혁명'의 기회와 우리에게 주는 도전에 대해 알아본다. 이렇게 AI를 알아가는 '지피'의 과정을 거치면서 조만간 다가올 개인적, 사회적 변화를 조망해볼 수 있고, AI 대비 인간의 모습을 살펴보는 '지기'의 과정을 좀 더 명확하게 해준다. 이런 사고 과정이 AI 시대 토양에 뿌리를 내리는 데 필수적인 자양분이 될 것이다.

과학자, 공학자 그리고 철학자들은 AI를 크게 세 가지 형태로 구분하여 그 발전 단계를 진단한다. 이미 와 있는 '좁은 AI(ANI)Artificial Narrow Intelligence'가 '범용 AI(AGI)로 발전하고, 결국 '초지능 AI(ASI)Artificial Super Intelligence'까지 도달할 것이라는 전망이다. 'ANI'는 특정 분야에 국한된 AI를 지칭하는 것으로, 알파고가 좋은 예다. 이세돌 9단을 이길 정도의 지능이지만 바둑이라는 좁은 영역에서만 가능했다. 반면, 'AGI'는 거의 모든 영역에서 인간 수준에 도달하거나 능가하는 AI이다. 언제 그 수준에 도달할지에 대해 의견이 분분하지만, 챗GPT의 등장이 분수령이 되어 'AGI'의 출현을 극적으로 앞당겼다는 견해가 지배적이다.

'ASI'는 공상과학 소설이나 영화에서 볼 수 있는 것으로 모든 면에서 인간의 능력을 월등히 초월할 것이다. 이런 AI는 'AGI'가 재귀적으로 자기 개선을 반복하여 지능의 발전이 폭발적으로 일어날 때 출현할 것이다. 자체 의도와 목표를 가지게 될 'ASI'는 모든 면에서 인간의 능력을 월등히 초월할 것이기 때문에 인간이 통제할 수 없을 것으로 본다. AI 전문가이며 미래학자인 '레이 커즈와일Ray Kurzweil'이 2005년에 출간한 책《특이점이 온다Singularity is near》에서는 'ASI'가 출현하는 시점을 '특이점'이라고 불렀다. 이 시점이 오면 AI가 지금과 같이 외부의 기계(컴퓨터) 안에 있는 것이 아니라, 뇌에 이식되고 인간의 몸이 기계로 대체되어 생물학적인 한계를 벗어날 것으로 내다본다. AI와 인간 지능과의 구분 자체가 모호해지는 것이다.

'AGI'가 출현하여 특이점으로 진행하는 과정에 나타날 '트랜스휴먼transhuman'이나 특이점 이후에 나타날 '포스트휴먼posthuman'을 상상해보는 것은 미래를 준비하기 위해 의미 있는 일이다. 특히 AI 기술이 어떻게 통제되어야 할지, 어떤 윤리를 AI에게 부과해야 할지 등의 논의를 지금부터 시작하지 않으면 기술 개발이 걷잡을 수 없이 진행되어 너무 늦을 수 있기 때문이다. 따라서 판도라의 상자가 열리기 전에 대책을 마련하는 것이 중요하다.

이 책에서는 논의의 범위를 'AGI'의 출현 시점까지로 한정한다. 요즘같이 기술 개발 주기가 빠른 시대에는 먼 미래를 예측하는 것 자체가 비현실적이기 때문이다. 사실 생성형 AI 기술이 가진 잠재력만 가늠해도 미래 세대를 위한 준비가 얼마나 안 되어 있는지 깨달을 수 있을 것이다. 알파세대부터 Z세대까지의 생존과 직결되어 있는 교육과 일자리의 변화는 물론 인간의 실존을 위협할 수 있는 미래가 눈앞에 펼쳐지고 있는데, 별 대책이 없어 보인다.

주판에서 챗GPT로

우리나라에서 상업고등학교(상고)가 각광을 받던 시절이 있었다. 상고에서 회계, 부기 등을 배우면 은행이나 기업 경리부서에 취직하여 안정된 직장을 가질 수 있었기 때문에 중학교에서 성적이 좋은 학생들이 선호하는 커리어 과정이었다. 당시에는 초등학교 시절에 주산학원에 다니는 것이 마치 지금 컴퓨터학원에 다니는 것과 유사했다. 〈묘기대행진〉 같은 TV쇼에 한 은행원이 출연하여 암산으로 다섯 자리가 넘는 숫자의 곱하기를 순식간에 정확하게 해내는 것을 본 적이 있다. 어떻게 그게 가능하냐고 진행자가 물었는데 그때 대답이 '머릿속에 작은 주판을 그리고 실제 주판알을 튕기듯이 머릿속에서 계산한다'는 것이었다. 요즘 기술 용어로 표현하자면, 머릿속에서 주판을 사용하는 과정을 시뮬레이션하여 암산을 한다는 것이다.

그런데 이런 암산 능력은 곧 무용지물이 되어버렸다. 전자회로로 만들어진 '계산기'가 나왔기 때문에 굳이 어려운 암산을 할 필요가 없게 되었다. 주판이라는 도구는 이제 박물관에 가야 구경할 수 있다. 이후 공학용 계산기가 등장하여 삼각함수, 지수 등도 쉽게 계산해서 답을 구할 수 있는 시대가 왔다. 그 당시에는 대학에서 수업 시간이나 시험 볼 때 공학용 계산기 사용을 허용할 것인가에 대한 논의도 한참 있었다. 어느새 모든 간단한 계산 기능은 이제 스마트폰 앱으로 들어갔고, 공학용 계산은 검색엔진에서 가능해졌다.

이후 '계산'이라는 단어는 영어인 '컴퓨팅' 혹은 '전산'이라는 단어로 대체되었다. 주판을 잘 쓰는 방법을 배워야 했듯이 '프로그래밍' 혹은 '코딩'하는 방법을 배워 복잡한 문제를 컴퓨터가 계산하여 해결하는 식으로 발전된 것이다. 주판에서 계산기로의 하드웨어적인 전환으로 주판을 배울 필요가 없어진 것이 1970년대 사건이었다면, 1990년대에는 PC의 출현으로 컴퓨팅이 우리 삶의 곳곳으로 스며들면서 소프트웨어적인 혁명이 일어나기 시작했다. 2000년대부터 스마트폰이 출연해 거기에 '앱'이라는 소프트웨어가 깔리기 시작하더니 대부분의 사람들에게는 스마트폰 없이 하루도 버티기 어려운 시대가 되었다. 구매·금융·각종 예약 등의 경제 행위, 교통·숙박·콘텐츠 소비 등 일상 및 문화생활, 그리고 디지털 방식으로 대화와 소통이 이루어지는 사회생활 등 삶 전반에 '앱'들이 침투해 있다.

스마트폰에서 슈퍼컴퓨터까지 다양한 '컴퓨터'를 제어하려면 '프로그래밍' 혹은 '코딩'이라고 불리는 소프트웨어 기술이 필요하다. 이 기술을 사용할 줄 아는 사람은 전문가로 대우를 받지만, 모르는 대부분의 사람들도 '앱'을 실행시켜 휴대폰이라고 불리는 컴퓨터를 구동시킬 수 있다. 어떤 '앱'을 스마트폰에 깔아 사용하고 있는지, 웹 검색을 통해 정보를 얼마나 정확히 빠르게 알아내는지에 따라 '컴맹' 수준이 판가름 나는 세상이 되었다. 그런데 이 시대도 조금씩 저물어가고 있다. 조만간 인터넷 검색이나 앱의 사용 없이, 그런 일을 해주는 '집사'인 AI만 옆에 두고 있으면 되는 세상이 오고 있기 때문이다.

챗GPT의 출현으로 '프롬프팅'이라는 대화 형태의 방식으로 컴퓨터를 활용하고 이를 통해 세상을 이해하게 되는 시대가 코앞에 와 있다. 과거보다 더 인간 친화적인 컴퓨팅시대가 오는 것이다. 기중기나 불도저가 기계이듯이 슈퍼컴퓨터부터 스마트폰까지 모든 컴퓨팅 기기도 전자부품으로 구성된 매우 복잡하고 정교한 기계다. 다만 이런 첨단 디지털 기계들은 너무 복잡하기 때문에 우리가 직접 조작하는 것이 아니라 소프트웨어를 통해서 움직인다는 것이 다르다. 스마트폰 카메라나 메신저와 같은 일부 소프트웨어 앱은 우리 삶에 깊숙이 스며들어 내 몸의 일부인 것처럼 느껴지기도 한다. SNS에 일상을 찍어 올리며 소통하고 짧은 영상의 재미에 빠져 있는 알파세대부터 유튜브로 무료함을 메꾸는 노년세대까지 스마트폰은 '제2의 감각기관'이 되었다. AI도 소프트웨어로서 필요한 때만 찾는 도구로 시작했지만 AGI로 진화하면서 이제 동반자 수준으로 격상되고 있다. 머지않아 '제2의 뇌'로서의 역할뿐만 아니라 세상과 나 사이에 있는 인터페이스로 집사 같은 위치에 있을 수도 있다.

디 지 털 문 명 의 여 파

도구의 역사는 곧 인류 문명의 역사라고도 할 수 있다. 생존을 위해 뇌를 키운 인류는 언어의 사용과 함께 추상적인 사고를 하게 되었고, 사고 행위는 인지능력을 키워 새로운 도구를 낳았으며, 새로운 도구의 발명은 항상 새로운 문명을 예고해왔다. 컴퓨팅 도구를 중심으로 발전된 정보통신기술(ICT)Information Communication Technology은 새로운 문명을 탄생시키고 있다. SNS와 자동 통역 기술의 발달로 언제 어디서나 사람들끼리 소통할 수 있게 되면서 물리적인 거리에 무감각해지고 문화적 경계는 옅어져서 우리는 점점 거대 부족의 일원이 되어가고 있다. 지식과 기억은 디지털화되어 빠르게 공유되고 있을 뿐만 아니라 영원불멸할 수도 있다. 장소에 구애받지 않고 사이버 공간에서 자유롭게 소통하고 일을 해나가는 '디지털 노마드Digital Nomad'는 '워케이션workcation'17과 같은 새로운 행동 양식을 출범시켰고, '모빌리쿠스'라는 신조어가 의미하는 바와 같이 새로운 인류의 탄생을 예고하고 있다. 디지털 문명이 도래한 것이다.

인간 뇌의 지적 확장과 퇴화를 동시에 예고하는 챗GPT와 같은 AI 기술과 메타버스Metaverse와 같은 기술의 발전으로 인간이 가상 세계에서 활동을 본격화한다면 신인류의 탄생이 마무리될 것이다. 디지털 디바이드Digital Divide18가 사회적인 문제로 남아있지만 지식정보에의 접근성은 그 어느 때보다도 쉬워졌다. 챗GPT의 출현과 함께 누구나 개인 비서와 같은 '지니'를 옆에 두고 있을 날도 얼마 남지 않았기 때문에 지식정보 접근성과 생활 속 편리함의 추구는 더욱 가속화되겠지만 'AI 디바이드'에 대한 우려가 있는 것도 사실이다. 이렇게 혁명적으로 변하는 세상을 우

---

17 일을 의미하는 'work'와 휴가를 의미하는 'vacation'의 합성어로, 휴양지에서 일과 휴가를 동시에 즐기는 행위.

18 ICT 기술 활용 여부에 따른 정보격차로 경제사회적 기회의 불균등이 심화되는 현상.

리가 어떻게 수용할 것인지는 불확실하지만 새로운 디지털 '도구'들의 등장이 디지털 혁명을 가속화시켜 디지털 문명 시대로 들어가고 있음은 분명하다.

새로운 도구가 발명되어 자동화가 이루어지고 혁신적인 기술이나 방법이 나올 때마다 옛날 방식을 고수하고자 하는 사람들로부터의 저항이 거셌던 것도 사실이다. 산업혁명 시절 기계를 파괴시키는 러다이트운동이 대표적인 사례로 잘 알려져 있다. 근래에는 '소유의 종말'을 예고하는 공유 차량과 공유 공간 등 IT 기반의 혁신적인 아이디어가 확산되고 있지만 한편으로는 이에 대한 반감이 다양한 주체들로부터 일어나기도 한다. 대부분 기존 직업군의 파괴와 기존 비즈니스 질서의 재편을 반대하는 저항으로 간주된다. 하지만 우리가 기계음을 싫어하듯이 그리고 ARS 녹음보다 상담사와의 대화를 선호하듯이, 인간성을 잃고 싶지 않은 우리 본연의 마음에서부터 우러나오는 호소이기도 하다.

그럼에도 불구하고 혁신적인 도구나 기술이 인간의 삶을 편리하게 한다면, 그리고 지역이나 국가의 경제 발전에 도움이 된다면, 결국은 수용된다는 것을 역사가 말해준다. 편리함과 효율성을 끝없이 추구하는 인간의 본성으로 볼 때, 머지않아 챗GPT와 같은 '도구'도 글로벌하게 수용되어 지금은 생각지도 못하는 방식으로 활용될 것이다. 하지만 인류의 생존을 위해 인간에게 다가올 수 있는 위험은 미리 파악해서 철저히 준비해야 한다. 특히 어지러울 정도로 빠른 변화는 먹거리나 일자리와 같은 미래 세대의 실존과 직결되기 때문에 이런 준비는 개인부터라도 당장 시작해야 할 것이다.

교육현장에서 학생들의 챗GPT 사용을 허용할 것인가, 말 것인가 혹은 어느 정도까지 허용할 것인가 등에 대한 논의가 일고있다. 아직 안전성과 신뢰성이 제대로 확보되지 않은 AI에 학생들이 무방비 상태로 노출되는 것을 경계해야 하기 때문이다. 하지만 자동차 사고가 아무리 치명적 결과를 가져올 수 있어도 통학용 버스를 운영하듯이, 수업 시간에 스마트폰을 사용하지 못하게는 할 수 있어도 집에서 사용하는 것까지 통제할 수 없듯이, 학생들에게만 챗GPT 사용 금지령을 내릴 수는 없을 것이다.

수업 시간이든 집에서든 언제 어디서나 교육에 필요한 지식 정보가 대화 형태로 무제한적으로 제공된다고 가정해보자. 몇백 년 동안 교실 환경에서 있어왔던 교사-학생 간 상호작용의 틀이 그대로 유지될 수 있을까? 지식의 우위에 기반한 교사의 역할이 그대로 유지될 수 없다면 교육의 틀이 분명히 재정의되어야 할 것이다. '지식인 배양'과 훌륭한 '시민 양성'에 초점이 맞춰진 오랜 교육목표와 실행 방안도 수정이 불가피할 것이다. '지식의 신'이 항상 옆에 있는데 학교는 어떤 역할을 해야 할지, 학교에서 뭔가 배워야 할 필요성을 느끼지 못하는 학생들에게 어떤 동기부여를 해야 할지, AI와 공존해야 하는 세상에 국가적으로 어떤 시민의식을 배양해야 할 것인지 등 많은 고민이 필요하다.

기업의 채용 기준이나 인재 양성 전략은 어떻게 변해야 할 것인가도 점차 중요해지고 있다. 시험 성적이나 학위 보유 여부로 전문성을 평가하는 방식을 그대로 존속시키는 것이 과연 의미가 있을 것인지, 언제까지 전문 학위나 자격증 위주로 신입 사원을 선발할 것인지 등 이슈를 다뤄야 한다. 특정 영역 경력이 중요할지, 영역 간 전환을 위한 순발력이 중요할지도 새로운 이슈가 된다. 챗GPT와 같은 AI와의 협업이 기정사실화되어가는 마당에 피고용자들이 어떤 능력을 추가적으로 배양하도록 선도해야 하는지도 짚고 넘어가야 한다. 어떠한 전략도 오래 유지될 수는 없을 것이다. 예를 들어, 지금은 프롬프팅을 잘하는 사람들의 몸값이 급상승하고 있지만, 언제까지 이런 추세가 유지될지는 앞으로 생성형 AI가 어떻게 발전될지에 달려 있다.

챗 G P T 는 도 구 인 가 ?

도구란 어떤 쓰임새가 있기 마련이다. 대부분 노동력을 절감하거나 사람이 가지고 있는 물리적인 한계를 극복해주기 때문에 사용된다. 예컨대, 인쇄술은 사고의 결과를 전파하는 데 들어가는 물리적인 노력을 크게 줄이고 지식 전파의 속도와 안정성을 극적으로 높여주었다. 자동차와 비행기와 같은 탈것의 발명은 중력을 거스르며 지리적인 거리를 좁혀 경제문화적 교류를 극대화하게 도와주었고, 심지어 우주라는 신세계의 탐험도 가능하게 해주었다. 라디오로 시작된 전자미디어 기술의 발전은 지식정보의 전달에 있어 인간이 가지고 있는 공간의 한계를 거의 없애주었다. 인터넷 기술이 시공간의 한계를 동시에 극복해주었음은 주지의 사실이다. 모두 인간이 생각을 전파하고 정보를 교환하면서 소통을 쉽게 하여 인류가 집단으로 문명의 발전과 변화를 도모하는 데 혁혁한 공을 세웠다.

하지만 챗GPT의 출현은 다른 도구들의 발명과 근본적으로 다르게 봐야 한다. 현재 AI, 특히 생성형 AI는 이런 도구의 성격을 크게 벗어나기 때문이다. 자동차, 항공기, 인쇄술, 라디오, 전화, 인터넷, 소셜미디어 등 현대 문명을 이끌어온 기술은 수동적인 도구다. 사람이 의지를 가지고 사용하지 않으면 아무 일도 벌어지지 않기 때문이다. 인류 문명의 발전에 지대한 공헌을 했지만, 그 어느 것도 매개체 역할을 넘어 인간 개개의 사고에 직접 영향을 미치는 주체가 되지는 못했다. 하지만 챗GPT와 같은 생성형 AI는 인간의 노동력을 절감하는 데 그치는 것이 아니라 인간의 사고와 의사결정을 대신할 수 있다는 면에서 기존 도구와 크게 다르다. 지속적인 대화를 통해 인간의 사고나 지적 활동에 개별적으로 영향을 주는 비자발적 능동성을 가지고 있다.

인류 문명의 발전은 질문을 통해 이루어졌다고 해도 과언이 아닐 정도로 질문은 세상을 바꾼다. 고대 그리스 철학자들은 질문을 통해 깊은 사고를 했고 자연현상에 대한 이해를 증진시켰다. '소크라테스적 문답법'은 학생들에게 질문을 던져 대화를 이끌어감으로써 자기 성찰을 하게 했고, 이는 인문학의 기초가 되었다. 호기심의 발동으로 던진 질문들은 각종 발명을 이끌어냈고 현대 과학 발전의 원동력이 되었다. 게놈^{Genom} 지도를 완성해서 인간 이해의 차원을 높이고 달에 우주선을 보내 인간의 프론티어^{frontier}를 확장하는 것도 모두 적절한 질문의 덕택이다. '왜 컴퓨터를 사용하는가?'라는 질문을 통해 스마트폰과 사용자 친화 컴퓨터를 개발했다는 스티브 잡스는 급소를 찌르는 수많은 질문으로 유명하다.

질문은 그 의도와 시점이 중요하지만 어떻게 표현하는가도 중요하다. 스스로에게 묻는 것이 아닌 대화 상대가 있는 질문은 더욱 그렇다. 세상의 모든 지식을 가지고 있는 챗GPT에게도 질문을 허술하게 하면 그저 그런 답이 나온다. 질문의 명확성, 방향성 그리고 문제 해결에 대한 접근 방식에 따라 답의 내용과 품질이 크게 달라지는 것이다. 예를 들어, 교육 현장에서 '지역의 빈곤 문제를 어떻게 개선할 수 있을까?'와 같은 일반적인 질문을 던지면 학생들로 하여금 지역사회복지를 피상적으로 생각해보고 나름 기여할 수 있는 방법까지 생각하게 한다. 하지만 '지역의 빈곤은 어떻게 구조적으로 유지되고 있으며, 어떻게 개선할 수 있을까?'와 같은 조금 구체적인 질문은 빈곤 문제의 구조적 본질까지 파악할 수 있게 한다. 더 나아가 '지역의 빈곤은 어떻게 여성, 노인, 소수민족, 장애인 등 다양한 집단에게 영향을 미치는가?'라고 질문을 더 구체화하면 빈곤 문제를 보다 깊고 폭넓게 바라보고 이해하도록 도와준다.

'AI는 스스로 사고를 하는가?'에 대한 이슈는 아직 논란의 여지가 많다. 챗GPT가 스스로의 동기를 가지고 질문을 시작하지는 않지만, 연속된 질문-대답 과정을 수행하면서 질문을 더 잘하도록 유도하므로 사고를 하고 있다는 '인상'은 주고 있다. 어떤 작업을 시키는 것으로 대화를 시작하더라도 나중에는 같이 지적 활동을 해나간다는 생각에 빠져들게 한다. 그러다 보니 우리는 AI를 점점 독립적인 주체로 여긴다. 협업의 대상이 되고 있는 것이다.

누군가와 협업을 한다는 것은 나를 보완할 수 있고 둘 사이에 시너지가 있기 때문이다. 시너지가 있다는 것은 '1+1'이 2가 아닌 3이 되는 효과가 있다는 것이고, 그 이면에는 각자가 가지고 있는 한계를 넘어 지적 확장이 이루어지고 있어 상승효과와 덤이 생기는 것이다. AI를 새로운 '사회 구성원'으로 받아들여 협업 단계로 간다는 것은 곧 우리의 지적 확장을 의미한다.

AI를 하나의 도구로 볼 수 있는 시기는 이미 지나갔다는 것을 인정해야 할지 모른다. 맥스 테그마크Max E. Tegmark가 《라이프Life 3.0》에서 주장하듯이, 생명은 스스로를 소프트웨어적이나 하드웨어적으로 설계할 수 있는 능력에 따라 구분할 수 있다. 두 가지 능력이 없이 자극에 반응만 하는 생물은 '라이프 1.0', 학습을 통해 자신의 소프트웨어(뇌의 상태)를 바꿀 수 있는 생물은 '라이프 2.0', 미래 사이보그와 같이 하드웨어(신체)를 뜻대로 바꿀 수 있으면 '라이프 3.0' 단계로 정의한다.[16] AI는 이제 학습과 의사결정 능력을 갖추고 있으므로 스스로 소프트웨어를 설계할 수 있다고 봐야 한다. 즉 인간과 유사하게 라이프 2.0 단계에 와 있는 것이다. AI는 도구가 아니라 이제는 인간과 협력을 해야 하는 대상이라는 점을 다시 한 번 확인시켜준다. AI와의 공존과 공진화를 이야기한다는 것은 미래 AI에게 독립적인 지위를 주는 것이나 다름이 없다.

AI의 유형과 응용 영역이 방대한 만큼 도구로서의 쓰임새가 다양하지만, AI가 가지는 비자발적 능동성으로 인해 생길 수 있는 리스크도 같이 커질 수밖에 없다. 이력서 분석이나 면접을 통해 직원 선발에 관여하는 AI 알고리즘이 남성을 선호하거나 특정 그룹을 비하했던 사례에서 볼 수 있듯이, 실제 의사결정에 참여하는 단계에서는 편견 등 다양한 문제가 나타날 수 있기 때문이다. 이렇게 성별 간, 인종 간, 사회적 그룹 간에 일어날 수 있는 차별과 불공정성에 관한 이슈, 딥페이크Deep Fake로 발생하는 신뢰 및 안전성 이슈, 그리고 의사결정에 대한 윤리적 이슈 등은 모두 AI의 적극적인 도입과 함께 사회적으로 꾸준히 논의되어야 한다.

이 책은 언어 기반 생성형 AI을 중심에 두면서, AI와 인간의 상호작용과 협업이 사회에 어떤 영향을 미칠 수 있는지 이슈를 주로 다룬다. 이러한 변화가 일어날 때, 우리가 직면할 수 있는 기회와 위험에 대한 이야기도 담겨 있다. 우리는 유토피아적인 사회를 상상하면서 동시에 인간의 존재 가치마저 흔들어놓을 수 있는 리스크들에 대한 고민을 해야 한다. 특히 미래 직업의 모습을 예측하고, 이를 바탕으로 교육 방향을 결정하는 결단을 해야 한다. 이제는 기성세대가 이에 대한 관심을 더욱 높여 책임 있는 논의와 토론을 통해 이 중요한 이슈에 대한 방향을 찾아가야 할 시점이다.

제2의 인지혁명

혁명적 변화

유발 하라리는 그의 역작 《사피엔스》에서 약 7만 년 전에 인류역사에서 중대한 전환점이었던 '인지혁명'을 언급한다.[17] 그 과정에서 인류는 추상적인 개념과 언어를 사용하여 협력하고, 대화를 통해 믿음을 공유하며, 대규모 사회구조를 구성하여 문명을 발전시켰다. 이 인지혁명은 여러 가지 요소의 복합적인 영향으로 일어났는데, 그중 핵심은 획기적으로 발달한 인간의 뇌다. 대뇌피질의 확장과 복잡한 신경망의 형성이 추상적인 사고, 문제 해결, 기호적 표현, 계획 수립과 같은 높은 수준의 인지능력을 발전시켰을 것으로 본다.

이러한 뇌의 진화는 언어를 등장시켜 인지혁명을 가속시켰다. 언어는 아이디어와 정보를 효과적으로 전달하고 공유하는 수단이었고 사냥을 비롯하여 생존을 위한 협력의 기반이 되었다. 추상적인 개념의 표현을 통해 인간들이 믿음과 가치를 공유하며 사회를 건설하는 데 필수적인 도구로 활용되었다. 뿐만 아니라, 이 시기에 나타난 기호적 상징 표현symbolic expression과 예술적 표현은 인간의 상상력과 창의성을 급격하게 발전시켜 복잡하고 다양한 문화를 형성하는 데 큰 기여를 했다.

이후 7만 년이 흐른 21세기에는 제4차 산업혁명 또는 디지털 트랜스포메이션digital transformation이라고 불리는 변화가 일어나고 있다. 이 변화는 문자 그대로 디지털 기술의 발전과 활용을 중심으로 이뤄지고 있다. 빅데이터big data, 자동화, 사물인터넷(IoT)Internet of Things 등 다양한 요소 기술들이 포함되어 있지만 AI가 그 중심에서 핵심 역할을 하고 있다. 일련의 디지털 기술들은 다양한 산업과 업무 분야에 혁신을 가져다주고 생산방식, 소비 패턴, 사회구조, 일자리 모델 등에 큰 영향을 주고 있어 하나의 산업혁명으로 자리매김하고 있다.

나는 이런 엄청난 규모의 변화와 잠재적 영향력이 '제2의 인지혁명'을 일으키고 있다고 생각한다. 두 가지 혁명적 변화가 일어나고 있다. 첫 번째는 디지털 트랜스포메이션으로 인해 인류의 지식이 폭발적으로 증가하고 있다는 것이다. 개인이 지식의 양적 팽창을 감당하려면 대폭 향상된 정보처리 능력과 사고력이 필요하다. 하지만 우리의 뇌는 생명체로서의 진화 과정을 거치기 때문에 수용하고 처리할 수 있는 지식의 양은 크게 변할 수 없다. 뿐만 아니라 인간은 항상 '초기화된' 뇌를 가지고 태어나 성장하면서 다시 지식을 습득해가야 하므로 인류가 집합적으로 보유하고 있는 계통발생적인 지식과 개인이 습득해야 하는 개체발생적인 지식의 괴리가 점점 커지고 있다. 지식의 폭발을 감당해야 할 방법이 필요해진 것이다.

두 번째 변화는 이렇게 폭증하는 인지적 부담을 해소할 수 있는 필연적인 방법으로 '정신노동의 자동화'가 이루어지고 있다는 것이다. 내비게이션, 자율주행차, 자동통번역기, 서치엔진, 빅데이터 분석 도구 등과 근래 등장한 생성형 AI들은 모두 '정신노동의 자동화'를 이끌어가는 주역들이다. 진화가 생존의 필요성에 따라 진행된다는 것을 생각하면, '정신노동의 자동화'로 귀결되는 2차 인지혁명은 디지털 트랜스포메이션으로 촉발되는 환경 변화에 따른 진화의 한 과정으로 볼 수 있다. 기존 인지혁명이 언어를 매개체로 인류 문명의 발전을 견인했다면, 제2의 인지혁명에서는 AI를 매개체로 하는 기술 발전이 인류의 미래를 만들어간다.

수작업을 자동화한 19세기 산업혁명으로 인해 인간의 손발이 자유롭게 되면서 새로운 문화와 산업이 생겨났듯이, 인간의 정신노동을 자동화하는 디지털 트랜스포메이션은 포화될 수 있는 인간의 뇌에게 자유로움을 선사해준다. 한편, 산업혁명으로 육체노동 기반의 일자리가 없어진 것과 같이 제2의 인지혁명을 거치면서 많은 정신노동 기반의 일자리도 사라질 것이다. 언어가 협력을 가능하게 하여 사회를 구성하게 했듯이 제2의 인지혁명은 독립적인 개체로서의 AI와 인간이 협력하는 세상을 만들어갈 것이다.

지식의 폭발

디지털 트랜스포메이션은 가랑비에 옷 젖듯이 인간의 인지적 활동과 사회활동에 지속적인 변화를 야기하고 있다. 디지털 플랫폼에 힘입어 팬덤pandom 문화가 활성화되었고, 전자상거래가 일상이 되었으며, 개인 미디어와 소셜미디어 등으로 콘텐츠의 양은 무서운 속도로 늘고 있다. 인간의 삶 자체가 데이터를 끊임없이 생성하고 있고, 거기에 각종 IoT 센서[19]로부터 발생되는 데이터가 가세하고 있다. 분석형 AI는 빅데이터로부터 지식을 계속 생산하고, 생성형 AI는 스스로 콘텐츠를 무한정 만들어낼 수 있다. 이러한 환경에서 비즈니스 의사결정과 운영 방식에도 변화의 물결이 거세게 다가오고 있다. 따라서 경제학, 경영학, 사회과학의 주제와 소재가 변하고 있고 연구방법론에도 변화가 일고 있다. 심지어 인문학에도 디지털 콘텐츠와 기술을 이용하는 '디지털 인문학Digital Humanities'이라는 분야가 생겼다.

지식의 폭발적 증가에 따라 인지적 부담이 급증하는 예는 이공학 분야에서 쉽게 찾아볼 수 있다. 연구 결과를 정리한 논문을 저널에 출판해서 공유하는 것은 모든 학문 발전의 원동력인데, 기술 개발의 속도와 변화가 빠른 공학 분야에서는 콘퍼런스 혹은 학술대회라는 곳이 협력의 판을 깔아주는 곳이다. 1년에 겨우 수십 편의 논문을 싣는 저널보다 1년에 수천 편의 논문을 발표하

---

[19]   인터넷에 연결된 각종 센서 및 관련 장치 간 데이터 전송을 통해 공유할 수 있는 환경.

는 콘퍼런스에 직접 가서 필요한 발표를 골라 듣는 것이 훨씬 효율적이고 정보 습득이 빠르기 때문이다. 학자와 기술자들은 여기서 직접 논문을 발표하기도 하고 청중들과 다양한 토론을 이어나가며 전문가들 간의 네트워킹을 통해 연구 개발 협력의 기회를 만들어간다. 이렇게 연구자들 간의 다이내믹한 지식 교류가 중요하지만 물리적인 만남의 한계가 있으므로 디지털 콘텐츠를 공유할 수 있는 플랫폼도 큰 역할을 한다.

　이런 다양한 채널을 통해 얼마나 많은 지식이 생산되어 공유되고 있을까? 예를 들어, AI 분야 중 자연어처리 연구자가 논문을 제출하는 최우수 국제 콘퍼런스는 세 개가 있는데 여기에서 1년에 발표되는 논문은 약 1500편 정도다. 그런데 1년에 한 번씩 열리는 콘퍼런스에 논문 발표를 하려면 최소 5 대 1 정도의 경쟁을 뚫어야 하다 보니 혁신적인 아이디어를 담은 많은 논문들이 빛도 보지 못하고 죽어가는 경우가 속출하게 되었다. 이를 극복하기 위해 해당 커뮤니티에서는 아카이브라는 디지털 플랫폼을 만들어 기본적인 논문의 틀을 갖추고 주어진 절차를 거치면 누구나 논문을 올릴 수 있게 함으로써 학문과 기술의 소통을 원활하게 하고 있다. 정기적으로 열리는 콘퍼런스 발표 논문, 주기적으로 발간되는 국제 논문지 게재 논문 그리고 동료 평가를 거치지 않는 아카이브에 실리는 논문의 수를 합치면 자연어처리 분야에서만 1년에 약 6000편 이상의 새로운 논문이 발표되는 것으로 추산된다.

　이렇게 공유되는 학술 콘텐츠는 연구자들에게 인지적 부담을 극적으로 가중시키는 결과를 가져오고 있다. 과거에는 최우

수 콘퍼런스에 올라와 있는 논문의 내용 정도만 알고 있으면 되었지만, 이제는 정보 유통이 원활하다는 이유로 훨씬 더 많은 논문을 읽어내야 기술 동향을 파악할 수 있다. 이렇게 기술적 경쟁력을 갖추고 자신의 연구가 새롭다는 것을 입증하지 않으면 살아남기 어려운 세상이 되었다. 소화해야 할 논문의 증가는 디지털 플랫폼으로 인한 인지적 부담의 증가를 보여주기 위한 하나의 예다. 그 외에도 이프린트^{e-print}, 디지털 아카이빙, 줌^{Zoom}을 통한 온라인 콘퍼런스나 회의 등으로 시공간을 초월하는 정보 교류의 기회가 늘어가며 연구자들의 뇌는 포화 상태가 되고 있다.

정신노동의 자동화

연구자뿐만 아니라 대부분의 현대인은 직업과 관련하여 그리고 심지어 의식주 및 여가 활동을 위해서도 다양한 형태의 정신노동을 해야 한다. 단순 반복을 하는 직업이 아니라면 직장에서의 정신노동은 일상적인 일이 되었다. 각종 정보 수집, 토론 및 의사결정, 보고서나 홍보 문건 작성 등이 모두 쉽지 않은 정신노동이다. 심지어 결혼식이나 여행과 같은 사적인 이벤트를 앞두고도 준비를 위한 정보 수집 및 정리, 쇼핑, 계약 등 정신노동을 꽤 해야 한다.

어떤 과업의 완수를 위한 정신노동은 크게 네 단계로 볼 수 있다. 첫째, 정보 취득을 위한 과정이다. 판매 계획을 위한 시장조사, 예산에 맞는 최고의 호텔을 찾기 위한 각종 검색 등과 같이 필요한 정보에 접근하는 것 자체에 정신노동이 필요하다. 아이들을 좋은 학교에 보내는 주요 요건 중 하나가 부모의 정보력이라는 우스갯소리는 정보 접근을 위한 부모의 정신노동의 중요함을 말해준다. 둘째, 생산성 향상을 위한 도구 사용 및 협업 과정이다. 타인과의 협업이나 도구의 사용을 통해 정보를 취합하고, 최적화된 해결책을 찾아가며, 새로운 아이디어를 획득할 수 있는 과정은 의사결정에 필요한 핵심적인 정신노동이다. 사회적 동물로 진화한 인간에게 협업은 선택 사항이 아니고 운명에 가깝다. 셋째, 배경지식 학습 과정이다. 내가 아는 것이 없으면 필요한 정보가 무엇인지조차 알 수 없고 누구와 어떤 협업을 해야 할지 판단할 수도 없다. 변하는 세상에 대한 기본적인 지식을 계속 습득해야 한다. 즉 지속적인 배움의 과정이 정신노동이며 이는 개인의 경쟁력을 위해 필수적이다.

위 세 가지가 과업 수행을 위한 준비 단계에서의 정신노동이라면, 네 번째 단계인 과업 수행 자체도 당연히 정신노동을 포함한다. 논문, 여행계획서, 보고서, 강의안 등 문서 작성하기, 식당을 예약하거나 찾아가기, 법정에서 변론하기, 환자 진단하기, 강연하기, 작곡하기 등 거의 모든 과업에는 정신노동이 필요하다. 다행히 준비 단계에서의 '정보 취득', '도구 사용 및 협업', '배경지식 학습' 과정이 충실할수록 '과업 수행'에 필요한 정신노동은 줄어들게 된다.

정신노동 단계의 많은 부분이 디지털 기술이나 도구의 발전에 힘입어 꾸준히 자동화되어왔다. 워드·엑셀 등 생산성 향상 소프트웨어, 일정 관리 앱, 자동차 내비게이션, 디지털 지도 등과 같은 생활 속 편의를 위한 앱, 줌과 같이 협업을 도와주는 앱, 코세라Coursera나 무크MOOC와 같이 학습을 지원하는 플랫폼, 검색엔진이나 의료용 MRI(자기공명장치)와 같이 정보 접근을 수월하게 해주는 도구들이 개발되어 정신노동의 많은 부분을 자동화해주고 있다. 하지만 이런 도구 어느 것도 과업 수행 자체를 대체하지는 못한다. 즉 과업 수행을 위한 준비 과정이나 수행에 필요한 정신노동의 한 부분을 도와줄 뿐이다. 하지만 챗GPT와 같은 생성형 AI는 과업 전체를 대신할 수 있는 능력을 가지고 있다. 인간의 목표 달성에 보조적 역할을 하다가 주도적인 역할로 전환할 수 있다는 것이다. 과업 수행의 준비부터 수행까지 챗GPT가 그 목적을 수행할 수 있다면 곧 인간을 대체할 수 있다는 의미도 된다.

인간이 완전하게 대체될 수 있는 간단한 예를 들어보자. 아마존사에서 제공하는 플랫폼인 미케니컬터크(MT)Mechanical Turk는 비교적 단순하지만 인간의 지적 능력을 이용해야 하는 작업을 일반 대중이 인터넷상에서 수행하여 수익을 올릴 수 있도록 해준다. 예를 들면, 데이터마이닝data mining 시스템을 학습시키고 평가하기 위해 텍스트 데이터에 범주 레이블링을 하는 과업과 같은 것이다. 이 작업에 참여하는 사람은 텍스트를 읽어 내용을 이해한 후 그 범주를 판단하는 능력을 가지고 있어야 한다. 그런데 이 과업을 생성형 AI에게 맡겼더니 일반 대중이 한 것보다 훨씬 더 빠른 시간에 더 좋은 품질의 결과를 도출할 수 있었다는 보고가 있다. 즉 그동안 MT를 통해 수익을 올리던 사람들은 AI에 의해 바로 대체될 수 있다는 뜻이다.

생성형 AI의 능력을 이미 알고 있다면 이런 예는 너무나 당연한 것으로 볼 수 있다. 하지만 그동안 인기 직종이었던 컴퓨터 프로그래머 혹은 프로그램 개발자들도 대체 위기에 몰릴 수 있다는 현실은 어떨까? '깃허브Git Hub'나 MS사를 통해 접근할 수 있는 '코파일럿Co-pilot'이라는 생성형 AI는 컴퓨터 프로그램 코드를 분석하여 설명해주기도 하고, 프로그램의 목표를 정해주면 실제 실행될 수 있는 코드를 생성해준다. 코딩은 대학에서 전산학, 컴퓨터공학 등을 전공하거나 몇 달씩 학원에서 집중적인 교육을 받아야 시작할 수 있는 고도의 지능과 학습을 필요로 하는 분야다. 이런 고도의 정신노동이 자동화되고 있음을 알 수 있다.

이런 자동화를 통해 다양한 직업에 종사하는 사람들이 더 이상 필요 없어진다면, 즉 인간에게 자유 시간이 많아진다면 어떤 일이 벌어질까? 미래 일자리에 관한 논의에서 흔히 나오는 예측은 크게 두 가지다. 하나는 인간이 일로부터 자유로워지면서 유토피아적인 삶을 살 수 있을 것이라는 예측이고, 또 하나는 보다 창의적인 일에 몰두하면서 새로운 일거리가 생길 것이라고 한다. 하지만 아직 추상적인 예측에 불과하다.

인지혁명 요건의 충족

최초의 인지혁명 과정에서 나타난 핵심 현상은 뇌의 발달, 언어의 발생, 사회의 형성으로 요약할 수 있다. 그렇다면 제2의 인지혁명을 견인하는 요소는 무엇이고, 이들은 과거 인지혁명을 이끌었던 요소들과 비교했을 때 새로운 인지혁명을 일으킬만한 요건을 갖추고 있는지 살펴보자.

첫 번째 인지혁명에서 언어는 인지 확장의 핵심 매개체 역할을 하여 인류 문명의 발달을 이끌었다. 언어는 인간들 간의 소통을 통해 협력을 가능하게 함으로써 부족을 형성하고 수렵부터 시작하여 농경사회를 가능하게 했으며, 오랜 역사를 거쳐 형성된 국가, 기업, 가족 등 다양한 사회가 굴러갈 수 있게 한다. 그러면 지금은 어떤 것이 언어와 같은 역할을 하여 새로운 문화를 형성하고 있을까? 인터넷, SNS, 디지털 플랫폼 등으로 구성된 '디지털 매개체'가 언어와 소통의 역할을 하고 있다. 1 대 1, 1 대 다, 다 대 다 형식으로 시공간적 제약을 벗어난 다면적 소통은 인간관계 지도를 훨씬 복잡하고 다양하게 만들고 있다.

가상공간을 통해 모임과 사회가 쉽게 구성되고 유지되는 모습을 보면 '디지털 매개체'가 언어를 초월한 능력을 가지고 있음을 알 수 있다. 특히 '디지털 플랫폼'은 같은 뜻이나 목적을 가진 사람들이 모여 사회활동을 할 수 있는 가상공간을 제공하기 시작했고, 이 공간을 통해 사회활동의 형태에 변화가 일어나고 있다. 예컨대, 언어가 과학기술의 발전과 각종 학문을 포함한 인류 문명을 발전시키는 데 혁혁한 공을 세운 것과 같이 '디지털 매개체'는 인지적인 관점에서 과학기술의 발전과 산업의 발전 양상에 큰 변혁을 일으키고 있다. 깃허브나 아카이브와 같은 플랫폼은 학문과 기술의 공유를 가능하게 하는 강력한 촉매가 되었다. 산업적으로 가장 피부에 닿는 예로는 전자상거래 플랫폼을 들 수 있다. 홍보의 방식부터 입점, 구매 결정 방식, 판매와 구매를 포함하는 거래 행위 등이 모두 가상 마켓에서 일어나고 있어 물리적인 시장을 중심으로 일어나던 경제와 산업 활동의 개념이 완전히 바뀌고 있는 것이다.

'디지털 매개체'가 인간들 간의 새로운 소통 방식을 제공하고 사회 구성에 영향을 미치며 과학기술이나 산업의 발전에 영향을 주는 정도라면 이런 현상을 새로운 인지혁명이라고 부르는 데 다소 부족함이 느껴질 수 있다. 인쇄술이나 라디오, TV, 전화와 같은 기계도 그 당시에는 소통 방식과 사회적 활동에 큰 변화를 주었지만 인지혁명을 일으켰다고 보지 않기 때문이다. 그렇다면 챗GPT와 같은 AI의 출현이 인지적으로 더욱 혁명적인 이유는 무엇일까? 초기 인지혁명에서 일어났던 '뇌의 확장'에 해당하는 '외뇌外腦'의 출현이 시작되었고, 인간 사회의 형성에 버금갈 정도로 AI와의 공생 사회가 출현할 것이 예상되기 때문이다. 디지털 '외뇌'의 출현은 급증하는 지식정보의 처리를 위해 생길 수밖에 없는 필연적 결과이기도 하다.

인류가 혹독한 환경을 극복하기 위해 1차 인지혁명 과정에서 뇌의 크기를 발전시킨 것과 같이, 현생 인류는 '외뇌'를 만들어 인지혁명을 이끌고 있다. 뇌의 핵심 기능을 기억, 학습, 추론, 문제 해결, 예측으로 본다면 디지털 하드웨어에 장착된 AI는 이미 그 기능을 모두 수행하고 있다. AI는 거의 무제한 확장할 수 있는 기억력을 갖추었고, 학습 및 추론 능력으로 다양한 문제 해결을 할 수 있다는 것은 이미 주지하는 바이다. '외뇌'는 이런 능력을 통합한 하나의 개념을 지칭하는 것으로 한정된 인간의 뇌를 외부에서 확장하는 역할을 한다. 챗GPT를 '외뇌'의 초기 버전으로 볼 수 있지만, 앞으로 어떻게 기술적으로 성장하여 확장될지 지켜봐야 할 일이다. 머지않은 미래에 일론 머스크가 시도하고 있는 '뉴럴링크Neural Link'와 같이 '외뇌'가 하나의 생체 칩으로 인간의 뇌에 이식되어 라이프 3.0 시대가 될지 모른다.

초기 인지혁명은 인간들 간의 협력을 수월하게 하여 다양한 크기와 목적을 가진 사회를 태동시켰고 이를 바탕으로 지금의 과학기술 문명을 이루었다. 이와 마찬가지로 제2의 인지혁명도 새로운 사회구조를 만들어가고 있다. '카페', '단톡방', '채널' 등의 이름을 가진 가상공간을 통해 다양한 집단이 형성되어 기존 물리적인 사회구조에 변화를 가져오고 있고, 새로운 사회 구성원으로 진입하는 AI로 인해 '인간-AI' 공존 사회가 만들어지고 있는 것이다. 이전의 인지혁명이 인간들 간의 협력을 촉발시킨 것과 같이, 제2의 인지혁명에서는 인간과 AI가 공존하면서 협력하게 될 것이다. 언어에 힘입어 민주주의가 태동된 것과 같이 '필터버블filter bubble'이나 '확신 편향'과 같은 현상으로 말미암아 분열되고 있는 사회를 AI가 변화시킬 수 있을 것으로 기대해볼 수도 있지 않을까? AI와의 공생 관계가 인간의 사회구조에 어떤 영향을 미칠지 예의 주시하는 수준을 넘어 적극적으로 새로운 공존 사회를 설계해야 할 시점이다.

우리는 무엇을 하고 있는가

무방비의 알파세대, 적극적인 MZ세대

"선생님, 챗GPT 척척박사가 알아서 다 해주는데, 왜 공부해야 돼요?"

'초등학교에서 학생들이 이렇게 묻는데, 어떻게 대답해야 할까요?' 하고 내게 질문을 던진 교사가 있었다. '교육혁명을 예고하는 생성형 AI'라는 제목으로 한 시간 이상 강연을 한 후 강연장 맨 앞자리에서 열심히 집중하여 듣고 있던 젊은 교사로부터 들어온 질문이었다. 틀림없이 챗GPT에 관심도 많고 초등학생들에게 조금씩 활용 방법을 지도하고 있었을 것이며 그날 강연을 통해 이 기술의 현주소를 좀 더 잘 이해했을 것이다. 그럼에도 불구하고 이런 근본적인 이슈에 대해서는 여전히 명확한 답을 생각하기가 어려웠던 모양이다.

이런 천진난만한 질문을 던지는 학생들에게 챗GPT는 만화나 동화에 등장하는 마법의 램프에서 연기처럼 나타나는 '지니' 정도로 생각될 것 같다. 만약 그들이 영화 〈아이언맨〉을 본 적이 있다면, 그들에게는 '자비스JARVIS'가 떠오를 것이다. 어린 학생들에게는 그들의 질문에 친절하게 답을 제공해주는 챗GPT가 부모나 교사보다도 훨씬 유식해 보일 수도 있다. 원하는 글을 써주고 긴 문서를 간결하게 요약해준다는 것을 알게 될 것이며, 숙제 부담을 덜어줄 수도 있으니 환호성을 지를지도 모른다. 아무리 많은 질문을 던지거나 여러 번 글을 수정하라고 시키더라도 군말 없이 결과를 얻을 수 있으니 학생들에게 이 기술은 굉장한 매력으로 다가올 것이다. 챗GPT가 민감한 주제나 성별, 인종과 관련된 질문에는 답변을 회피할 수 있지만 이 역시도 '쿨'하게 보일 수 있다. 어떤 질문에는 답을 모른다면서 사과하고 왜 모르는지에 대한 이유를 설명해주는 겸손함은 '꼰대'같지 않아 더 좋아 보일지 모른다.

앞선 질문에 대해 어린 학생들에게 어떻게 대답하는 것이 좋을까? 그 강연에서 내 대답은 이렇게 시작되었다.

"챗GPT를 처음 접하면 학생들에게는 그런 것이 제일 궁금할 것 같아요."

초등학생의 눈높이에서 생각해야 한다는 말이었다. '어린 학생들에게 AI 기술을 설명할 수도 없으니, 챗GPT가 대답하지 못하는 질문을 던져 만능이 아니라는 것을 보여주는 것도 좋겠다'고 했다. 보다 구체적으로 '팩트 확인 질문을 했을 때 천연덕스럽게 허위 정보로 답하는 것을 보여주면서 인간이 더 똑똑해져야 한다고 보여주면 좋지 않겠냐'고 제안했다.

　조금 더 생각해보니 이 질문은 교사나 학부모도 조금 다른 식으로 던질만한 핵심 질문이라는 생각이 들었다. '왜 공부해야 돼요?'가 아니라 '뭘 공부하라고 해야 돼요?' 혹은 '뭘 전공시켜야 돼요?' 같은 질문 말이다. 이런 질문에 대해 초등학생 수준으로 그저 'AI보다 더 똑똑해지면 돼요' 정도의 답을 할 수는 없는 노릇이다. 적절한 답을 주는 것도 쉽지 않지만, 교사나 학부모로서 그 답을 제대로 이해하고 어린 학생들을 지도하는 것은 더더욱 어려운 일이다. 어떻게 도울 수 있을까? 결국 위의 초등학생 질문이 이 책을 세상으로 나오게 한 셈이다.

　챗GPT는 MZ세대로 알려진 현재 대학생 및 젊은 직장인들에게는 이제 친숙한 기술이 되었을 것이다. 미디어에 민감한 세대이다 보니 챗GPT 활용 방법부터 사회에 미칠 영향까지 다양한 내용을 접하면서 챗GPT를 사용해보는 데 주저하지 않았을 테다. 단순한 호기심을 넘어 내 삶에 어떤 변화를 가져올지 알고 싶은 열망, 즉 실존적 이슈가 있기 때문이다. 학교나 직장에서 챗GPT를 어떻게 활용할 수 있는지, 이 기술이 내 미래 직업에 어떤 영향을 줄 수 있는지, 부를 창출할 수 있는 기회가 있는지 등에 대한 궁금증도 상당히 높을 것이다.

　미래 세대에 특별한 사명감을 가져야 할 교사의 입장에서는 어떨까? 교육 현장에서 이 기술을 어떻게 활용해야 할지, 학생들이 숙제를 챗GPT에게 시켜서 해온다면 어떻게 해야 할지, 학교

행정은 맡길 수 있을 것인지 등 일반인들과 다른 관점에서의 궁금한 점이 한두 가지가 아닐 것이다. 대학교수 사회도 마찬가지다. 지금까지의 강의 및 학점 부여 위주의 시스템이 얼마나 지속될 수 있을 것인지, 학과는 살아남을 것인지와 같은 중장기적 궁금증부터 시작해서 당장 과제물을 포함하여 학생 평가는 어떻게 할 것인가가 큰 숙제다.

챗GPT에 관심과 궁금증이 있어도 쉴 새 없이 돌아가는 생활 전선에서 바쁘게 살다 보면 흩어져 있는 정보를 모아 자신이 흡족할만한 지식을 구축하고 이해를 한다는 것이 말처럼 쉽지 않다. 기술적인 내용이 너무 어려울 수도 있고, 아니면 피상적인 설명을 들으면서 그냥 '그렇구나' 하고 넘어가기도 쉽다. 다행히 교사들에게는 교육 연수의 형태로 전문가 강의를 듣는 기회가 가끔 온다고 한다. 하지만 매일 교실에서 학생들과 씨름하고 루틴 routine한 행정에 시간을 보내다 보니 마음은 있지만 손쓸 겨를이 없어 불안한 느낌만 쌓여가고 있을지도 모른다. 교육 현장에서 지식 전달이나 학생 평가에 있어 전혀 다른 방법을 도입해야 할 것 같은 감은 잡히나 막상 어떻게 준비해야 할지는 명확하지 않을 것이다.

챗GPT에 반응하는 양상이 세대와 성별에 따라 다르다는 것을 뒷받침하는 최근 데이터들이 있다. 우선 나타나는 현상으로 젊을수록 챗GPT의 '공세'에 민감하고 새로운 도구를 적극적으로 사용할 의지가 있다는 것은 매우 고무적이다. 세대별로 관심을 가지는 분야도 다름을 알 수 있다. 알파세대에 대한 데이터는

[그래프] 한국언론진흥재단의 챗GPT 사용조사 결과

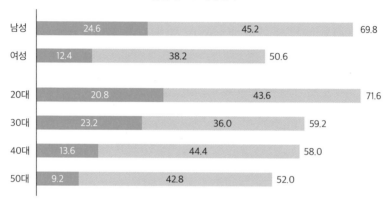

● 잘 안다   ● 대략 안다

	잘 안다	대략 안다	합계
남성	24.6	45.2	69.8
여성	12.4	38.2	50.6
20대	20.8	43.6	71.6
30대	23.2	36.0	59.2
40대	13.6	44.4	58.0
50대	9.2	42.8	52.0

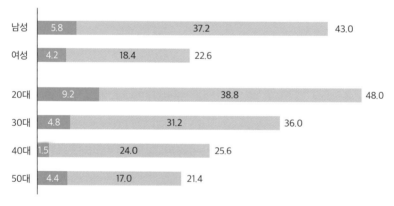

● 유료로 이용   ● 무료로 이용

	유료로 이용	무료로 이용	합계
남성	5.8	37.2	43.0
여성	4.2	18.4	22.6
20대	9.2	38.8	48.0
30대	4.8	31.2	36.0
40대	1.5	24.0	25.6
50대	4.4	17.0	21.4

없지만, 시간이 지나면서 MZ세대의 경향에 조만간 합류할 것이다. 하지만 그들의 미래는 부모 세대나 교사들의 가이드와 역할에 따라 많이 달라질 것이다.

2023년 4월 미국 여론조사 기관인 마리스트폴^{Marist Poll}에서 조사한 바에 의하면, 현재 대부분이 직장 생활을 하는 MZ세대가 챗GPT를 인지하고 사용하는 비율이 55%로 다른 그룹에 비해 절대적으로 높다(X세대 38%, 베이비붐세대 22%, 70대 이상 13%). 현재 혹은 미래의 실무와 밀접한 관련성을 가지고 사용하고 있다는 것을 알 수 있다. 앞서 2월에는 젊은 성인이거나 교육 수준이 높을수록 챗GPT 사용에 익숙하다는 글로벌 여론조사기관 유고브^{YouGov}의 조사 결과도 있다. 한국언론진흥재단의 조사 결과[18]도 162쪽 표에 있는 것과 같이 챗GPT에 대한 인지 정도와 사용 경험 정도가 나이와 반비례하는 경향이 있다.

이러한 경향을 단순히 젊을수록 활동적이니 새로운 기술이나 도구에 반응을 잘한다는 일반적인 해석으로만 보기는 어렵다. 그 이유는 다음 조사 결과를 보면 알 수 있다.

2023년 4월에 미국 워드파인더^{Wordfinder}는 어떤 용도로 챗GPT를 사용하는지 직장인들을 대상으로 조사했다. 그 결과를 보면, 직장인들은 챗GPT를 아이디어 발굴(41%) 및 콘텐츠 제작(20%)에 가장 많이 사용했다. 그 다음으로 나온 사용처는 이메일 답장(14%), 컴퓨터 코드 작성(11%), 이력서/편지 작성(10%), 발표 자료 작성(9%) 등으로 주로 생산성 향상의 목적으로 사용하고 있는 것을 알 수 있다. 이 결과는 그동안 세상에 나온 어떤 도구

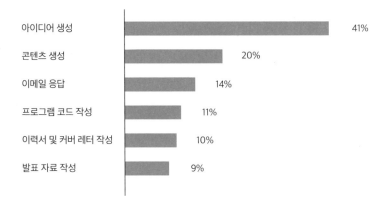

[그래프] 워드파인더의 챗GPT 사용조사 결과(중복 대답 허용)

아이디어 생성 — 41%
콘텐츠 생성 — 20%
이메일 응답 — 14%
프로그램 코드 작성 — 11%
이력서 및 커버 레터 작성 — 10%
발표 자료 작성 — 9%

도 창조적 목적을 위주로 사용되지는 않았다는 것을 감안하면, 직장인들은 챗GPT의 가치를 매우 새롭게 보고 있고 그 이유 때문에 적극적으로 사용하고 있다는 것을 알 수 있다. 즉 젊을수록 창의성 향상에 가치를 두고 챗GPT에 주목하고 있다고 해도 무리는 아니다.

불안한 기성세대의 미필적 고의

'기성세대'를 40대 이상의 나이로 본다면, 이 세대가 더 젊은 세대와 비교하여 챗GPT나 AI에 대해 갖는 관심이 낮다는 것을 확인할 수 있다. 챗GPT의 능력을 인정하더라도 그 활용에 대한 의지가 상대적으로 부족한 것이다. 기성세대가 보이는 이러한 경향은 새로운 기술이나 도구에 대한 일반적인 반응으로 볼 수 있다. 하지만 바쁜 직장인들 중에는 AI에 흥미를 가지고 알고 싶어 하는 욕구도 많더라도 바쁜 삶의 무게로 특별한 관심을 보일 수 없는 처지일 수도 있다. 그런 사람들은 새로운 기술에 뒤처질 것 같은 불안감을 가지고 있을 가능성이 높다. IT 기술의 테스트베드 testbed로 알려진 우리나라에서는 다양한 기술과 도구들이 쉽게 소개되다 보니 일부 기성세대는 챗GPT를 잠시 머무르는 유행 정도로 보면서 스스로를 안심시키고 있을지도 모른다.

2016년에 우리나라를 충격에 빠뜨렸던 알파고를 대부분 기억하고 있을 것이다. 그런데 요즘 알파고에 관심 있는 사람이 몇이나 있을까? AI가 우리나라 최고의 바둑기사인 이세돌 9단을 이겼다는 것은 세상에서 가장 경우의 수가 많은 전통 게임에서 인간을 능가했다는 것이기 때문에 놀라움 그 자체였다. 하지만 바둑은 먹고사는 문제가 아닌 하나의 게임이므로 대부분 국민들은 이 사건을 강 건너 불구경하듯 대했을 것이다. 태권도 종주국인 대한민국이 올림픽에서 메달을 하나도 못 땄다는 소식 정도가 아니었을까? 그런데 이번 챗GPT는 자녀들 먹거리와 불가분의 관계가 있으니 기성세대 입장에서는 사뭇 다르게 대할 수밖에 없다.

기성세대로서 '알파세대' 자녀를 둔 부모들의 입장은 어떨까? 자녀가 대학 입시를 준비해야 하는 시점과 얼마나 가깝게 있는지에 따라 그리고 부모의 직업관에 따라 다양한 견해가 있을 것이다. 자녀가 중학생이거나 그보다 어린 경우, 앞으로 7~20년 정도 지나 폭풍처럼 다가올 직업 변화에 대해 들어는 봤어도 당장 자녀 교육에 대해 새로운 변화를 추구하지는 않을 것이다. 큰 물결이 올 것 같은 예감이 들더라도 그 변화가 너무 어렴풋하니 막연한 불안감보다 지금 당장 자녀의 성적이 떨어지는 것에 대한 위기감이 더 크게 다가올 것이다. 지구온난화에 대한 위기설을 이해하고 홍수나 폭염 등으로 얼룩진 최악의 여름을 경험했더라도 환경 운동에 적극적으로 동참하기보다 일단 생활에서의 편리함을 추구하는 것과 같다. 당장 급한 불부터 끄고 보자는 게 인간이다.

하지만 우리나라에서 자식의 문제에 관한 한 부모의 모습은 다분히 다른 면이 보인다. 특히 교육에 대해서는 훨씬 미래지향적이고 계획적이다. 자식이 유치원에 입학할 때부터 장기적인 계획을 짜서 군사작전 하듯이 밀어붙이는 게 대한민국 부모들이다. 의대 목표 유치원반이 있다는 소문도 과장된 이야기는 아닐 것이다. 학교에서 교사가 자기 자식에게 말로 야단쳤다는 이유 하나만으로 정신적 학대를 주장하며 고소하겠다고 하는 극성 학부모가 세계 어느 나라에 또 있겠는가. 박사과정 지도교수에게 전화해서 왜 우리 아이의 학위가 이렇게 오래 걸리느냐고 여러 번 전화해서 압박하는 사례가 다른 나라에도 있을까. 모두 자식 사랑이 지나친 반면 자식을 진정으로 위하는 길이 뭔지 몰라서 그러는 것이다.

물론 우리나라 부모들의 교육열은 국가가 압축 성장하는 데 큰 공헌을 했다. 소 한 마리로 농사를 지으며 어렵게 살던 부모가 소 팔아서 자식을 서울 소재 학교로 보냈다. 평생 일해서 장만한 아파트를 팔아 자식을 유학 보내는 부모도 있었다. 통계를 보면, 대한민국은 광복 직후 남한의 문맹률이 12세 이상 전체 인구의 78%가 될 정도인 문맹국가로 시작했지만, 현재 문맹률이 1% 이내의 국가로 발전했다.[19] '컴맹'투성이의 국가에서 어느새 IT 강국으로 발돋움하여 2022년도 스마트폰 사용자가 성인 전체의 97%가 될 정도의 역동적인 국가로 성장한 것이다.[20] 이러한 발전의 동인은 여러 가지가 있겠지만 우리나라 부모들의 DNA 속에 깃들어 있는 교육에 대한 세계 최강의 열정을 빼놓을 수 없다.

이렇게 자식 교육에 목숨을 걸 정도의 열정을 가진 부모들이 AI 시대의 직업 변화에 관한 강연을 듣는다면 어떤 일이 벌어질까? 전통적인 직업관에 젖어 있는 일부는 '썩어도 준치'라는 속담을 내세우며 의사나 변호사와 같은 전문직을 향해 아이들을 더욱 밀어붙일 것이다. AI가 인간을 대체하는 직업이 많을수록 전문성을 갖춰야 살아남는다는 위기의식을 고취해가면서 그 방향으로 갈 것이다. AI로 인한 변화를 필연적인 것으로 받아들이는 부모라도 여전히 이를 먼 미래의 이야기로 생각하여 아직은 피부에 잘 와닿지 않는다고 느낄 수 있다. AI의 발전에 공포심을 가지고 있더라도 자신의 아이와는 관련이 없을 것이라고 막연히 희망 섞인 결론을 내릴 수도 있다. 한 연구에서는 '머지않아 AI가 자신의 직업군을 대체할 것이라고 들었는데도 불구하고 자신은 그 경우에 포함되지 않을 것이라고 생각하는 경향이 있다'고 밝혔다.[21] 일종의 '자발적 불감증'이다.

그런데 왜 이런 불감증 현상이 나타날까? 나는 가장 근본적인 이유 중 하나가 AI에 대한 무지 때문이라고 생각한다. 한마디로 챗GPT가 괴물인지 아니면 수호신인지 판단할 수 있는 근거가 미약하고, AI가 앞으로 어떻게 진화해갈지에 대한 감도 부족하기 때문이다. 기술에 대한 불감증은 AI 기술의 변화가 너무 빨라 자포자기하기 때문이기도 하고, 새로 나온 기술을 그냥 피해가도 별문제가 없었다는 과거 경험으로부터 비롯될 수도 있다. 하지만 이런 '자발적 불감증'을 스스로 허용하는 것은 '수포자'[20]가 자기 앞길의 반을 스스로 막아놓고 있는 것 이상으로 안타까운 일이다. 이는 현대 버전의 '문맹 클럽' 회원이 되는 것이기 때문이다.

앞서 언급한 초등학생 질문을 학부모 버전으로 바꾸면 다음과 같이 돼야 할 것 같다.

'AI가 많은 전문직을 대체한다는데, 우리 애들은 이제 뭘 해야 할까요?'

대한민국 부모라면 자식 세대의 미래를 위해 이런 궁금증을 가지는 것은 당연하다. 만약 내가 지금 이 질문을 하지 않는다면 곧 다른 학부모들의 입을 통해 들을 가능성이 크다. 이 질문은 머지않아 학부모들의 모임에서도 자주 나올 것이며, 교사와의 상담 시에도 빈번하게 떠올리는 주제가 될 것이다. 만약 교육감이나 교육부장관과의 대화에 참여할 수 있다면 이런 자리에서도

20　수학 과목이 어려워 아예 공부를 포기한 학생을 지칭하는 자조적인 표현.

당연히 나와야 하는 질문이다. 우리 미래 세대의 교육과 진로를 책임감을 느끼고 있는 교사들이라면 이 질문을 중심으로 토론하며 같이 답을 찾아가야 하지 않을까. 불안해하는 학부모나 학생들을 안심시키고 지도해줘야 하기 때문이다. 자식이나 학생의 어려움이 예상되는데 어떤 조치도 취하지 않아 불행한 미래가 다가온다면, 이것은 기성세대의 '미필적 고의'가 아닐까?

교사들을 비롯한 교육 전문가들 대다수도 챗GPT와 미래의 AI 시대에 대해 큰 관심을 가지고 있다. 이것은 나의 강연 및 교사·학부모들과의 인터뷰를 통해 드러난 사실이다. 그러나 대부분의 관심과 고민은 주로 챗GPT와 같은 도구를 교육 환경에서 어떻게 활용할 수 있는가에 머물러 있는 것 같다. 물론 미래의 주인공인 어린 학생들에게 AI를 어떻게 가르칠지 또 어떻게 사용하게 할 것인지에 대한 현실적 고민이 먼저 다가올 수밖에 없다. 이런 고민은 국가에서 세운 교육목표와 교육과정하에서 생기는 것들이지만, 우리는 보다 근본적인 질문에 더 중점을 두고 미래 계획을 세워야 한다. 변화하는 일자리와 직업 풍경에 따라 교육 방향을 크게 조정해야 할 필요가 있을 뿐만 아니라 심지어 큰 틀에서의 교육목표 자체도 바꾸어야 할지 모른다.

교육을 '백년대계百年大計'라고 표현하는 것을 자주 들어왔을 것이다. 이 말은 교육의 미래를 예측하고 변화시키는 맥락에서 교육 자체를 조심스럽게 다뤄야 한다는 것을 강조하는 것이지만, 때로는 교육정책이 쉽게 바뀌는 상황을 비판할 때도 사용된다. 교육은 하루아침에 완성되는 것이 아니므로 긴 호흡으로 앞을 내다봐야 하는 것은 당연하다. 그러다 보니 교육부에서 주기적으로 발표하는 '20○○년도 교과과정'과 같은 계획조차도 각급 학교에서 실제로 구현되려면 적어도 5년은 걸린다고 한다. 그러나 지금과 같이 세상이 급격하게 변화하는 때, 특히 챗GPT와 같은 지적인 기계가 생활 속으로 빠르게 파고드는 시대에는 이렇게 천천히 가는 전략만으로는 대응하기 어렵지 않을까? 우리가 대비해야 할 새로운 세상이 먼 미래가 아니므로 '백년대계'의 틀에 머물러만 있을 수 없다. 교육이라는 개념이 시작된 이래 지금이 가장 근본적이고도 빠른 변화가 필요한 시점일 것이다.

'AI 가정교사가 등장했다는데…, 미래 직업 구조가 바뀐다는데…, 인간을 능가하는 AI가 등장했다는데…' 이런 소문들이 하나씩 현실이 되면서 미래에 대한 불확실성이 더욱 높아지고 있는 시대다. 이런 상황에서 초·중·고교는 언제까지 별일이 아닌 것처럼 태연할 수 있을까? 기성세대가 가지고 있는 '자발적 불감증'이 언제까지 용인될까? 내가 인터뷰했던 학부모이자 교사인 한 분의 표현이 생각난다. '학부모가 일어나야겠네요!' 학교 시스템이 얼마나 보수적이며 변화에 저항하는지에 대한 실제 경험을 바탕으로 한 이 발언은, 교사를 비판하거나 공격하면서 혁명을 하자는 게 아니다. 오히려 학부모와 교사가 손을 맞잡아 '교육 시스템'을 변화시키자는 결연한 다짐으로 들렸다.

얼마나 알아야 할까?

세대별 반응은 다르지만, 그 중심에 있는 챗GPT로 시작된 변화는 급류처럼 흐르고 있다. 그 변화가 가히 혁명적인데도 불구하고 어떤 일이 일어나고 있는지 잘 모른다면 불안할 수밖에 없다. 변화의 속도가 빠르면 빠를수록 중심을 잘 잡고 있어야 어지럽지 않고, 그러려면 우리는 변화의 내용을 충분히 알고 있어야 한다.

우리는 어려운 개념을 이해하려고 할 때, 이미 알고 있는 개념과 연결하거나 비유를 통해 그 핵심을 잡아나간다. 예를 들어, 컴퓨터의 구조를 인간의 몸과 비교하면 컴퓨터의 복잡한 전자회로나 반도체를 모르더라도 전체 구조를 이해할 수 있는 식이다. 그 과정에서 디테일은 가리고 추상화하므로 인지적인 부담도 줄일 수 있다. 컴퓨터의 메모리와 디스크는 뇌의 단기 기억과 장기 기억과 같은 역할을 하는 것이라고 들으면, 처음 듣는 용어라도 그 기능을 이해할 수 있다. 키보드나 마우스와 같은 입력 기기는 우리의 눈·코·귀와 같은 감각기관과 연결 짓고, 프린터나 모니터 같은 출력 기기는 입이나 손으로 대응시킬 수 있다. 컴퓨터 하드웨어에 대해 따로 배운 적이 없어도 이런 비유를 통해 그 구조를 추상적으로 이해할 수 있게 되는 것이다. 이렇게 우리의 지식은 이미 알고 있는 지식과 연결하여 확장되는 과정에서 발전한다. '추상화'를 하는 뇌의 능력은 우리로 하여금 지식을 확장하는 데 과부하를 막고 상징적 추론을 할 수 있게 해주었다.

그러면 생소한 AI 기술을 이해하기 위해 어떤 지식과 연결해보면 좋을까? SF 만화나 영화를 좋아하는 사람은 '터미네이터 Terminator'나 '자비스'와 같은 로봇을 떠올려도 좋다. 이 정도 추상화 수준에서 연결해보는 것도 AI의 이해에 도움이 된다. 하지만 너무 표층적인 기능에만 초점을 맞추면 AI의 잠재력까지 예측하기는 쉽지 않다. AI의 잠재력을 이해하려면 먼저 '지능'이란 무엇인지 생각해보는 것이 좋다. 이러한 고민을 통해 인공적으로 생성된 지능과 자연적으로 갖춰진 지능 간의 관계를 살펴볼 수 있어 AI를 이해하는 데 큰 도움이 된다. 최고의 자연 지능을 가진 인간의 지적 세계를 이해하면 AI의 성장 방향과의 관련성을 엿볼 수도 있다. 뿐만 아니라, 인간 지능에 대한 탐구는 인간의 잠재력을 정리해볼 수 있어 AI 시대에 강조되어야 할 인간의 능력도 가늠해볼 수 있다.

앞서 인간의 언어처리 과정을 통해 생성형 AI의 문장 구성 능력을 설명한 것도 이러한 시도의 일환이다. 이렇게 인간 지능과의 연결을 통해 생성형 AI의 핵심을 이해하는 것이 중요한 출발점이다. 하지만 이 책에서 더욱 중요하게 여기는 것은 인간 지능의 다면성을 탐구하는 것이다. 이를 통해 AI와 인간 지능의 차이를 알아봄으로써 AI의 미래 발전 방향을 파악하고, 인간이 미래에 어떤 능력을 갖추고 있어야 할지 알 수 있다.

인간 지능의 발전과 진화 과정을 이해하면 챗GPT와 같은 인간 모사형 AI를 이해하고 그 한계를 파악하는 데 도움이 된다. 예컨대 인간 본성의 한 측면을 잘 표현하고 있는 '인간은 사회적인 동물이다'라는 유명한 명제도 진화 과정의 산물이다. 원시 인간은 다른 동물에 비해 연약했지만 협력 공동체를 형성하여 생존하고 번식함으로써 현재의 인류로 진화했다고 한다. 이러한 과정에서 인간의 뇌는 타인과의 소통을 위해 정교하게 발전했고, 스토리텔링 능력도 키워졌다. 인간은 무리들과의 협력을 위해 다른 사람들의 환경을 통제할 필요성이 생겼고, 통제와 협력을 위해 뇌는 이야기를 만들어내는 능력을 키워온 것이다. 이런 관점에서 보면 챗GPT는 아직 협력의 개념을 가지고 있지 않고 주변을 통제하려는 의식도 없지만, 인간 뇌를 모델로 하여 스토리 생성 능력은 갖추게 되었다고 할 수 있다.

그러면 현재까지 진화해온 인간 지능과 막 태어난 생성형 AI는 어떤 다른 면을 가지고 있을까? 인간은 타인과의 관계에서 협상과 거래가 필요했고, 이를 위해 타인의 행동을 예측하고 통제하기 시작했으며, 이 과정에서 호기심을 갖는 뇌로 발전했다. 호기심을 기반으로 외부 세계의 모형을 구축할 수 있도록 진화하면서 인간은 타인의 마음 모형까지 만들어 행동을 예측할 수 있게 되었다.[22] 반면에, GPT는 일반적인 언어모델이므로 아직 개별 사용자의 마음 모형을 만들어 특정 행동을 예측하지는 못한다. 다만 다양한 종류의 마음 모형이 어떤 것인지 알고는 있으므로 이에 준하여 대화의 맥락에 따라 적절한 답변과 예측을 생성할 수 있을 뿐이다. 근본적으로 AI는 호기심이나 알아야 할 욕구가 없고 주변을 통제해야 할 필요성이 없으므로 인간 지능과 근본적인 차이가 있다. 이 차이가 이 책의 6장에서 다루는 미래 세대가 갖춰야 할 아홉 가지 능력의 근간을 이룬다.

AI를 인간 지능과 비교하여 보는 것은 전쟁에서 '지피지기' 병법을 따르는 것과 같다. AI를 이해하는 것은 '지피'이고, 인간 지능을 이해하는 것은 '지기'인 것이다. 소크라테스의 어록에 나오는 '너 자신을 알라'처럼, 인간 본성을 살펴보는 철학을 이해하는 것도 중요하다. 하지만 이 책에서는 인지과학과 뇌신경과학을 통해 인간 지능과 인지능력을 살펴보며 AI의 현재와 미래를 이해하는 데에 초점을 맞춘다. 즉 '지피지기'를 지능의 범주 안에서 살펴보는 것이다. 자신의 언어처리와 지식정보처리 능력과 챗GPT를 비교하다 보면 어느새 AI에 대한 이해도가 높아지고 있음을 알 수 있다. 따라서 인간의 인지능력을 이해하는 깊이에 따라 AI 지식도 깊어진다. AI에 대해 '얼마나 알아야 할까?'라는 질문에 대한 답은 '자신의 언어처리와 지식정보처리 능력을 관찰해서 이해하는 수준만큼'이다. 그래야 AI가 어떤 존재인지 또 앞으로 어떻게 발전할지 알 수 있다. 나 자신의 지능에 대한 호기심과 챗GPT에 관한 지식은 결국 한 점으로 수렴할 것이다.

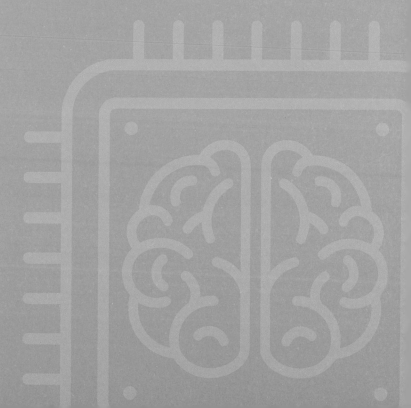

4

AI가 가져다줄 기회와 실존적 위험

문제를 직면한다고 해서 다 해결되는 것은 아니다.

그러나 직면하지 않고서 해결되는 문제는 없다.

- 제임스 볼드윈James Baldwin (미국 소설가)

인간 지능과 AI 시너지

'인간-컴퓨터 상호작용(HCI)Human-Computer Interaction'은 컴퓨터과학의 한 분야로 인간이 컴퓨터를 대하는 행위와 컴퓨터가 인간의 입력에 반응하는 프로세스에 초점이 맞춰져 있다. 인간과 컴퓨터에 동일한 무게를 두는 것 같지만 인간이 수행할 과업을 도와주는 데 연구의 목적을 두고 있다. 이런 인간과 컴퓨터의 '주종 관계'에서 인간이 컴퓨터를 돕는다는 개념은 매우 낯설다. 반면, 인간과 AI가 '협업 관계'를 갖는다면 두 주체가 동일한 지위를 가지고 공동의 목적을 위해 일을 한다는 뜻이 된다. 각각 독립된 주체로 스스로 존재의 목적을 가지고 포괄적인 협력을 한다는 것이다. 엄밀하게 해석하면 AI가 하나의 도구로 존재하는 것이 아니라 스스로 존재의 이유를 가지고 인간과 공존하는 것을 의미한다. 예를 들어, 이동하려는 인간과 이를 도와주는 자율주행차는 '상호작용'을 하지만 챗GPT와 같은 AI와 인간은 '협업'을 지향

한다고 볼 수 있다.

　AI는 아직 도구의 형태로 존재하는 경우가 많지만, 점차 독립적인 주체로 변하거나 독립된 주체의 일부로 들어간 형태로 존재하게 될 것이다. 독립적인 지위가 주어질수록 인간과의 시너지를 내는 수준도 높아질 것이므로 인간은 AI에게 점점 더 폭넓은 자율성을 부여할 것이다. 따라서 자율성을 가진 AI와의 협업은 점차적으로 선택이 아닌 필수 사항이 될 수밖에 없다. AI의 안전성만 보장된다면, AI는 SF영화에서 볼 수 있듯이 '사회 구성원'으로서의 지위를 얻어갈 것이다. AI와 협업의 시너지가 점점 커지고 있는 주요 직업군 몇 개의 동향을 살펴보면서 시너지의 방향이 어디로 가고 있는지 가늠해보자.

교사와의 협업

생성형 AI는 글쓰기와 대화 능력에서 인간 수준에 버금가는 능력을 가지고 있으므로 교육 목적으로 활용될 여지가 매우 크다. 학생은 챗GPT와 대화를 해나가면서 자연스럽게 작문 실력을 키울 수도 있고, 문답을 통해 글쓰기 관련 이론을 체계적으로 배울 수노 있다. 아래는 학생-챗GPT-교사 간 협업의 예를 보여준다.

> **학생** 아래 글을 읽고 문제가 있으면 알려줘. 그리고 문제가 있다면 어느 문장의 어디에 있는지 정확히 지적해줘.
> '첫 번째 버전을 본 후 상세한 수정 요구를 해주고 나서 괜찮은

수준의 보고서를 받아낼 수 있었다. 글의 논리 구조가 탄탄하고 문장을 만들어내는 실력이 수준급이다 보니 논문이나 책을 만들어내는 사례도 종종 있다. 내년에는 우수상을 받았다.'

 위의 글에서 나타나는 주요 문제는 다음과 같습니다:

문맥의 불일치: 문장들 간의 논리적 연결이 부족하며, 이로 인해 글 전체가 일관성이 없어 보입니다. 예를 들어, '첫 번째 버전을 본 후'와 '내년에는 우수상을 받았다'라는 문장은 어떤 내용과 연관이 있는지 명확하지 않습니다.

구체적인 예시 부족: '괜찮은 수준의 보고서를 받아낼 수 있었다'와 '논문이나 책을 만들어내는 사례도 종종 있다'와 같은 문장에서는 구체적인 사례나 상황에 대한 설명이 없어 독자가 내용을 이해하기 어렵습니다.

따라서 이 문장들에서 주요 문제점은 문맥의 불일치와 구체적인 예시 부족입니다. 이러한 문제를 해결하려면 문장들을 더 논리적으로 연결하고, 구체적인 사례나 상황을 추가하여 글의 명확성을 향상시켜야 합니다.

교사 '내년에는 우수상을 받았다'는 시제가 일치하지 않는데, 그건 왜 지적을 안 했지?

 제공된 문장 '내년에는 우수상을 받았다'에서 시제가 일치하지 않는 문제가 있습니다. 시제 일치 오류는 문장의 명확성과 일관성을 해치므로 중요한 언어 문제 중 하나입니다. 죄송합니다, 이 오류를 놓치고 이전 답변에서 지적하지 않았습니다.

올바른 시제를 사용하여 문장을 수정하면 다음과 같이 될 수 있습니다: '내년에는 우수상을 받을 예정입니다.' 이렇게 하면 문장의 일관성이 유지되며, 미래 시제와 일치하게 됩니다.

위 예제는 인간(학생과 교사)과 챗GPT가 대화를 통해 맞춤형 글쓰기 학습을 할 수 있음을 보여준다. 학생이 글을 작성한 후 챗GPT에게 검토를 의뢰하는 과정을 반복한다면 스스로 글쓰기 연습을 하는 '행동 기반 학습learning-by-doing'이 된다. 학생과 챗GPT의 상호작용 과정에 교사가 참여하여 지도하면서 그 시너지를 극대화할 수 있다. 교사와의 협업이 중요한 이유는 AI를 100% 신뢰할 수 없다는 면도 있고, 교육 전문가가 아닌 AI에게 학생 지도를 맡겨놓을 수 없다는 교육철학적인 면도 크다. 이는 AI와의 협업에 윤리적인 이슈가 따라다닌다는 것을 일깨워준다.

위 예제와 같이 학생과 교사가 직접 대화에 참여할 수 있는 환경이 되지 못한다면, 학생과 챗GPT와의 대화를 수집하여 수업에 사용할 수도 있다. 학생들의 질문 패턴이나 챗GPT의 응답 패턴을 분석한 후 학생들이 자주 범하는 오류의 종류를 정리할 수 있다. 대화 과정을 학생과 같이 분석하면서 교사가 챗GPT에게 추가 질문을 던져 반응을 같이 관찰하면 더 적극적으로 활용할 수 있는 길을 보여줄 수도 있다.

조금 더 창의적인 방법을 써볼 수도 있다. 챗GPT와 바드 등

서로 다른 생성형 AI가 대화할 수 있도록 하여 이들 간의 상호작용을 관찰하는 것이다. 찬반의 논란이 있을 수 있는 이슈를 중심으로 두 AI 에이전트agent21에게 찬성과 반대의 역할을 준 후 서로 대화를 하는 환경을 만들어 토론을 모사(시뮬레이션)하는 식이다. 이런 토론 과정을 학생과 교사가 같이 관찰하고 분석하면 토론 방식, 효과, 전략 등을 학습할 수도 있다. 실제 사람들의 토론 과정을 학습 자료화하여 경험하게 하는 것에 비해 거의 비용이 들지 않는 방법이다. 물론 두 AI 에이전트 간의 '실시간 토론' 과정에 교사나 학생이 직접 관여하여 대화 내용을 인위적으로 바꿔가며 그 효과를 분석할 수도 있다. 교사의 창의성과 적극성으로 다양한 형태의 협업이 가능하다.

연 구 혁 신 을 주 도 하 는 A I

고난도의 문제를 두고 몇 십 년씩 씨름해오던 연구자들이 AI 전문가들과 함께 그 문제를 해결하는 AI를 만들어 부딪혔던 한계를 극복하는 길이 열리고 있다. 연구 과정에서 연구자와 AI 간의 협업은 그 도메인에서 쌓은 경험과 전문 지식을 어떻게 활용할 것인가를 고민하는 것부터 시작된다. AI의 도움을 받기 위해서는 연구 문제에 맞는 학습 및 추론 알고리즘이 만들어져야 하고,

---

21 '에이전트'는 사용자를 대신해 사용자가 해야 할 작업을 자동으로 수행하는 소프트웨어를 칭하는 용어다. AI 에이전트는 주어진 상황에서 지능을 가지고 독립적으로 작업을 수행하는 소프트웨어를 칭한다.

문제의 성격에 적합한 데이터를 만들어 기계학습을 시켜야 하기 때문이다. 몇 가지 사례를 살펴보자.

2022년 〈네이처〉라는 세계적으로 명성이 높은 저널에 매우 특이한 연구 결과가 실렸다. 고대사 전공 학자와 AI 연구자들이 협업하여 고대사의 발전에 필요한 AI를 만들어 활용한 사례다.[23)] 이타카Ithaca라는 AI를 만들어 금석학Epigraphy 분야의 발전에 혁혁한 공을 세운 것이다. 수천 년 전에 만들어져 파손되거나 훼손된 비석으로부터 글자들을 복원하기 위해 AI를 투입하여 내용뿐만 아니라 연대까지 추정하는 데 괄목할만한 성과가 있었음을 보여주었다. 이 연구의 핵심은 AI가 인간 역사학자보다 월등히 좋은 성과를 냈다는 것도 중요하지만, 두 '전문가'가 협업했을 때 큰 시너지를 만들어냈다는 점이다. 역사학자의 능력만으로 25%의 복원력을 보였고, AI만으로 62%를 달성하여 획기적인 성과를 거두었으나, 둘이 협력한 경우 72%를 달성한 것이다. 이는 인간 전문가와 AI가 서로 다른 방법으로 과업을 수행하기 때문에 생기는 시너지의 결과다.

순수 과학 연구에서 AI를 사용한 대표적인 성과로 잘 알려진 것으로 '알파폴드'가 있다. 구글 딥마인드사가 실용적인 문제를 해결하려는 의도로 개발하여 생물 및 의학계에 큰 반향을 일으켰다. '알파폴드'는 단백질의 복잡한 3차원 접힘fold 구조를 알아내는 AI로서, 예측 정확도를 높이고 예측에 걸리는 시간을 줄이는 데 획기적인 발전을 가지고 왔다. 딥러닝 방법을 사용한 알고리즘으로 판단하는 '알파폴드'는 과학자들이 몇 달에서 몇 년에 걸친 실험을 통해 답을 찾아내는 어려운 문제를 단 2~3시간 걸려 해결해냈는데 그 정확도는 실험을 통해 얻을 수 있는 값에 거의 근접한다. [24)

생성형 AI가 연구에 활용되는 사례가 속속 나오고 있다. 챗 GPT의 뿌리인 언어모델을 활용하여 고난도의 수학 문제를 푸는 '미네르바Minerva'는 구글에서 자사의 팜PaLM이라는 언어모델을 사용하여 양적 추론을 수행할 수 있도록 만든 AI이다. [25) 자연어처리가 아닌 수학 영역에서도 언어모델 기반 AI와의 협업이 가능함을 보여준다. 초기 상징추론 AI에서 적분과 같은 문제를 기호적 방법으로 풀어보려고 했던 '맥시마Maxima'[26)와 달리 미네르바는 언어모델에 118GB의 수학 논문을 추가로 학습시켜 대학원 수준의 다양한 수학 문제를 풀어낼 수 있다.

챗GPT만을 사용해서 연구 프로세스의 효율을 높여주고 있는 사례도 생기고 있다. 자연과학 연구에서는 실험을 거쳐 데이터를 생성함으로써 가설을 검증하거나 새로운 가설을 만들어가는 것이 핵심이지만, 연구자들은 연구계획서 작성, 데이터 분석, 논문 작성, 행정 처리 등의 과정에 많은 시간과 노력을 쓴다. 따라서 챗GPT의 언어처리 능력을 통해 이런 과정을 자동화시키면 연구자들은 자신들만이 가지고 있는 능력을 보다 본질적인 연구에 쏟을 수 있게 되는 것이다. 아직은 AI가 비교적 기계적인 활동에 도구로 사용되고 있는 수준이지만, 머지않아 가설 생성 및 증명 방법 도출 등과 같이 지적인 분야에 AI와 연구자가 협업하는 형태로 발전될 것으로 보인다.

창작도 함께하는 시대

사람들은 AI의 능력이 아무리 놀라운 수준이어도 창작 분야는 인간이 지켜낼 마지막 보루로 남아 있을 것으로 생각해왔다. 하지만 생성형 AI가 나오면서 예술이나 문학과 같이 인간의 창의성을 요구하는 분야도 이제는 인간만의 고유 영역이 아니라는 인식이 퍼지고 있다. 자부심이 강한 예술가나 작가들이 AI와의 진정한 협업을 원할 것인지는 불투명하지만, 예술적 순수성보다 생산성 향상이 필요한 영역에서는 조금씩 AI를 수용하는 방향으로 가고 있다. 또한 AI는 '창발' 능력을 통해 대중의 이목을 끄는 목적으로 활용되고 있으며, 기존의 예술적 사조를 벗어나 디지털 기술과의 융합을 통해 새로운 패러다임을 개척하는 예술가들에 의해 쓰이고 있다. [27]

2023년 7월 한 국내 통신사가 유튜브 채널에 공개한 광고 영상은 큰 반향을 일으켰다. [28] 그 이유는 한 배우를 중심으로 직접 촬영을 통해 만들어야 할 광고를 AI가 만들었기 때문이다. 광고 시나리오는 챗GPT에게 맡겼고, 배우가 들어가야 할 영상은 이미지 생성 AI인 스테이블디퓨전Stable Diffusion이 만들었으며, 배우의 목소리는 자체 음성 생성 AI 기술이 만드는 식이었다. 보통 한 달 정도 걸리는 시나리오 작업을 사흘 만에 끝내는 등 전체 작업 기간을 3분의 1로 줄여 광고 제작비용을 4분 1로 줄인 사례다. 시간과 비용 절감보다 더 큰 성공은 AI로 만든 광고 동영상이라는 이유로 인기를 끌어 그 자체로 광고효과를 톡톡히 봤다는 것이다.

음악을 작곡하거나 편곡하고 악보에 따라 피아노와 같은 악기를 연주하는 AI도 개발되었다. 예를 들어, 베토벤의 '피아노 소나타'를 편곡하여 쇼팽의 스타일로 연주를 들어볼 수도 있고, 주어진 주제로 임의의 피아노곡을 만들어 원하는 무드로 연주하라고 시킬 수도 있다. 이런 기술은 음악가와 AI 기술자가 공동으로 개발하여 아마추어 음악가가 사용할 수 있게 함으로써 보다 쉽게 새로운 음악을 만들고 연주할 수 있게 해준다.

2023년 9월에는 AI 편곡 기술을 미래 환경 데이터와 접목시켜 비발디의 〈사계四季〉 협주곡을 변형한 시도가 있었다. 원곡이 가지고 있는 계절별 소네트sonnet(짧은 정형시)와 온실효과에 따른 2050년 기후 예측 데이터를 접목하여 텍스트를 만든 후 이를 AI(GPT-4)가 이용하여 편곡한 것이다. 기후 변화 예측 데이터를 만든 과학자와 AI가 협업하여 편곡한 이 음악에 대한 평은 다음과 같았다.

"전반적으로 어둡고 불규칙하며 혼란스러운 분위기의 곡으로 완성됐다. 생물 다양성이 감소해 '봄'의 새소리로 표현된 부분이 대폭 줄어들었다. 기후변화로 길어진 '여름'은 원곡보다 길이를 늘여 훨씬 느린 호흡으로 진행된다. 동시에 극심해진 이상기후로 변덕스러운 날씨를 강조하기 위해 몰아치는 폭풍우를 그려낸 악장을 훨씬 강렬하게 표현했다.[29]"

이 시도는 과학과 예술 간 융합이라는 의미를 넘어, 자연환경 파괴 문제를 효과적으로 알리겠다는 목적하에 인간과 AI 간의 협업을 한 사례로 주목받았다.

챗GPT와 같은 생성형 AI의 가치가 가장 자연스럽게 드러나는 분야 중 하나는 단연 자연어처리가 필요한 분야로 제안서, 보고서, 기사 등 다양한 글쓰기 작업에 활발히 사용되고 있다. 글쓰는 목적이나 주제만 주면 플롯을 잡아주기도 하고, 사람이 쓴 문장들을 좀 더 논리적으로 연결시키거나 특정한 스타일로 바꿔주기도 한다. 주어진 주제를 발전시킬 수도 있을 뿐만 아니라 논리 구조를 더 강화하고 원래 의도를 유지한 채 문장을 새롭게 표현하기도 한다.

챗GPT와 같은 생성형 AI는 주제와 플롯이 주어지면 통일성 있는 글을 생성해주는 능력을 가지고 있으므로 소설과 같은 창작 분야에서도 존재감을 드러내고 있다. 순차적으로 다음 단어를 생성해가는 것이 기본 모델이지만 주제, 논리 구조, 표현력, 장르 등을 모두 반영하여 단어 선택 확률을 계산하기 때문에 책과 같이 긴 글도 스스로 완성할 수 있다. 실제로 챗GPT와 미드저니를 활용하여 아이들 이야기책을 만들어 전자책 형태로 아마존 서점에 출간한 사례도 있다. 전문가 수준의 글도 어렵지 않게 작성할 수 있어, 논문이나 책을 공동으로 창작하는 사례가 나타나기도 했다. [30]

챗GPT가 나오기 전인 2021년에 국내에서 이미 '비람풍'이라는 소설 집필 AI가 만들어져서 《지금부터의 세계》라는 560쪽짜리 장편소설이 출간되었던 적이 있다. [31] 그 당시에는 소설가와 AI의 협업이라기보다 작가의 요청에 따라 AI가 특정 부분에 대해 글쓰기를 대신 해내는 도구로 사용되었다. 작가가 플롯을 제공해야 하고 인물과 사건 등 소설 구성에 필요한 요소를 설정해야 할 뿐만 아니라 도입이나 결말 문장을 입력하는 과정도 필요했다. 이 책의 작가는 스스로를 '소설 감독'이라고 표현했지만 실제 글 쓰는 과정은 야구에서 감독과 선수들이 협업하는 수준이라기보다 AI가 대타자 같은 역할을 했다고 봐야 한다.

하지만 이후 불과 2년도 안 되어 챗GPT가 나오면서 작가와 AI의 관계는 본격적인 협업의 관계로 발전하고 있다. 작가가 간단히 기획만 해주고 개입하지 않은 상태에서 AI가 소설과 같은 책을 써주기 때문이다. 미국에서는 챗GPT가 나온 지 불과 3개월도 안 된 시점에 이미 챗GPT가 저자이거나 공동 저자인 책이 아마존 킨들을 통해 200여 권 출간되었다고 한다.[32] 한국에서도 그 당시에 챗GPT가 저자인《삶의 목적을 찾는 45가지 방법》이라는 책이 최초로 출간되었다. 이 책은 집필, 번역, 교정, 교열의 모든 작업을 AI가 직접 담당한 실험적 사례이었는데, 각 장을 유기적으로 연결시키지 못하거나 인용문도 편집자의 요구가 있어야만 해내는 등 저술가로서 부족함을 보였다는 평을 받았다.[33]

이러한 사례들은 AI가 저작 과정을 모두 맡는 것은 아직 어렵다는 것을 보여준다. AI는 실세계에서 경험을 할 수 없으므로 창작력에는 한계가 있을 수밖에 없기 때문이다. 따라서 개인적인 경험에 기반하여 창의적 아이디어를 도출할 수 있는 인간과 글쓰기 기량을 가지고 있는 AI와의 협업을 통한 시너지 창출이 바람직하다. 이런 면에서 카이스트의 김대식 교수와 챗GPT가 공동 저자로 저술한 책《챗GPT에게 묻는 인류의 미래》는 AI와

인간이 협업한 좋은 사례다.[34)]

생성형 AI를 저술에 활용하는 것과 편집 소프트웨어를 사용해서 집필하는 것의 가장 큰 차이는 무엇일까? 둘 다 생산성 향상 도구로 사용되는 것은 같지만, 생성형 AI는 전체 플롯부터 시작해서 개별 단어 선택 및 문장 표현까지 작가가 집필 과정에서 거쳐야 할 다양한 의사결정을 스스로 한다는 점이 다르다. 편집 도구의 경우 오류 수정이나 편집 등을 손쉽게 해줄 뿐 집필은 기본적으로 작가가 한다. AI는 작가의 의도나 글 쓰는 스타일을 잘 반영하여야 하고, 작가는 AI의 결정과 결과물을 어떻게 받아들일 것인가 판단하면서 다음 단계를 결정해야 하므로 진정한 협업의 관계가 성립되고 있다.

의료 분야 협업

AI와 의사 간 협업에 관한 관심은 40년 전 상징추론 AI인 규칙 기반 '전문가 시스템'을 만들 때부터 꾸준히 지속되었다. 진단의 정확성을 높일 수 있다는 것과 AI의 사전 진단으로 의사가 진료 시간을 줄여 전문적인 일에 집중할 수 있다는 것이 가장 큰 혜택으로 주목을 받았다. 또한 제반 의료 과정을 자동화하여 의료 수가를 낮출 수 있어 의료 기관의 문턱을 낮출 수 있다는 것도 AI 사용의 장점이라고 인정되었다. 최근에는 딥러닝 기반 이미지처리 기술의 획기적인 발전과 의료 지식을 습득한 언어모델 및 챗 GPT와 같은 대화형 AI 등의 출현으로 인해 더욱 광범위한 분야에서 의사와의 협업 가능성이 높아지고 있다.

특히 이미지처리 AI 기술은 10여 년 전부터 실제 의료 문제를 해결하는 데 사용되기 시작했다. 이러한 기술은 의사가 턱없이 부족한 개발도상국에서 그 진가를 보였는데, 실명을 일으키는 당뇨망막병증을 조기 발견하는 데 필요한 영상 분석을 AI가 효율적으로 수행함으로써 의사가 해야 할 일을 획기적으로 줄인 사례가 있다.[35] 상당한 전문 지식을 요하는 고난이도의 진단 작업을 AI 활용으로 단순화함으로써 훨씬 많은 환자를 돌볼 수 있었다. 매우 높은 정확도와 일관성을 보이는 이 기술은 독립적인 AI의 수준은 아니었지만 해당 의료 체계 전체의 중요한 부분을 맡은 성공적인 사례다.

진보된 딥러닝 기반 영상 분석 기술은 여러 분야에서 이미 의사의 능력을 능가하고 있어 실용화 단계로 가고 있다. 유방암 진단에서 AI가 전문의사 6명의 팀을 능가했다는 보고가 2020년 〈네이처〉지에 실린 적이 있어 AI 기술의 진가를 보여주었다.[36] 〈란셋 디지털 헬스The Lancet Digital Health〉에서는 유방 조영술 검진에 방사선 전문의 한 명과 AI가 협업한 경우, 두 명의 방사선 전문의보다 더 많은 유방암 사례를 발견했다고 2023년에 발표했다.[37] 의사들 간의 협업보다 의사와 AI와의 협업이 더 효과적이라는 것이 특기할 점인데, 이런 시너지는 의사와 AI가 각각 다른 식으로 암의 존재 여부를 판단하기 때문인 것으로 알려졌다. 딥러닝의 대부라고 불리는 제프리 힌턴 교수는 '더 이상 방사선 전문의를 양성하지 말아야 한다'라고 주장하여[38] 의료 분야 최초로

AI가 의사를 대체할 수 있음을 암시했다.

구글사에서 개발한 생성형 AI인 메드팜Med-PaLM이 질의응답을 통한 진단에 있어 의사 진단에 버금가는 결과를 보였다는 사례가 2023년 〈네이처〉 논문에 발표되었다.[39] 메드팜은 거대언어모델 기반의 팜을 의료 지식으로 미세조정하고 지시 프롬프트instruction prompt를 사용하여 추가 훈련시킨 것으로 알려졌다. 많은 환자들이 자신의 건강 문제를 이해하고 치료 계획을 세우기 위해 생성형 AI를 사용하고 있는데, 이는 AI와 환자 간의 협업이 의료 분야에서는 이미 진행이 되고 있다는 것을 시사한다.

챗GPT만으로도 의사만큼 정확한 진단과 치료 계획을 세울 수 있음을 보인 사례도 발표되었다. 2023년 미국 에모리대학교 병원에서는 안과 분야에서 환자가 표현하는 증상만으로 진단하는 경우 챗GPT가 의사들과 유사한 수준의 성과를 냈다고 발표했다.[40] 챗GPT가 '환각' 문제를 가지고 있음에도 불구하고 최신 버전을 사용한 결과 틀리게 진단을 내린 케이스가 전혀 없었다는 점은 챗GPT와 같은 언어모델 AI를 의료에 사용하는 데 있어 청신호로 볼 수 있다. 실제로 AI와 의사 간의 협업도 시작되어 미국의 대형 병원 체인인 메이요클리닉Mayo Clinic에서는 대화형 의료시스템을 설치하여 실제 활용에 들어갔다고 알려졌다.[41] 많은 의사들이 AI를 협진 의사처럼 대할 날이 멀지 않은듯하다.

가장 변화가 클 법률 분야

제일 먼저 AI와 본격적인 협업을 해야 할 기업이 있다면 수십에서 수백 명의 변호사로 구성된 로펌law firm일 것이다. 그 이유는 변호사의 다양한 법률 업무를 보완해줄 수 있는 신입 변호사 수준의 기량을 가진 'AI 변호사'가 출현하고 있기 때문이다. 이런 AI는 방대한 양의 법률 자료를 신속하게 분석하여 필요한 판단을 해줄 수 있을 뿐만 아니라, 법률 문서를 단시간에 작성해줄 수도 있다. 대용량 판례 검색이나 증거 분석과 같은 작업은 기본이고 규정, 판례, 계약서, 합의서 등의 문서 검토 작업을 통해 위험 요소를 식별하고 소송 준비도 도와줄 수도 있다. 데이터 기반 예측 모델을 통해 판결 결과나 소송 가능성을 미리 타진할 수도 있으므로 의뢰인이나 변호사가 소송을 준비하면서 전략을 짜는 과정에서 유용한 협력이 이루어질 수 있다.

이 분야의 대표적 주자인 미국 렉시스넥시스LexisNexis사가 출시한 법률 전문 생성형 AI 플랫폼인 렉시스플러스Lexis+AI가 가장 잘 알려 있다. 이 플랫폼의 자랑거리 중 하나는 미국의 거의 모든 연방 및 주 법원 판결문과 법령 그리고 주석서는 물론 소장訴狀까지 포함한 방대한 법률 정보와 자료로 학습되었다는 것이다. 특히 일반 생성형 AI가 가지고 있는 '환각' 문제를 최소화하는 데 주력하여 판결과 인용의 오류가 거의 없다고 알려져 있다. 대화형 검색으로 시작하여 필요한 정보를 수집하고 통합한 후 초안 작성이나 핵심 요약까지 할 수 있어 법률 전문가들과 효율적으로 협업을 할 수 있다.

　방대한 양의 정보를 신속하게 처리할 수 있는 'AI 변호사'의 장점은 인간과 달리 항상 일관된 결과를 제공하고 인간의 주관이나 감정적인 요소가 개입되지 않는 객관적인 판단을 한다는 것이다. 하지만 실제 세계를 '이해'하는 것은 아니므로 복잡한 상황에 대한 판단력이 부족할 수 있다. 또한 학습데이터에 의존하므로 오류와 편견이 담긴 내용을 주거나 개인정보 침해를 할 수 있는 문제의 소지도 있다. 따라서 인간 변호사와 AI는 서로 보완적인 관계를 유지하면서 같이 진화할 것으로 보인다. 로펌에서는 인간 변호사와 AI 간의 시너지를 얻으면서 전체적인 비용 절감을 할 수 있다는 면에서 둘 간의 협업을 장려할 수밖에 없다.

감성이 필요한 영역까지도

AI는 인간의 감성이 필요한 영역으로도 그 역할을 확장하고 있다. 예를 들어, 워봇Woebot[22]이라고 알려진 챗봇 치료사는 사용자들의 우울증과 불안 증상을 현저히 줄인 것으로 알려져 있다. 하지만 한 설문 기반 연구에 의하면, 고객들은 이러한 챗봇들이 자신의 정신 건강을 스스로 돌보는 데 도움이 된다는 것에는 동의하는 데 반해, 전문가들은 챗봇이 아직 인간의 감정을 이해하는 데는 많이 부족하다는 것에 의견을 모으고 있다.[42] 그 당시에는

22　인지 행동 치료 기술을 활용하여 상담해주는 소프트웨어로 2017년에 첫 버전이 나왔다.

대화가 미리 프로그램화된 범위 내로 한정되었기 때문에 돌봄이 필요한 사람들이 활용해볼 수 있는 단순 도구 수준이었다.

근래에는 자유로운 대화를 통해 인간의 감정에 충실하게 반응하는 AI 챗봇들도 개발되어 서비스되고 있다. 정신과적 치료가 필요한 사람들뿐만 아니라 건강한 사람들까지 포함하여 서비스를 시작한 '레플리카Replika'[43]라는 앱은 사용자와 AI 간 장기적이고 개인화된 관계 형성을 목표로 한다. 딥러닝 기반의 생성형 AI를 사용하는 이 앱은 사용자와의 경험을 축적하고 공감 능력을 더욱 키워나가는 쪽으로 진화하고 있다. 이로 인해 사용자는 자신의 가상 애인과의 지속적인 대화를 하는 느낌을 갖는다고 한다. 영화 〈그녀〉가 현실화되고 있는 것이다. 친밀한 정서적 파트너로서의 역할에 초점이 맞춰진 이 챗봇은 챗GPT가 나오기 전인 2020년 당시 조사에서 월간 사용자 50만 명 중 40%가 챗봇을 낭만적 파트너로 생각한다고 알려졌다.[44]

챗GPT의 출현은 감정에 보다 충실한 챗봇 치료사의 개발을 가능하게 할 것으로 보인다. 최근 연구에 의하면 환자들은 전반적으로 의사들보다 챗GPT의 대화 방식을 선호하는 것으로 알려졌다.[45] 소셜 미디어 포럼에 올라온 환자들의 질문에 대한 응답을 비교한 이 연구에서는 질적인 면이나 공감 수준에 있어 챗봇의 답변이 의사들보다 더 낫다고 판단했다. 더 나아가 환자의 질문에 대한 AI의 답변을 의사가 활용함으로써 더 나은 서비스를 할 수 있을 것이라고 예측하고 있다. 의사와 AI의 본격적인 협업이 시작될 것임을 예고하고 있는 것이다.

위에서 본 사례들은 인간과 AI의 협력을 통해 감성 치료 전문가의 능력을 확장하고 시너지를 창출할 수 있음을 보여준다. 또한 AI가 일반인들의 파트너로서 건강이나 외로움과 같은 문제를 해결해줄 수 있다는 면도 보여주고 있다. 과거의 기술이 수동적인 도구로서 역할을 했다면, 이제 챗GPT와 같은 생성형 AI는 인간의 협력자로서 자리매김을 하고 있는 것이다. 기술낙관론자들은 이러한 협업이 인류가 현재 가지고 있는 많은 문제를 해결하는 데 도움을 줄 것이라고 진단한다. 하지만 AGI가 인간 친화적인 형태로 더욱 발전하여 인간과의 구분이 점점 희미해진다면 어떤 일이 벌어질 것인가에 대한 생각도 필요한 시점이다.

인간 존재에 대한 위협

AI가 발전해온 과정과 우리에게 오고 있는 협업의 기회를 살펴보면 챗GPT 출현 후 1년 반 정도의 짧은 기간에 있었던 AI 물결이 한때의 기술적 유행이 아니라는 것을 인정할 수 있을 것이다. 그런데 아이러니컬하게도 생성형 AI 기술을 가장 잘 알고 주인 의식을 가지고 있는 사람들이 내는 경고의 목소리가 커지고 있다. 챗GPT를 개발하여 세상을 놀라게 한 오픈AI사 대표 샘 올트먼과, 딥러닝 기술의 대부라고 불리는 토론토대학교 제프리 힌턴 교수 등이 앞장서서 AI의 위험성에 대한 경고와 우려를 표명하고 있는 것이다. 기회와 위기의 균형을 맞추기 위해서 우리는 이런 생각들을 귀담아 들어봐야 한다. 생성형 AI가 인류에 어떤 위험을 불러올 수 있는지, 그 심각성이 어느 정도인지, 또 우리는 이에 대해 어떻게 대응해야 하는지 등에 대해 살펴봐야 한다.

실존적 위험

이 소제목은 구글의 전 대표 에릭 슈미트가 2023년 5월 24일에 월스트리트저널이 주최한 CEO협의회 정상회의[46]에서 던진 경고에서 그대로 따온 것이다. 원래 AI 예찬론자이었던 그가 AI에 의해 '많은 사람들이 해를 입거나 살해당할 수 있다'는 점을 강조하고 나섰다는 것이 우리의 시선을 끈다. 특히 그 시점이 챗GPT 열풍이 이미 불기 시작한 이후라는 점에 주목해야 한다.

2014년과 2017년에 세계적인 이론물리학자인 스티븐 호킹 Stephen Hawking이 'AI가 인류의 종말을 가져올 수 있다'[47] 그리고 'AI가 인류에게 최악이 될 수 있다'[48]고 했듯이 과거에도 AI의 위험성에 대한 경고는 있었다. 하지만 최근의 경고들은 대부분 최신 AI 기술을 잘 알고 있는 전문가들로부터 나왔다는 것에 심각성이 있다. 과거에 AI 커뮤니티 외부에서 걱정과 우려를 표명하면 AI 전문가들이 기술 개발의 당위성을 강조하며 반응하던 것과 큰 대조를 이룬다.

AI 분야의 선구자로 널리 알려진 미국 캘리포니아대학교 버클리 캠퍼스 스튜어트 러셀 교수는 챗GPT가 나오기 전인 2019년에 사신의 저서 《어떻게 인간과 공존하는 인공지능을 만들것인가 Human Compatible》을 통해 AI가 어떻게 인간에게 위협이 될 수 있는지를 다각도로 설명한다. 그 주장의 핵심은 이렇다. AI가 설계될 때는 반드시 어떤 목표를 가지도록 되어 있지만, 이 목표를 달성하는 과정이 어떻게 될지에 관해서는 통제하기 어려울 수도 있다는 것이다. 예를 들어, 자율주행자동차의 가장 중요한 목표 objective function는 보통 한 지점에서 다른 지점으로 이동하는 것인데 여기에 덧붙여 승객과 보행자들의 안전과 같은 목표도 같이 설계 되지 않으면 위험이 따른다는 것이다. 인간은 경험과 교육을 통해 법, 공정, 윤리, 안전, 자유 등의 개념을 이해하지만 특정 목적을 위해 설계된 AI가 이런 가치를 모두 공유하기는 어렵기 때문이다. 그는 2023년 5월 13일에 영국 더타임즈The Times와의 인터뷰[49]에서 '슈퍼 지능'을 가진 기계는 통제가 안 될 수 있다는 경고와 함께 인간과의 경쟁자를 만드는 연구는 중단해야 한다고 주장했다.

　　딥러닝 AI의 대부 중 한 사람으로 꼽히는 캐나다 몬트리올 대학교 요슈아 벤지오Yoshua Bengio 교수도 2023년 5월 31일 영국 의 BBC방송과의 인터뷰를 통해 'AI가 이렇게 빨리 진화할 줄 알 았으면 유용성보다 안정성에 더 높은 우선순위를 두고 AI 연구 를 했을 것'이라고 하면서 자신이 '마치 핵폭탄을 발명한 기분이 든다'고 토로했다.[50] 그의 가장 큰 염려는 이런 강력한 AI 기술이 테러리스트나 정신병자같이 악을 행할 수 있는 사람들의 손에 들 어가는 것이고, 또한 AI가 인간보다 더 똑똑해지는 경우 그런 시 스템을 정지시킬 수가 없게 된다는 것이라고 했다. 이러한 우려 는 AI가 소형화되고 기술이 보편화되어 기술에 대한 접근이 쉬 워지면서 더욱 심각해질 수 있다.

　　AI의 위험성에 대한 다양한 목소리가 반영되어 미국의 '인공 지능안전연구소Center for AI Safety'에서 2023년 5월 30일에 아래의 선언문[51]을 채택했다.

'AI가 가져올 인류 멸망의 위험을 완화하는 것은 팬데믹이나 핵전쟁과 유사한 수준의 국제적 우선순위를 가져야 한다.'

이 선언은 AI를 팬데믹이나 핵전쟁만큼 위험한 존재로 간주하고, 그 위험에 대처하기 위해 국제적인 협력이 필요함을 강조하고 있다. 여기에 서명한 사람의 명단에는 위에 언급한 제프리 힌턴 교수, 샘 올트먼 대표, 요슈아 벤지오 교수, 스튜어트 러셀 교수가 모두 포함되어 있고, 구글 딥마인드사의 하사비스 대표, 맥스 테그마크 교수, MS 창업자 빌 게이츠 등 세계적인 석학 연구자들과 저명한 기술 전문가들이 대거 포함되어 있다. 역사 이래 어떤 기술에 대해서도 이 정도 규모로 해당 기술의 전문가와 유명 인사들이 관심을 가지고 그 위험성에 대해 주의를 환기시킨 적은 없을 것이다. 이 선언문은 챗GPT가 우리 사회의 현재와 미래에 끼치는 영향력이 메가톤급이라는 것을 보여준다.

현재 언급되는 AI의 '실존적 위험'은 SF영화에서와 같이 슈퍼지능이 스스로의 의지로 인류를 멸망시키는 시나리오를 상정하는 것은 아니다. 오히려 향후 5년 내에 개발될 AI라도 잘못 사용되면 연쇄 작용에 의해 인류가 스스로 파멸의 길로 갈 수 있다는 점을 더 중요시한다. 트럭이나 항공기와 같이 지능이 없는 기술도 9·11테러와 같은 각종 분쟁에 사용되어 국가 간, 인종 간 갈등을 증폭시키는 것을 상기하면 인간만큼의 지능을 가진 AI는 훨씬 교묘하고 방어하기 어려운 형태로 악용될 수 있을 것이다. 터미네이터 같은 설정이 아니더라도 AI에 의해 생성되는 편견이나 분간하기 어려운 가짜 정보의 전파, AI를 이용한 사이버 공격이나 무기화 등의 파괴적인 힘을 간과하면 안 된다.

의도와 결과는 별개

AI로 인한 위기는 알면서도 어쩔 수 없는 형국으로 우리에게 다가오고 있다. 위험이 있어도 개발을 멈추지 못하는 이유가 있기 때문이다. 환원주의적인 생각으로 비판을 받을지 모르겠지만, 나는 '인간의 생존 본능은 세상을 이해하기 위한 호기심과 통제하기 위한 욕망을 낳았고, 호기심과 지적·물질적 욕망이 여러 형태로 발현하여 인간의 역사를 이루었다'고 생각한다. 따라서 현재진행형이고 앞으로도 계속될 인간의 본성인 호기심과 욕망이 사라지지 않는 한 기술 개발은 멈추지 않을 것이다. 디지털 문명의 핵심 요소인 AI 기술이라고 예외일 수 없다. 이러한 시각은 AI 기술 개발 과정을 이해하는 사람이라면 대부분 동의할 것이다.

AI가 악의적으로 사용되어 인류의 재앙으로 인식될 정도의 심각한 사건은 아직 없었지만, 다양한 위험 요소가 여기저기 숨어 있다. 사회 안전망을 위해, 조직의 효율성 증대를 위해, 기술의 한계를 극복하기 위해 선한 목적을 가지고 기술 개발은 계속되고 있지만 기술옹호론자들의 의도와 다르게 우리 사회를 위험에 빠뜨릴 수 있는 잠재력이 서서히 나타나고 있다.

가장 대표적인 예로, 챗GPT가 나오기 전에 가장 폭 넓게 사용되고 있던 AI 기술 중 하나인 컴퓨터 비전 인식 기술을 들 수 있다. 범죄 및 범법 감시용 카메라 등에 사용되는 이 기술이 중국에서는 5억 대의 CCTV에 탑재되어 국민 개개인의 사적 활동 및 사회적 관계까지 파악할 수 있는 '초고도 감시 사회'가 구축되었다고 한다.[52] 인권이 강조되는 유럽 국가에서도 컴퓨터 비전과 빅데이터 분석 기술을 활용한 지능형 CCTV를 공익 목적으로 설치해오고 있다. 영국에서는 이를 통해 교통법규 위반이 의심되는 행위를 자동적으로 포착한다. 하지만 차량 내부의 움직임을 감지하여 운전자의 안전벨트 미착용, 운전 중 휴대폰 사용 여부 등을 파악하므로 사생활 침해로 이어질 수 있다. 프랑스에서도 2024년 하계올림픽 개최를 앞두고 테러 방지용으로 공원 등의 공공장소에 지능형 CCTV를 설치하여 개인의 행동을 감시하고 있다. 안전을 책임져야 할 정부 입장과 달리 시민들은 사생활 침해 가능성에 반발하고 있다.[53] 국내에서도 SK텔레콤이 미아 찾기, 범죄 용의자 추적 등 공익 목적으로 성별과 연령대를 구분하고 모발과 소매의 길이 등까지 식별할 수 있는 CCTV를 개발한 사례가 있는데, 마찬가지로 개인의 동선 추적으로 사생활 침해 우려가 있다.

정부 차원에서 챗GPT의 사용 사례가 늘어나고 있어 미국의 경우 주정부별로 가이드라인을 만드느라 분주한 모습이다.[54] 정부 차원에서 생성형 AI가 가장 필요한 부분은 행정을 위한 통상적 문서 작업이다. 방대하고 복잡하게 구성된 정부 문서들로부터 대중에게 필요한 정보를 찾아 공유하는 데 들어가는 노력과 비용이 만만치 않기 때문이다. 정부 문서를 해석하거나 요약하는 데 있어 법적인 문제를 야기하지 않아야 하고, 정부가 대중과 소통하는 데 있어 투명성을 중요시하면서 공적 책임도 져야 하는 까다로움도 염두에 두어야 한다.

챗GPT를 사용하면 많은 문서 작업을 쉽게 해낼 수 있고, 시민의 정보 요청에도 직접 답하게 할 수도 있으며, 어려운 법률 문서를 알기 쉽게 변경하는 작업도 가능하다. 하지만 정부의 책임성으로 인해 다양한 이슈가 발생한다. 예컨대, 챗GPT를 사용할 때 입력 프롬프트에 사용되는 정보가 오픈AI사로 들어가기 때문에 그 정보는 다른 사람에게 노출될 수도 있다. 따라서 보건복지나 법무 분야와 같이 개인적인 정보를 다루는 기관에서는 각별히 조심해야 한다. 특히 대민 업무에서 챗GPT를 사용할 때 생성하는 텍스트에 예민하거나 거짓 정보가 포함된다면 그 여파는 매우 클 수 있다. 부적절한 표현으로 대중의 분노를 일으킬 수도 있다. 이렇게 정부기관에서 챗GPT를 이용하는 데는 훨씬 큰 책임이 따르기 때문에 서비스 향상과 국고 낭비를 줄이겠다는 좋은 의도가 자칫 큰 해악으로 돌아올 수도 있다.

최근에는 챗GPT가 사용자의 프롬프트에 따라 스토리를 잘 만들어준다는 것을 이용하여 가짜 기사를 만들어 퍼트린 사례가 있었다.[55] 미국 조지워싱턴대학교 조너선 털리Jonathan Turley 교수는 자신이 알래스카 현장학습에서 여학생을 성희롱했다는 내용의 〈워싱턴포스트〉 가짜 기사가 인터넷에 돌아다닌 끔찍한 상황을 토로했다. 미국 전 대통령 도널드 트럼프가 체포되는 가짜 이미지나 미국 국방성 펜타곤이 불에 타고 있는 가짜 사진이 유포되어 정치권이나 주식시장에 충격을 준 경우는 잘 알려진 사례다. 흥밋거리나 재미로 가짜 콘텐츠를 만들어 가까운 지인들에게만 공유한다고 했더라도 의도와 다르게 그 여파는 매우 클 수 있다.

생성형 AI 생태계의 특성으로 인해 의도치 않은 결과가 나타날 조짐도 보이고 있다. AI는 통상 훈련데이터의 양에 비례해서 '지능'의 수준이 올라가기 때문에, 훈련데이터를 얼마나 확보하는가가 경쟁력과 직결된다. 그런데 사람이 만든 콘텐츠의 양에는 한계가 있을 수밖에 없으니 훈련데이터 확보에도 한계가 있다. 이를 극복하기 위해 생성형 AI가 만든 콘텐츠를 훈련데이터로 되먹임하는 방법이 시도되고 있다. 하지만 이런 방법이 AI 생태계에 악영향을 줄 수 있다는 분석이 나온다. 일본 리켄연구소의 연구 논문에서는 스테이블디퓨전이라는 이미지 생성 AI가 만들어낸 이미지 데이터를 훈련에 사용했더니 결과의 품질이 점점 하락했다는 것을 밝혀낸 것이다.[56] AI가 만들어내는 콘텐츠가 많아져 양질의 원본 데이터를 찾아내는 것이 어려워지면 실제 AI의 성능을 더욱 떨어뜨릴 수도 있다. 생성형 AI는 진위 여부와 상관없이 데이터를 만들어내기 때문이다.

기술이 갖는 한계를 극복하려는 시도가 뜻하지 않은 결과를 낳아 돌이킬 수 없는 결과를 가져올 수도 있다. 연구자들은 생성형 AI의 훈련과 생성이 모두 컴퓨터 안에서만 일어나고 있다는 것을 한계로 보고 이를 극복하기 위해 실세계와의 연결을 시도하고 있다. 예를 들어, MS사는 2023년 2월 20일 자사 홈페이지에 챗GPT를 로봇 제어에 사용하는 방법을 개발했다고 발표했다.[57]

엔지니어가 직접 코딩해오던 로봇 팔이나 드론을 제어하는 소프트웨어를 챗GPT가 만들도록 한 것이다. 로봇 제어를 위한 요구 사항을 제시하면 챗GPT가 직접 코딩을 하여 로봇을 제어하게 되는 식이다. MS사가 공개한 관련 영상에서는 챗GPT에게 '컬러가 있는 블록들을 이용해 MS사의 로고를 만들라'는 명령어를 입력하자 내부적으로 생성된 코드에 맞춰 로봇 팔이 블록을 배열하는 모습을 보여준다.

이러한 시도가 기술적으로는 당연한 수순으로 여겨지지만, 큰 위험으로 이어질 수 있다. 로봇의 제어를 AI에게 맡기는 것은 컴퓨터 내부에서만 존재할 수 있는 AI를 외부로 '탈출'시키는 결과가 되기 때문이다. 특히 오류를 범할 수 있는 AI에게 로봇과 같은 기계의 통제를 맡긴다는 것은 법적·윤리적 문제를 떠나 인간에게 직접 물리적인 피해를 입힐 수도 있다는 것을 암시한다. 기술은 만드는 사람의 의도와 다르게 원하지 않은 결과를 초래할 수 있고, 이는 인간의 실존과 직결되는 문제가 될 수 있다.

분열되는 사회

《권력과 진보Power and Progress》[58]를 저술한 MIT 슬론Sloan경영대학원 대런 아세모글루Daron Acemoglu 교수는 '기술낙관주의'에 빠진 세상에서 '기술의 진보로 이득을 보고 있는 그룹은 소수의 기업과 투자자들만이다'라고 주장한다. 공저자인 사이먼 존슨Simon Johnson 교수는 한 인터뷰에서 '기술 도약이 자동적으로 인류 번영을 가져오지 않으며, 경제적·사회적·정치적 선택에 따라 명암이 엇갈려왔다는 점을 증명하고 싶었'라고 이 책의 저술 목적을 밝히고 있다.[59] 바꾸어 말하면, AI 기술의 발전으로 '부익부 빈익빈'이 더 심화될 수도 있다는 것이다. 존슨 교수는 '기술낙관주의'를 경계하라면서, 과거에 '사무 소프트웨어와 자동화 도입으로 중간 소득 일자리가 많이 사라졌고, 대학을 나오지 않은 미국인들의 실질소득이 감소했다'는 사례로 현재 AI 기술의 진보도 어떤 그룹에게는 기회라기보다는 위기가 될 가능성이 높을 것임을 시사한다.

이러한 사회 구성원 간 차별화에 대한 우려는 다른 여러 지식인들도 동의하고 있다. 헨리 키신저, 에릭 슈미트, 대니얼 허튼로커가 공동 저술한 《AI 이후의 세계 The Age of AI》에서는 다음과 같이 진단한다.

'AI가 노동의 본질을 바꾸면 많은 사람이 정체성, 성취감, 경제적 안정에 타격을 입을지 모른다. 그런 변화로 실직할 위험이 커지는 쪽은 아마도 전문 훈련이 요구되는 블루컬러 및 중간 관리 직종, 데이터를 검토 해석하거나 표준 양식으로 문서를 작성하는 업무의 비중이 높은 전문 직종일 것이다.'[60]

지금과 같이 인지혁명이 일어나는 시대에는 사무직 노동자들보다 육체적 노동을 하는 블루컬러 노동자들이 더 안전하다고 보는 의견이 지배적이다. 이런 예측도 기술 발전의 양상에 따라 달라질 수 있어 앞으로 어떤 자동화가 일어나고 어떤 비즈니스가 창출될 것인가에 따라 실제 어려움을 겪는 그룹은 달라질 수 있다. 하지만 중요한 것은 타격을 받은 그룹은 존재할 수밖에 없다는 것이다.

이러한 관점은 케빈 루스Kenin Roose의 《퓨처프루프FutureProof》[61])에서도 잘 나타나 있다. 그는 기술낙관론자들이 놓치고 있는 점을 지적하면서 기술적 변화가 가져다주는 물질적 향상을 평생 누리지 못하는 사회적 약자도 많다고 주장한다. '하나의 기술 시대에서 다음 시대로 무난히 넘어가지 못하는 사람이 많다는 사실도 인정해야만 한다'면서 '결국 제자리를 찾아가더라도 한때 누렸던 안정성을 되찾지는 못한다'라는 면을 역설한다. 자신이 통제할 수 없는 세력에 밀려 삶을 잃어버리는 그룹이 존재한다는 것이다.

이렇게 직업군이나 개인의 기술 적응 능력에 따라 사회가 나눠지는 현상이 그동안 기술 혁명의 역사에 계속 반복되었으므로 우리가 과거로부터 교훈을 배울 수 있다는 점은 다행이라고 하겠다. 하지만 정신노동의 자동화를 통해 인지혁명을 가져오고, 기술 개발의 종착점이 인간 지능을 능가하는 것이라는 것은 문제를 더욱 복잡하고 심각하게 만든다. 지능 기술을 개발하는 데 있어 참조할 수 있는 모델은 인간이 거의 유일하므로 AI는 점점 인간을 닮아갈 것이다. 더구나 AI 개발자들은 지능뿐만 아니라 감정까지도 인간을 벤치마킹하고 있다. 인간과 닮은 AI는 인간을 대체하기에 안성맞춤이므로 일자리와 임금의 문제로 바로 연결되는 것이다.

다른 근본적인 문제는 AI로 인해 사람들 간의 결속력이 점점 약해진다는 것이다. 《공감은 지능이다 The War for Kindness》의 저자인 스탠퍼드대학교 자밀 자키 Jamil Zaki 교수는 '테크놀로지의 주요한 조류는 확실히 우리를 점점 더 서로에게서 멀어지게 만들었다'고 진단한다.[62] AI의 특수성은 이러한 현상을 더욱 심화시킬 것으로 보인다. 앞서 '레플리카' 사례를 통해서도 봤듯이, 사람은 지속적이고 일관성 있는 친밀감을 보여주는 AI에 쉽게 빠질 수 있다. 뿐만 아니라 '지니'와 같은 만능 보조자가 지적·정신적 영역을 충분히 채워준다면, 지금과 같은 인간관계를 유지할 필요성이 줄어들 수도 있다. 이렇게 사람들 간의 교류와 소통이 확연히 줄어든다면 어떤 일들이 벌어질까? 사회에서 '인간미'는 점점 사라질 것이고, 생명과 관계없는 'AI식 사고'가 팽배하는 사회가 될 것이다. 사람들과의 만남이 줄어드는 만큼 지금의 저출산 및 비혼 추세는 더 강화되고, 소통의 부재가 심화되면 민주주의를 위협하여 미래에 대한 합리적 의견 수렴이 어려워질 수도 있다. 이렇게 눈에 보이지 않는 변화는 기후 위기나 핵전쟁 위험만큼 더 치명적일 수도 있다.

신격화의 함정

챗GPT의 사용에 있어 다음과 같은 시나리오는 언제라도 일어날 수 있다.

"한 대학생이 '지역의 빈곤 문제를 어떻게 개선할 수 있을까?' 라는 제목으로 5쪽 정도의 에세이를 써내는 숙제를 하기 위해 챗

GPT를 사용해보기로 한다. 위 질문과 이리저리 바꿔본 질문들을 통해 얻어낸 답안들로 필요 정보를 파악한 후 이들을 다시 챗GPT에게 되먹임하여 최종적으로 종합한 에세이를 5쪽으로 작성해달라고 한다. 그는 챗GPT로부터 최종 결과를 받아 그대로 제출한다. 과거에 족히 사나흘 걸릴만한 숙제이었지만, 이 학생은 챗GPT를 사용하여 한 시간도 안 걸려 완성한 것을 제출하여 우수한 평가를 받는다. 이후 다른 숙제들도 이런 식으로 해결하여 그 학기에 수강하는 모든 과목에서 A 학점을 받는다."

만약 당신이 이 학생이라면 챗GPT에 어떻게 반응할까? 구독료가 든다고 하더라도 이 '숙제의 신'에 계속 접속을 원할 것이다. 유료인 만큼 숙제뿐만 아니라 자기소개서, 연애편지, 제안서, 보고서 등 거의 모든 글쓰기 작업에 거침없이 사용하여 본전을 뽑으려 할 것이다. 이렇게 '구글 신', '숙제의 신'을 거쳐 '만능 신'이 우리에게 다가오고 있다.

우리가 어떤 대상을 '신격화'한다는 것은 절대적인 신뢰를 가진다는 의미다. 젊은 아이들은 훨씬 더 쉽게 이런 AI에 빠져들 수 있다. 점점 더 고도화되는 AI 기술을 통해 사람들의 신뢰는 점점 더 쌓여갈 것이기 때문에 이로부터 빠져나오기는 쉽지 않다. 사실 개인적으로는 빠져나와야 할 이유가 없다.

《신뢰 이동Who Can You Trust?》의 저자 레이첼 보츠만Rachel Botsman은 로봇이 반드시 스스로 얻어내야 할 것은 인간의 신뢰라고 한다. 로봇은 인간의 신뢰를 얻어야 할 숙명을 가지고 있다는 것이다.[63] 로봇공학자들이 로봇의 외양을 사람처럼 만들고 최대한 의

인화하는 이유는 신뢰를 쌓는 데 도움이 되기 때문이다. 그런데 챗GPT와 같은 생성형 AI는 인간 같은 외양 없이도 인간의 신뢰를 얻어가고 있다. 인간만이 할 수 있는 언어를 마스터했기 때문이다. 거기에다가 '초인간의 지식'을 가지고 있으니 신뢰의 수준이 '신급'으로까지 격상될 수 있다. 챗GPT는 대화 중 사용자가 틀렸다고 지적하는 부분이 있으면 '죄송합니다'와 함께 예의를 갖추고 정정까지 하는 모습을 보인다. 이런 예의를 갖춘 모습은 설령 오류를 내더라도 사용자로 하여금 신뢰를 회복하게 한다.[64]

신뢰는 아는 것과 모르는 것의 틈새를 메꿔주기 때문에 불확실성도 건너뛸 수 있게 해준다.[65] 비록 생성형 AI가 하는 일이 인간을 흉내 내거나 아는척하는 수준이고 허위 정보를 포함할 수 있다고 하더라도, 챗GPT와 신뢰를 쌓은 사용자라면 그 정도 불완전성은 건너뛸 수 있다. 사이비 종교의 사례를 통해서 봐왔듯이 '신격화'될 정도로 신뢰하면 우리는 AI가 하는 말을 거의 다 믿게 되어 있다. 질문에 편향적인 답변을 하거나 왜곡된 정보로 선거에 부정적 영향을 미칠 수도 있지만, 신뢰에 기반하여 별 거부감 없이 지나갈 수 있다. AI가 잘못 사용되면 순진한 사람들에게 정치적, 종교적 신념을 주입할 수도 있다. 챗GPT는 언어를 통해 우리의 생각과 행동, 나아가서는 문화에도 영향을 끼칠 수 있는 것이다.

제2의 인지혁명으로 인해 정신노동과 의사결정이 자동화되면서 우리의 사고력이 약화되는 새로운 문제도 '신격화'의 촉진제가 될 수 있다. 특히 어렸을 적부터 AI에 노출된 미래 세대에게 발생될 가능성이 높다. 예컨대, 학생이 챗GPT로부터 답을 받아 확인하는 과정 정도를 거쳐 숙제를 마무리할 수 있다면 많은 내용을 읽어보고 종합하는 과정을 통해서만 얻을 수 있는 비판하고 요약하는 사고력을 키우기 어렵다. 교육과정과 일상에서 인지적 노력이 생략되면 생물학적으로도 뇌의 발달에 부정적인 영향을 준다. 《도둑맞은 집중력Stolen Focus》의 저자 요한 하리Johann Hari는 긴 글과 파편화된 짧은 글에 노출된 사람들의 사고와 공감 능력에서 차이가 난다는 점을 상기시킨다. 비판이나 사고력을 잃어버리고 사람들과의 관계가 줄어든다면 '절대자'에게 복종하는 것도 쉬워지지 않겠는가.

AI와 관련 기술이 심화되면서 신격화는 더 가속될 수 있다. 예컨대 '뇌-기계 인터페이스(BMI)Brain-Machine Interface' 같은 기술이 탄력을 받으면 사람이 말을 하지 않아도 뇌파의 감지만으로 의도를 알아낼 수 있다. 사람이 말을 하지 않아도 AI가 선제적으로 필요한 대응을 해준다면 신뢰성과 편리성이 급상승하여 그 의존성은 더욱 심화될 것이다. 결국 인간이 AI의 가축이 될 수 있다는 섬뜩한 경고도 허무맹랑한 이야기가 아닐 수 있다.

책 임 있 는 사 고 가 필 요 하 다

AGI를 앞두고 기회와 위기가 공존하는 이 시대에 유토피아와 디스토피아 사이, 축복과 재앙 사이 어느 쪽으로 향할 것인가는 우리의 결정에 달려 있다. 기술 진보는 결코 자동적인 과정이 아니며 누군가에 의해 선택된다. 경제적·사회적·정치적으로 선택되는 과정에서 소수의 권력자들 혹은 기업인들이 만든 '공유된 비전'을 따라갈 수만은 없다.[66] 그렇다면 이 시대에 지구촌의 한 구성원으로서 우리는 어떤 포지션을 취해야 하고, 미래를 위해 지금 무엇을 하고 있어야 하는가? 우리 사회와 개인의 생존을 위한 이 질문에 답을 찾아나서야 한다.

개인은 사회 변화에 지식인으로 혹은 시민으로 참여하여 여론 형성과 정책 결정에 영향을 줘야 한다. 예를 들어, 챗GPT 사용 시 개인이 제시하는 프롬프트가 어떻게 오픈AI사에서 사용되는지, 개인정보 사용 권한을 줘야 하는지 등에 대한 의견을 가지고 있어야 한다. 인간 중심의 AI를 위해 윤리 준칙을 만들거나 규제를 할 때 하나하나에 대한 의견을 가지고 있어야 하고 결정권이 있다면 제대로 행사해야 한다. 나와 우리 후손이 살아가야 할 인간-AI 공존 시대의 이슈를 공론화하여 민주적으로 결정해가는 데 참여해야 한다.

핵심은 AI와 인간이 공존하는 사회를 어떻게 형성해가고 각각 역할 분담은 어떻게 해야 할 것인가에 있다. 제2의 인지혁명을 거치면서 정신노동이 AI에게 위임되면서 우리의 정체성과 각사의 역할을 재정립할 필요가 있다. 인간이 절대적인 권위를 가지고 기술을 사용하는 사회가 아닌, AI와 공존하는 사회는 인류가 아직 한 번도 경험해보지 못한 세계다. 인간, 사회, 인류의 가치를 중심으로 복잡한 공존의 방정식을 풀어가야 한다.

우리 삶의 목표와 여태까지의 성공 방정식에도 변화가 있어야 한다. 예컨대, AI가 많은 정신노동을 수행하는 마당에 고학력과 자격증 같은 기존의 스펙이 향후 취직이나 사회에서의 성공에 아무것도 가져다주지 못할 가능성이 높다. 각종 시험에서 AI가 상위권을 차지하는 세상에 문제를 잘 풀고 시험 성적을 잘 받는 능력은 이제 별 쓸데가 없다. AI 시대에 갖춰야 할 능력과 이를 위해 어떤 교육이 필요할지 깊이 고민해봐야 한다.

일자리 지평으로 다가오는 태풍

산업혁명 과정이 보여주었듯이, 혁신적인 기술의 등장은 기존 직업군에 변화를 가져온다. 자동전화교환기의 출현으로 교환수가 사라지듯 기존 직업군 차제가 없어진 경우도 있고, 전자상거래가 은행 점포나 동네 상점을 점차 없애면서 온라인 거래와 배달산업을 일으키는 것과 같이 산업 간의 전환을 촉발하는 경우도 있다. 스마트폰의 등장은 유선전화기나 카메라 필름과 같은 산업 자체를 도태시키고, 내비게이션 기기, 녹음기, 지도출판업과 같은 오프라인 비즈니스를 사양산업으로 만들어버렸다. 하지만 스마트폰 기술은 반도체, 배터리, 모바일 전문 은행 등 대한민국 GDP의 큰 부분을 차지하는 새로운 산업을 창출하거나 부흥시키고 있다.

그렇다면 본격적인 AI의 등장은 산업에 어떤 변화를 가져오고 일자리에는 어떤 영향을 미칠까? 기업에서 어떤 도구를 적극적으로 활용한다는 것은 대부분 업무를 자동화하거나 효율화하여 생산성 향상을 통해 비용을 줄이기 위한 것이다. 이 경우 효율화하는 만큼 인력이 불필요해지므로 기존 산업에서 인간이 차지하는 일자리가 감소되는 것을 의미한다. 하지만 단순히 도구를 이용하는 것이 아니라 그 기술과 '협업'을 하는 수준이라면 이야기가 달라진다. 인간과 AI 간 시너지를 만들어낼 수 있으므로 새로운 비즈니스와 일자리 창출을 위한 스파크가 일어날 수 있기 때문이다.

예 상 되 는 규 모

모든 산업 분야에 영향을 미칠 AI 태풍은 '역대'급이다. 2023년 조사에 의하면 미국과 유럽의 직업 중 3분의 2는 AI 자동화에 어느 정도 노출되어 있고, 현재 지식 노동자 일자리의 5분의 1 정도는 생성형 AI가 수행할 수 있다고 한다. 이 연구에 의하면 AI 기술은 세계 총생산량의 7%를 증가시킬 수 있으나 기존 직업시스템의 붕괴를 야기해 약 3억 명의 전일제 일자리가 사라질 것이라고 한다.[67] 특히 챗GPT와 같은 거대언어모델의 출현은 미국 노동자의 80%에 어느 정도 영향을 미칠 수 있다는 예측도 있다.[68] 컨설팅기업 올리버와이만Oliver Wyman의 2023년도 예측에 의하면[69] AI 관련 기술로 인해 5000만 이상의 중국인, 1150만 명의 미국인, 수백만 명의 브라질·일본·독일 노동자들이 새로운 직업 환경을 위해 재교육을 받아야 할 것으로 보인다.

이러한 연구 결과들은 어디까지나 예측이므로 국가마다 실제 일자리에 어떤 영향이 일어날지는 지켜봐야 한다. 하지만 기존 직업 체계에 대한 변화의 광풍은 피해갈 수 없는 현실이 될 것이다. 현존하는 고임금 전문가 일자리 중 위협을 받고 있는 영역을 살펴보면 좀 더 구체적인 감을 잡을 수 있다. 2019년 연구에 의하면 AI는 향후 10년 동안 은행 산업에서만 20만 개의 직업을 없앨 것이라 예측했다.[70] 이러한 변화가 증권투자 전문가들이 몰려 있는 미국 월가에서 이미 일어나고 있는 이유는, 자동화된 도구들로 인해 인간 전문가를 그만큼 필요로 하지 않기 때문이다.

현재 상종가를 치고 있는 직군들도 예외는 아니다. 프로그래머나 소프트웨어공학자들의 자리도 일부 AI로 대체될 것이 거의 확실시되고 있다. 프로그램 작성 기술을 학습한 생성형 AI가 웬만한 프로그래밍은 스스로 할 수 있으므로 적어도 초급 프로그래머들은 설 자리가 없어질 것이기 때문이다. 머지않아 AI가 AI를 만들어내는 시대가 도래하면 그동안 자동화를 이끌어왔던 알고리즘 전문가와 소프트웨어 엔지니어들도 대폭 AI로 대체될 것이다. 컴퓨터공학 전공의 인기가 당분간 지속되겠지만 5~10년쯤 후 어떻게 될지 예측하기 어렵다. 선망의 대상이 되어왔던 철옹성 같은 의사 직종에도 일부 변화가 감지되고 있다. 미세한 암세포를 발견하는 등의 의료 진단 AI 기술의 발전과 수술 로봇의 대두로 영상의학과 및 외과 의사의 자리는 점차 줄어들 거라는 예측이 설득력을 얻고 있다.

생성형 AI는 2030년까지 약 30%의 직업을 자동화시킬 것으로 예상되며, 가장 영향을 많이 받을 직종으로 제조업, 금융업, 고객 응대 서비스업, 법률업 등을 꼽는다.[71] 구체적으로 PR 전문가, 법정 리포터, 블록체인 기술자 등이 대체 위험에 많이 노출되었다는 보도가 있다.[72] 기사 작성자, 블로거, 번역가, 작가에게 당장 위협이 다가오고 있다는 예측은 이제 상식이 되고 있다. 설령 AI로 인한 자동화가 현재 일자리의 개수를 줄이지 않는다고 하더라도 필요한 인력은 감소할 것이다. 따라서 그동안 그 자리를 차지하고 있는 인력의 일부는 역할이 바뀌어야 하거나 저임금 서비스직으로 밀려날 가능성이 높다.

AI가 가장 효과적으로 적용되는 분야는 회계, 법률, 재무와 같이 기획, 예측 등 프로세스 최적화를 필요로 하는 영역이므로 블루칼라 노동자보다 화이트칼라 노동자가 밀려날 가능성이 더 크다. AI에 가장 적게 노출이 된 직종으로 즉석음식 조리, 모터사이클 수리, 석유·가스 채굴 관련 직업 등을 꼽는 이유다.[73] 학사나 대학원 학위를 취득한 노동자는 고졸 노동자보다 AI의 위험에 노출될 확률이 네 배나 높다는 것도 같은 맥락의 연구 결과다.[74] 즉 AI 기반 자동화에 취약한 대다수 직무는 주로 대도시의 고임금 직종에 속한다고 볼 수 있다.

아래 그래프는 2023년도 8월 24일 미국 〈뉴욕타임즈〉에 실린 기사[75]의 일부로 오픈AI사의 연구 결과를 인용한 것이다. 각 직업에서 요구하는 업무 중 몇 퍼센트가 AI의 도움을 받을 수 있는지를 추정한 후 그 직업에 요구되는 학위를 정리한 것이다. 여기서도 간호사, 원자력공학 엔지니어, 인사 담당 전문가 등 4년

[그림] <뉴욕타임즈>에 실린 오픈AI사의 연구 결과

대학 교육을 받은 고용인이 AI에 가장 많이 노출되어 있다

각 직업별로 AI 도구의 도움을 받을 필요가 있는 정도를
오픈AI사 연구팀이 예측한 결과

The New York Times
Aug. 24. 2023

고등학교 졸업 이하
봉제, 세탁소, 경비원, 패스트푸드 점원
　6%

고등학교 졸업
손발관리사, 배우, 경비원
　17%

2년제 대학 졸업
전기기사, 의무사, 시설관리자
　38%

4년제 대학 졸업
간호사, 원자력엔지니어, 인사 담당
　75%

대학원 졸업
약사, 심리상담사, 변호사
　64%

퍼센티지 값은 교육 범주별 중앙값임

제 대학 학위를 요구하는 직업에 AI 도움이 필요한 업무가 가장 많았다(75%). 약사, 변호사, 정신분석 전문가와 같이 대학원 학위 소지자가 종사하는 직업이 그 뒤를 이었다(64%). 반면, 고졸 이하의 학력으로 가능한 직업은 AI의 도움을 받을 확률이 매우 낮았다(6%). 앞으로 고급 학위 취득이 구직에 지금과 같이 도움이 되지는 않을 것이라는 것을 예측할 수 있는 내용이다.

다양한 직업군에서 이런 변화들이 일어나고 있지만, 대한민국 부모들의 꿈은 대부분 아이들이 공부를 잘해서 좋은 대학에 입학하고 좋은 직장을 잡는 것에 머물러 있다. 조금 더 구체적으로 생각하는 부모들은 경제적으로 안정된 미래를 위해 아이들이 전문직으로 진출할 것을 꿈꾸기도 하는데 유치원 때부터 갈 길을 정해놓는 경우도 있다고 한다. 마치 성공의 공식이 있는 것처럼 정해진 경로를 밟아 한 치의 흔들림이 없이 가기를 원한다. 의사나 법조인은 시대의 변화와 상관없는 목표이고, 한때는 공부 잘하는 학생들이 공대에 몰린 시대도 있었으며, 어떤 시기에는 안정성이 높은 교사나 공무원이 선호된 적도 있었다. 근래에 우리나라가 문화 강국의 면모를 갖춰가는 데 혁혁한 공로를 세운 세계적인 스타들의 배출은 일부 학부모들이 예술계, 연예계, 스포츠계 쪽으로 눈을 돌리게 하는 계기가 되기도 한다. 목표와 꿈의 다변화를 위한 싹이 움트고는 있지만, 우리나라 경제의 압축 성장을 경험한 알파세대 부모들의 관심은 여전히 '인기 종목'에 쏠리는 경향이 있다.

그런데 지금 인기가 높은 몇 가지 직종이 앞으로 10년 후에도, 아니 5년 후에도 그 위치를 견고하게 지키고 있을까? AI에게 난공불락의 영역일 것으로 간주했던 문화예술계에는 아무런 바람이 불지 않을 것인가? 자식을 의대에 보내겠다고 유치원 때부터 올인하여 입시 공부를 시켰지만 성공하지 못했을 때 과연 그 아이가 AI 시대에 적응할 능력을 갖추고 있을까? 빠르게 변하고 있는 현실을 직시하고 우리 아이들의 일자리와 삶에 대해 그리고 필요한 교육에 대해 근본적인 질문을 던져볼 필요가 있다.

변하고 있는 노동시장

다양한 직업군이 생성형 AI의 영향을 받기 시작했지만 가장 큰 변화가 일고 있는 곳 중 하나는 법률 분야다. 따라서 분석 사례가 많으므로 이 분야를 위주로 노동시장이 변하고 있는 모습을 살펴보자.

미국 뉴욕에 본부를 두고 있는 마켓리서치Market Research의 2023년 6월 보고서[76]에서 의하면, 법률 시장에서 생성형 AI가 차지하는 규모가 2022년 500억 달러 정도에서 30%를 상회하는 연평균성장률(CAGR)Compound Annual Growth Rate로 증가하여 2032년에는 6억 7500만 달러가 넘을 것으로 내다보았다. 이렇게 AI 기반의 법률 시장의 규모가 커진다는 것 자체를 긍정적으로 볼 수 있다. 하지만 그 내막을 알면 생각이 달라진다.

예컨대, 2023년 3월 골드만삭스Goldman Sachs는 법률 업무 전체의 절반에 가까운 44%를 생성형 AI로 자동화할 수 있을 것으로

[그림] 법률 시장에서 생성형 AI가 차지하는 규모

생성형 AI 법률 시장
2022-2032년도 시장 배포 기준 크기 (단위: 백만 달러)   ● 현장 설치   ● 클라우드

그림 출처: https://marketresearch.biz/report/generative-ai-in-legal-market/

전망했다.[77] 직업군 전 분야와 비교했을 때, 일반 행정 분야에 이어 두 번째로 자동화로 대체될 업무의 비율이 높은 분야로 판단한 것이다. 그동안 변호사가 많은 시간을 할애해왔던, 정보를 찾아 읽고 요약하고 쓰는 업무들을 생성형 AI가 대부분 해줄 수 있기 때문이다.

이렇게 인간 변호사의 대체가 임박했다는 예측에는 여러 가지 구체적인 근거가 있다. 미국 〈하버드 법대〉 매거진 2023년 4월호에 게재된 한 논문에 의하면, 법윤리학에 대한 15개의 어려운 객관식 문제가 주어졌을 때 빙챗Bing Chat[23]은 12개를 정확히 맞추었고 틀린 것도 정교한 방식으로 틀려 B+ 학점을 받는 법대생과 유사한 실력을 보였다.[78] 오픈AI사에서 3월에 출시한 GPT-4가 미국 변호사자격시험에서 상위 10%의 성적을 보여 세상을 놀라게 했다는 것은 잘 알려진 사실이다. 법학대학원 3년 과정을 마친 사람들이 응시하는 이 시험은 2023년도 첫 응시자들 중 78%만 합격할 정도로 어렵기로 유명하다. 이 논문의 한 저자인 카츠Katz는 GPT-4가 쓴 에세이가 대부분 적절한 내용을 조리 있게 구성했다는 것에 매우 놀랐다고 했다.[79] 이러한 평가는 AI가 선다형 문제는 잘 풀지 몰라도 에세이는 안 될 것이라는 세간의 평을 무색하게 만들었다. 같은 시험에서 합격선을 넘지 못했던 챗GPT를 개선하여 불과 4개월 만에 이런 성과를 보일 정도로 기

---

23 마이크로소프트사의 검색엔진 '빙(Bing)'에 GPT-4를 연결하여 대화형 및 질의응답 형태로 정보 접근을 가능하게 한 것으로, 현재 '부조종사'로 리브랜딩되었다.

술이 빠르게 진보하고 있다.

이러한 최근의 발전뿐만 아니라 생성형 AI가 나오기 전인 2018년에도 로긱스LawGeex라는 스타트업이 개발한 AI와 미국 최고 기업 변호사 20명이 경쟁을 한 사례가 있었다.[80] 공개되지 않은 계약서 5건에서 '기본계약법'과 관련된 법률 이슈를 최대한 빨리 찾아내야 하는 과업에서 AI는 평균 94%의 정확도를 보여 85%의 정확도를 보인 변호사들을 능가했다. 또한 과업 완료 시간을 측정한 결과 변호사들이 평균 92분 걸린 데 반해 AI는 26초에 끝냈다. 보편적인 법률 업무에 있어 효율과 정확도 면에서 AI의 완승이었다.

현재의 생성형 AI가 하는 일은 법무사들이 주로 하는 일 정도이기 때문에 아직 전문 변호사를 대체할 수준은 아니라는 평가도 있다.[81] 사람들이 보통 자신의 직업은 쉽게 AI에 의해 대체되지 않을 것이라 믿는 경향 때문에 이런 평가가 나올 수도 있다. 하지만 현실 세계에서는 '법원·검찰·고객과의 유대 관계, 사건 처리를 위한 전략적 판단 등도 인간 변호사의 몫'[82]이기 때문에 AI가 인간 변호사를 대체하는 데 분명히 한계가 있다.

법률 분야 일자리 문제를 인간 변호사와 AI 변호사의 능력 대결로 볼 수만은 없다. 경제 논리로 돌아가는 법률 시장 생태계에서는 훨씬 많은 변수가 있기 때문이다. '대형 로펌들이 소속 변호사 수를 늘리지 않고도 사건을 더 수임할 수 있게 된다면 중소형 로펌이나 개인 변호사 상당수는 일감을 구하기 힘들어질 것'이라는 예측도 일리가 있다. 또한 '로펌의 파트너 변호사가 AI를 통해 자료 조사 등을 더 많이, 더 빨리 처리할 수 있게 된다면 (대형 로펌 변호사의 70%인) 저연차 변호사를 내보내거나 신입 변호사를 뽑지 않을 것'[83)]이라는 예측도 충분히 설득력이 있다.

AI로 인한 법률 시장의 변화를 다음과 같이 요약해볼 수 있다.

- 법률 시장 자체가 크게 성장할 것이지만 그동안 변호사나 법무사가 해오던 일의 40% 이상이 AI로 대체될 수 있다.
- AI의 발전 속도가 가파르지만 인간 변호사만이 할 수 있는 일은 여전히 존재한다.
- 당분간 대형 로펌과 파트너급 변호사들의 위치는 견고하지만 저연차 및 신입 변호사와 법무사의 생존 가능성은 점차 낮아질 것이다.
- 변호사 개인이 유능한 AI를 가지고 경쟁력을 높일 수도 있겠지만, 작은 법률 비즈니스가 전체 시장에 미치는 여파는 크지 않을 것이다.

미국 최대의 법률 데이터 분석 기업인 '렉시스넥시스' 관계자의 말은 이런 상황을 잘 표현해준다. 'AI가 법조 일자리를 빼앗는 것이 아니라 AI에 무지한 법조인들이 일자리를 빼앗기게 될 것'이라는 말[84)]이 다소 AI 기술 친화적으로 들리지만, '지피지기 백전불태'를 나시 떠올리게 한다. 이제 세상은 AI를 개발하는 사람, AI를 아는 사람, AI를 모르는 사람으로 구분될 것이라는 말처럼 AI의 능력을 제대로 모르면 일자리에서 밀려날 가능성이 매우 높다고 봐야 한다. AI 시대 생태계의 변화를 주시하면서 AI에게 도태되지 않을 인간의 능력이 무엇인지 알고 대비하는 수밖에 없다.

의료 분야에서는 챗GPT가 출시된 지 얼마 되지 않은 시점에 일부 직군이 AI로 대체될 것이라는 일자리 중심의 경고성 예측이 잇달았다. 가장 타격을 많이 받을 분야로 의료 기록 관리, 진료 일정 관리, 보험 청구 등 병원의 원무과에 속하는 업무와 진단 및 치료를 지원하는 환자 케어 업무가 주요 대상이 될 것으로 예상되었다. 연관하여 랩이나 약국의 테크니션과 같이 환자의 생명과 직결된 업무 또한 포함되어 있다.[85] 의사 직업의 안정성은 대체적으로 유지될 것으로 보이나, 방사선학과 병리학 분야 등에 AI가 적극적으로 도입되고 있고 수술로봇 기술도 발전하고 있어 향후 마취과, 가정의학과, 외과 의사들의 수요가 줄어들 것으로 예상되고 있다. 또한 AI가 약물 간 상호작용에 대한 경고나 환자 상태 모니터링과 같은 기능을 효과적으로 수행할 수 있기 때문에, 이런 일을 맡는 약사와 간호사에 대한 수요도 일부 줄어들 것으로 전망되고 있다.[86]

법률 시장이나 의료 분야를 노동시장의 대표로 볼 수는 없다. 이들 분야는 종사자가 전문교육기관을 거치고 국가 차원의 시험을 통과해야 하는 등 공식적인 과정을 밟아 자격을 획득해야 시작할 수 있는 직업군이다. 논리적이고 엄밀한 사고가 핵심이 되는 직업으로 각급 학교에서 성적이 좋아야 진입할 수 있는 영역에 속한다. 그러다 보니 언어능력이 뛰어나며 논리적인 면에서 둘째가라면 서러워할 AI와 법조인은 서로 경쟁 관계에 있을 수밖에 없다. 또한 많은 환자 사례 및 전문 지식의 학습, 패턴 인식, 추론 등을 주 무기로 가지고 있는 AI가 의료의 많은 부분을 담당하게 되는 것은 당연하다. 그렇다면 전문가이면서도 그 성향이나 커리어 과정이 법률 분야와는 전혀 다른 엔터테인먼트 분야는 어떨까?

영화, 게임, 광고, 미디어 등의 직업군에 속하는 사람들은 대중과 호흡할 줄 알아야 하고 창의성과 공감 능력을 갖추고 있어야 한다. 팬덤의 의미를 아는 것이 중요하고, 생각이 자유로워야 하며, 책을 통해서가 아니라 몸으로 부딪히면서 배우는 능력이 있어야 한다. 인재 양성에 있어 피라미드식으로 정형화되어 있는 학교교육과정보다 도제식의 학습이 훨씬 효율적이며, 이 직업군 종사자는 '끼'와 '소질'이 있어야 한다. 근래에 우리나라가 K-컬처에 힘입어 문화 강국으로 발돋움하면서 젊은 사람들이 매혹적으로 느끼는 특별한 분야다. 그런데 인간의 고유 영역이라고 믿어왔던 이 문화산업 시장에도 AI의 바람은 불고 있다.

이 바람의 시작은 생성형 AI가 글쓰기와 일러스트레이션과 같은 창작의 영역에서 약진하고 있다는 점이다. 예를 들어, 챗GPT를 활용하면 웹소설을 손쉽게 작성할 수 있고, 달리나 미드저니와 같은 이미지 생성 AI를 활용하면 웹툰 제작에도 도전할 수 있다. 또한 아동용 그림책을 저술하는 것도 어렵지 않게 시도해볼 수 있다. 이런 가능성은 이미 광고 분야에 적용되고 있을 뿐만 아니라 게임과 영화를 포함하는 종합적인 엔터테인먼트 분야에까지 확산되고 있다. 시나리오 작성이나 광고 카피 생성과 같이 글쓰기 활용은 기본이고, 배경음악과 동영상 제작, 아바타 Avatar 및 모델 제작에까지 AI가 적극 활용되고 있다.

엔터테인먼트 기업이나 프리랜서의 1차 목적은 챗GPT나 달리, 미드저니, 스테이블디퓨전 같은 생성형 AI를 활용하여 생산성을 높이는 것이다. 다시 말해, 영상 및 동영상 제작에 필요한 시간을 절약하여 광고나 게임 제작에 소요되는 비용을 절감하는 것이 주목적이다. 더불어 새로운 장르의 광고 개척을 통해 대중의 주목을 끌 수 있어 일석이조의 효과를 누릴 수도 있다. 게임업계에서는 생성형 AI로 다양한 콘텐츠를 신속하게 생산할 수 있는 장점을 이용하여 배경, 아이템, 캐릭터, 무기 등을 동적으로 만들어냄으로써 새로운 차원의 사용자 맞춤형 게임을 기획할 수 있다. 코딩, 콘텐츠, 대화 등 게임 개발 과정 전반에서 생산성 향상을 도모하는 것을 넘어 과거에는 가능하지 않았던 영역으로 넘어가고 있는 것이다.

생성형 AI의 활용 범위는 더욱 확장되어, 이제는 1인 창작자도 영상 콘텐츠를 손쉽게 제작할 수 있게 되어가고 있다. 런웨이 Runway와 같은 도구가 등장하여 텍스트나 이미지로부터 동영상을 생성하는 것이 가능해졌을 뿐만 아니라, 심지어 카메라 모션, 속도, 방향 등까지도 지정할 수 있다. 물론 아직은 영상의 세밀한 부분이나 화질, 모션 등에서 개선이 필요하지만 이런 기술적인 한계를 극복하는 것은 시간문제일 뿐이다. 그 예로 2024년 2월에 오픈AI사가 공개한 '소라Sora'는 텍스트로 명령어를 입력하면 정밀하고 생생한 고화질 동영상을 만들어준다.[87] 최대 길이가 1분으로 한정되어 있지만, 물리적 현상을 이해하여 자연스러운 동영상을 만들어준다는 면에서 충격적인 기술의 진보로 받아들여지고 있다.

동영상 제작에 진입 장벽이 낮아지고 있다는 긍정적인 면과 함께 이러한 혁신적인 변화가 기존 산업을 위협할 것이라는 우려도 증가하고 있다. 예컨대, AI가 참여한 시나리오나 AI 배우의 출연으로 영화 제작이 가능해지기 때문에 미국 할리우드에서는 작가와 배우들이 파업을 선언하는 일도 벌어지고 있다.[88] 뿐만 아니라 애니메이션 시장에도 돌풍이 불 것으로 예상되고, 실제와 구분할 수 없을 정도의 동영상이 AI에 의해 만들어진다는 것은 매우 다양한 사회적 문제를 일으킬 수 있다.

미디어 엔터테인먼트 분야는 어느 직업군보다 창작력에 영향을 받는 곳이기 때문에 AI의 도입으로 어떤 변화가 일어날지에 대한 예측도 그만큼 어렵다. 과거에 볼 수 없었던 새로운 콘텐츠를 AI와 합작하여 만들 수도 있고, AI를 창의적으로 활용하여 새로운 엔터테인먼트 방식을 만들어갈 수도 있듯이 여러 가지 가능성들이 열려 있기 때문이다. 하지만 분명한 것은 AI가 도입되면서 콘텐츠 개발에 필요한 노동력뿐만 아니라 창의성까지도 어느 정도 대체될 가능성이 있다는 점이다.

새로운 기회

시장조사 전문기관 블룸버그인텔리전스Bloomberg Intelligence에 의하면, 2022년 400억 달러(한화 약 53조 원) 규모의 생성형 AI 시장이 연평균 42%씩 급증하여 10년 뒤인 2032년에는 1조 3000억 달러(한화 약 1740조 원)로 성장할 것으로 전망되고 있다. 특히 이 기간 동안 AI를 활용한 디지털 광고 산업은 5700만 달러에서 1920억 달러로 3000배 이상 확대될 전망이다. 같은 기간 광고 및 게임 업계 전체에서의 생성형 AI 시장 규모는 1500억 원에서 360조 원으로 급증할 것으로 예측된다.[89] 앞서 소개했던 생성형 AI 법률 시장에서 미국 내 전체 연간 누적 성장률이 30%를 초과하여 2032년에는 시장 규모가 6억 7500만 달러(한화 약 8800억 원)에 이를 것으로 추산되는 것과 비교가 안 될 정도의 급성장이다. 이처럼 생성형 AI는 경제적으로 새로운 기회를 형성하는 주요 동력으로 자리 잡고 있다.

기존 시장의 분할 및 팽창 외에도 AI의 등장으로 새로운 직종이 부상하고 있다. 예를 들면 개인정보 브로커, 증강현실 여행 설계자, 청소년 사이버범죄 재활상담사 등과 같이 AI 사회에서 새롭게 필요로 하는 직군이 등장하고 있다.[90] 컨설팅 전문기업 액센츄어Accenture가 1000개 기업을 대상으로 한 설문 조사를 분석한 결과에 따르면, 'AI 시대'가 되면서 AI를 위한 훈련가, 설명가, 유지보수 전문가 등 새로운 전문 직종이 부상하고 있다고 한다.[91] 이들 새로운 전문 직종은 AI가 창의적으로 적용되는 거의 모든 분야에 그 수요가 있을 것으로 보인다. 2020년대 초에 비교적 허술했던 챗봇 기술이 은행이나 구청과 같은 각종 기관에 접목되었던 것과 같이, 조만간 중견기업 이상의 조직에서는 'AI 전담 부서'를 두고 있을지 모른다.

그 외 제4차 산업혁명의 전 분야에서 걸쳐 새로운 일자리가 늘어날 것으로 예상된다. AI 및 기계학습 전문가, 정보보안 전문가, 핀테크FinTech 엔지니어, 빅데이터 전문가, 로봇공학 엔지니어, 디지털 전환 전문가 등이 대표적이다.[92] AI 기술혁신을 따라가지 못하는 사람이나 AI로 인해 직업상 위협을 받는 사람들을 돌보는 일을 담당하는 직종도 새롭게 생겨날 수밖에 없다. 다시 말해, AI 태풍이 불어오면 쓸어가는 일자리만 있는 것이 아니라 새 시대를 여는 데 필요한 일자리가 AI 기술을 중심으로 생기고 있다.

AI 기술 자체를 위한 전문가의 수요가 늘어나는 것은 당연하지만, AI로 인해 야기되는 사회적 문제를 다루는 전문가들도 새롭게 생겨나야 한다. 보안, 윤리, 안전, 신뢰 등의 문제는 AI를 활용하는 각 산업 분야마다 대처해가야 하고 이를 위해 과거에 존재하지 않았던 전문가의 양성이 필요해질 것이다. 특히 이런 문제들이 가장 직접적으로 영향을 주는 분야는 인간의 생명을 다루는 의료 분야일 것이다. 의료 분야에서는 자동화로 인해 의사 직종이 위협받는 분야도 있지만, AI가 환자 진료와 케어에 도입되어 혁신을 가져올 것으로 보는 의견도 많다. 이렇게 AI가 활용되는 영역이 넓어질수록 환자와 관련된 보안, 윤리, 안전, 신뢰의 문제가 더 수면 위로 떠오를 것이다.

AI가 헬스케어에 미칠 긍정적인 영향은 크게 네 가지로 볼 수 있다.[93] 첫째, 새로운 약물을 발견하고 개발하는 데 AI가 효과적으로 사용될 수 있다. 특히 생성형 AI로 새로운 약물 후보를 생성하고 시뮬레이션을 통해 테스팅해볼 수 있으므로 실험에 걸리는 시간을 크게 단축할 수 있다. 둘째, 개인화된 의료가 크게 성장할 것이다. AI가 환자의 의료 기록, 증상, 신체적 특성 들을 반영하여 치료 계획을 세워 의사들과 협진하면 의료비용을 줄이고 치료의 성공률도 높일 수 있을 것이다. 셋째, 의료 영상 진단의 정확도 향상이나 로봇을 활용한 수술 등이 활성화되면 의사가 실제 담당해야 하는 업무가 줄어들어 좀 더 중요한 일에 몰두할 수 있는 길이 열릴 수 있다. 이는 의료 서비스의 향상으로 이어질 수 있다. 넷째, 인구통계 정보와 연계된 헬스케어 빅데이터를 활용하면 전체 인구를 대상으로 하는 헬스케어 관리가 보다 효율적으로 될 것이므로 팬데믹과 같은 의료 재난에 대응을 잘할 수 있고 의료 관련 정책의 수립에 도움이 될 수 있다.

　AI가 헬스케어에 가져다주는 혜택과 장점들에도 불구하고, 병원과 의료공단 등을 포함한 의료산업 전반에서는 AI 기술이 초래할 수 있는 잠재적 리스크에 대해 준비하여야 한다. 예를 들어, 통계 분석 결과나 학습데이터에는 편견이 담겨 있을 수 있고, AI의 추론이 잘못될 수도 있으므로 AI가 도출한 결과에 대해 의사나 의료 데이터 전문가의 검증이 필요하다, 또한 AI의 도움으로 개인화된 의료가 시행되는 경우 개인정보가 유출되지 않도록 체계가 만들어져 있어야 하고, 환자가 AI의 판단을 과도하게 신뢰하지 않도록 해야 한다.[94] 다시 말해, AI 기술의 적용은 의료 체계를 효율적으로 만들고 헬스케어의 품질을 높일 것이지만, 이와 연관된 리스크와 폐해가 있을 수 있음을 기술 도입 초기부터 점검하면서 추진해야 한다.

사 회 적 여 파

2024년으로 넘어온 이후 하루가 멀다 하고 나타나는 AI 관련 뉴스를 살펴보면, 그 내용이 크게 변한 것을 느낄 수 있다. 이전에는 새로운 기술에 대한 경외와 두려움이 강조되었지만, 최근에는 AI가 어떻게 비즈니스에 적용되고 어떤 새로운 비즈니스 모델이 개척되고 있는지에 대한 기사들이 대부분이다. AI의 신기함을 전파하는 내용보다 누가 어떤 창의적인 아이디어로 새로운 일을 만들어가고 있는지, 또는 어떻게 기존의 사업 및 업무가 자동화를 통해 경쟁력을 얻고 있는지 등 실질적인 변화에 관한 이야기가 더욱 많다. AI가 언제 어떻게 인간을 능가할 것인가에 대한 철학적인 논의보다 현재 기술이 산업에 어떤 영향을 미칠 수 있는지에 대한 실용적인 관심으로 이동하고 있음을 보여준다.

새로운 가능성과 미래 산업 전략에 대한 소개와 함께 AI가 아직 완벽하지 않지만 유용하게 쓰이고 있다는 것이 강조되고 있다. 영역마다 인간의 일자리가 부분적으로라도 대체될 것이라는 우려가 내포되어 있는 것이다. 예를 들어, AI 작곡 시스템이 인간 작곡가를 완전히 대체할 수는 없지만, 사운드트랙이나 매체용 음악을 만들어낼 수 있는 스튜디오 음악가 수준은 된다고 한다. 또한 AI 기자가 베테랑 기자를 완전히 따라잡지는 못하지만 많은 업무를 대체할 수 있다는 사례도 언급되고 있다. AI가 사용자의 프롬프트에 따라 이미지나 동영상을 만든 것을 보면 상상력과 스토리텔링 능력이 많이 부족하다는 것을 알 수 있지만, 이런 결과가 유용하다는 점에 대해서는 이견이 없다. 2023년 11월에 출시된 챗GPT 터보의 음성 대화 기능은 원어민과 거의 차이가 없으며, 시간과 장소에 구애받지 않고 사용할 수 있다는 점은 인간 영어강사의 대체 가능성을 점치고 있다. 인간이 하던 많은 일이 AI에 의해 대체될 수 있음을 시사하는 사례는 점점 증가할 것이다.

이와 같이 다양한 분야에서 일자리가 AI에 의해 침범될 것으로 예상되고 있는데도 불구하고 사람들은 이러한 변화에 대해 다소 둔감한 반응을 보인다. 생성형 AI가 출현하기 전이기는 하지만, 미국 갤럽Gallup의 조사에 따르면 '미국 성인의 73%는 AI가 일자리를 창출하기보다 없애는 경우가 더 많을 것이라고 믿지만, 자신이 일자리를 잃을 것이라고 걱정하는 비율은 23%에 불과했다'고 한다.[95] 자신의 문제라고는 생각하지 않는 것이다. '전문가들 대다수가 AI와 자동화가 해당 업계에 변화를 몰고 와 일부 동료들이 일자리에서 밀려나리라 예측하면서도 자신의 일자리만큼은 안전할 것이라고 믿었다'[96]는 반응도 그 궤를 같이한다.

AI가 가져오는 변화는 노동의 가치에 대한 개념의 변화로도 이어질 수 있다. 현대사회에서 전문가에 높은 가치를 두는 이유는 그들의 필요성과 희소성 때문이다. 그런데 전문성을 가진 AI가 늘어나면서 인간 전문가에 대한 수요는 어떻게 될까? 앞서 상세히 분석했던 법률 분야 사례를 보면, 그 답은 명확하다. 줄어들 수밖에 없다는 것이다. 이에 반해 블루칼라 노동자 직군은 원래 저임금과 육체노동으로 인해 인기가 없었지만, AI에 의한 대체 가능성이 낮다는 것 때문에 오히려 그 희소가치는 높아지는 현상이 나타날 수 있다. 경제학의 '희소가치의 원리'를 따른나면, 블루칼라와 화이트칼라 노동의 가치가 뒤바뀔 수도 있다.

AI와 인간 간의 관계에도 주목할 필요가 있다. 인간의 '도구'로 시작된 AI와의 관계가 AI의 자율성과 지능이 증가함에 따라 '공존과 협력'의 관계로 전환되고 있다. 어쩌면 전통적인 인간-도구의 주종 관계가 수평적 관계를 넘어 반대로 뒤바뀔 가능성도 있다. AI가 전문적인 일을 수행하면서 인간은 AI를 위해 새로운 유형의 '허드렛일'에 종사하게 될 수 있다. 예컨대, AI를 학습시키기 위해 데이터를 만들고 데이터에 레이블을 부착하는 일을 사람이 하는 것이다. 실제 챗GPT의 대화 능력을 키우는 데 필요한 훈련데이터를 구축하는 과정이 사회적인 논란을 일으켰던 적도 있다. 챗GPT 개발 과정에서 만들어진 대화들이 얼마나 자연스러운지를 판단하여 주석을 다는 작업을 외국 노동자들에게 낮은 임금을 주면서 시켰기 때문이다. 머리를 써야 하는 '지적이고 복잡한' 일은 AI가 하고 육체를 움직여야 하는 '단순한' 일은 대부분 사람이 맡아서 하는 거꾸로 된 세상이 올 수도 있다.

5

인간 지능과 AI

익숙함에 속아 소중함을 잊지 말자.

– 생텍쥐페리Saint-Exupéry (프랑스 소설가)

지능의 지평

일 상 생 활 에 서 접 하 는 지 능

학교 환경에서 어렸을 때부터 '지능'과 관련하여 가장 자주 듣는 단어는 'IQ'일 것 같다. 우리는 그 개념을 정확히 알지 못해도 지능은 하나의 숫자로 표현될 수 있고, 공부 잘하는 것과 연관이 되므로 높을수록 좋다는 것을 어렸을 때부터 받아들이기 시작했다. 자신도 모르게 '한 줄 서기'에 익숙해지기 시작한 것이다. 학급 석차, 전교 석차, 수능 점수 … 대한민국의 거의 모든 학생들은 자신을 하나의 숫자로 표현되는 데 점차 익숙해지면서 지능 지수를 성공의 바로미터 정도로 인식하곤 한다. 그런데 과연 IQ면 다 되는 것일까?

아이들이 자라면서 '셜록 홈스'와 같은 탐정 소설이나 만화를 접하게 되면 지능의 개념은 점차 복잡한 문제를 해결하는 능력으로 머릿속에 자리 잡게 된다. 소설 속의 유명한 탐정들 덕에 지능이 높다거나 '머리가 좋다'는 것은 쿨하고 위트가 있는 것처럼 보이기도 하지만 여전히 해결사로서의 역할이 핵심이다. 그런데 우리 학교교육에서는 '복잡한 문제를 해결하는 능력'에 '빨리'라는 단어가 추가된다. 문제를 빨리 푸는 훈련이 안 되어 있는 학생은 문항이 뭔지 읽어보지도 못하고 답안지를 제출해야 하는 경우도 생기기 때문이다. 점차 지능은 컴퓨터의 클럭 스피드clock speed와 같이 머리가 빨리 돌아가는 생물학적 능력으로 인식되기 시작한다. 따라서 빠른 두뇌를 가지고 태어나지 못했으면 문제를 빨리 푸는 연습으로 학창 시절을 보내야 한다.

우리는 성공한 사업가를 보면 머리가 뛰어난 사람이라고 생각하는 경향이 있다. 과거에 철강산업에 투자한 것이나 반도체에 투자하여 현재 대한민국을 먹여 살리는 것은 모두 비상한 두뇌를 가진 선각자들이 있었기 때문에 가능하다고 믿는다. 그들은 비전을 가지고 계획을 세운 후 정교한 시뮬레이션을 거쳐 실행에 옮기는 과정을 거쳐 훌륭한 업적을 쌓았다. 이런 사람들을 위주로 보면 '지능'의 핵심은 미래에 일어날 일을 상상하여 다양한 시나리오를 만들고 각각의 결과를 예측해볼 수 있는 능력이라고 할 수 있다. 따라서 정교함, 상상력, 예측력을 갖추고 실행에 옮길 수 있으면 높은 지능을 가지고 있다고 할 수 있다.

근래에는 '지능형 CCTV', '지능형 냉장고' 등과 같이 공장에서 만들어내는 제품에 지능의 개념을 붙여왔다. '지능형'을 붙이는 이유는 기계가 다양한 상황에 맞게 자율적으로 작동하거나 적응한다는 면을 강조하기 위해서다. '자율주행차'도 이런 범주에 속하지만 '자율'이 이미 AI를 가정하고 있으므로 굳이 '지능형'이란 표현을 사용하지 않는다. 로봇도 정해진 일을 반복 수행하는 산업로봇에서 재난과 같은 예측 불허의 상황에 투입되어 유연하게 대처하며 임무를 수행하는 '지능형' 로봇으로 발전하고 있다. 결국 로봇이나 기계가 지능을 가진다는 것은 인간 수준의 물리적·지적 영역에서 적응력을 가지고 있다는 것이다.

인터넷이 등장하면서 가상 환경에서 활동하는 로봇을 '봇' 혹은 '소프트봇softbot'이라고 불러 기계로봇과 구분을 해왔다. 이들은 인터넷상에서 특정 작업을 수행하도록 프로그래밍된 소프트웨어로, 문서를 수집하는 크롤러crawler로부터 시작해 은행 서비스와 같이 특정 목적하에서 대화를 수행하는 '챗봇'으로 변화하였고, 이제 챗봇은 일반 대화를 수행할 수 있는 챗GPT AI로 진화했다. 상황에 따라 자연스럽게 대화하는 언어 구사력은 지능의 대표적인 요소로 각인되었으며, 학습 능력을 통해 새로운 지식을 지속적으로 받아들이는 것도 지능의 필수 요건이 되었다.

챗GPT가 가지고 있는 예측 불가능한 면을 강조하기 위해 이 AI를 '외계 지능Alien Intelligence'이라고 부르는 경우도 있다. 하지만 그동안 AI는 대부분 인간 지능을 모델로 발전되었다. 따라서 인공적으로 지능을 만들어내기 위해서는 인간 지능의 범위와 특성을 깊이 이해하는 것이 선행되어야 한다. 위에서 짚어본 문제 해결 능력, 빠른 두뇌 회전, 정교함, 상상력, 예측력, 적응력, 언어 구사력, 학습 능력 등은 모두 인간의 한 모습으로 우리가 일상에서 도출해낼 수 있는 지능의 요소들이다.

이외에 다른 어떤 지능 요소들이 존재할까? 우리 아이는 어떤 요소들을 얼마나 가지고 있을까? 현재의 AI는 이런 요소들을 얼마나 가지고 있으며, 가까운 미래에는 어디까지 도달할 수 있을까? 인간은 AGI가 출현할 미래 시점에 어떤 능력을 보유하고 있어야 할까? AI와 인간이 가지고 있는 사고 체계의 차이를 알면 AI 발전에도 도움이 되지만, 어떤 방향으로 인간의 능력을 계발해야 하는지도 알 수 있지 않겠는가. 이 두 가지 목적을 제대로 달성하기 위해 우리가 반드시 탐구해야 할 곳곳은 '지능'이라 불리는 영역이다.

지능 이론과 AI

지능지수는 1905년 프랑스 심리학자 알프레드 비네Alfred Binet가 제안한 것으로 기억력, 이해력, 추리력, 계산력을 측정하여 숫자로 나타낸다. 아직도 IQ 테스트는 학생의 잠재력을 평가하는 도구로 쓰이지만, 요즘은 반쪽짜리 지수로 여겨진다. 인간의 삶에 필수적인 다른 능력이 있다는 자각 때문이다. 미국 심리학자 대니엘 골만Daniel Goleman이 제안한 감성지수(EQ)Emotional Quotient는 자신의 감정을 통제하고 다른 사람의 감정을 이해하여 관계를 맺을 줄 아는 능력을 표현하는 지수로, 현대를 사는 사람들이 갖춰야 할 필수적인 능력이다. EQ가 높은 사람은 자기 인식self-awareness에 강하고 감정이입을 잘하며 어려운 상황에서 변화를 잘 수용할 줄 안다.[97] 반면에 목석같은 사람이나 걸핏하면 화를 내는 사람은 EQ가 낮다고 타박받기 쉽다. 즉 원만한 대인 관계와 창조적 문제 해결과 직결되는 지표다.

EQ와 연관된 개념인 사회성지수(SQ)Social Quotient는 타인과 잘 어울릴 줄 아는 능력으로, 다양한 사람들과의 협업이 중시되는 현대사회에서 성공 요인의 하나로 꼽히고 있다.[98] EQ 및 SQ와 밀접한 관계가 있는 공존지수(NQ)Network Quotient도 있다.[99] 이는 사람들과 네트워크를 형성하고 유지할 수 있는 능력을 표현하는 것으로, 다른 사람들과 공존할 수 있는 소통 능력의 중요함을 강조한다. 사람들 간의 네트워크를 자원으로 활용할 수 있다는 면을 강조하므로 NQ는 EQ와 SQ를 확장한 능력이라고 볼 수 있다.

지능이라는 개념에 주목했던 심리학이나 교육학에는 이정표가 될만한 몇 가지 지능 이론이 존재한다. 영국 심리학자 찰스 스피어먼Charles Spearman은 '범용 지능'(GI)General Intelligence 이론을 정립하여, 지능의 정도를 측정하여 숫자로 표현할 수 있다고 주장했다.[100] 지능을 하나의 일반적인 능력으로 수렴시킨 근거는 세분화된 능력 테스트들의 결과를 분석해본 결과, 종합 점수인 범용 지능 점수와 차이가 별로 없었기 때문이다. 즉 하나의 테스트에서 성적이 좋은 사람은 다른 테스트들에서도 좋은 점수를 받았고, 반대로 나쁜 점수를 받은 사람은 다른 테스트들에서도 낮은 점수를 받는 경향이 있었다는 것이다.

사람이 범용 지능을 가지고 있다는 것은 거의 모든 상황에서 지능적으로 행동할 수 있다는 것을 의미하므로 누구나 이런 능력을 가지고 싶어 한다. '박식가'로 해석되는 폴리매스polymath로 유명한 르네상스시대의 레오나르도 다빈치에 열광하는 이유도 거기에 있다. AI 분야에서도 GPS와 같은 범용 지능을 만들어보려는 초기 목표가 있었다. 하지만 이런 지능을 가진 AI가 시기상조라는 것을 깨달은 연구자들은 하나라도 잘하는 AI를 만들어보는 쪽으로 방향을 틀었다. 특화된 지능은 단시간에 구현하기 쉬워 결과를 보여줄 수 있었고 실생활이나 산업에서 도움이 될 수 있었기 때문이다.

세상이 복잡해지고 경쟁이 심해지면서 정부나 기업의 조직도 전문 분야별로 세분화되고, 각 부서에는 분야 전문가들이 포진하여 문제를 해결해나간다. 바야흐로 '전문가' 시대가 된 것이다. 한편 전산학에는 전체 문제를 풀기 어려울 때 작은 문제로 쪼개어 해결한 후 그 결과를 합쳐가는 '분할 정복Divide and Conquer'이라는 패러다임이 있다. 실세계 문제를 해결해야 하는 컴퓨팅 분야에서 이 패러다임이 소프트웨어나 하드웨어 설계 및 구현에 적극 활용된 것은 자연스러운 현상이었다. 따라서 AI의 발전에도 이 패러다임이 적용되어 '전문가 시스템'이 각광을 받던 시대가 있었던 것이다.

하지만 세분화되고 특화된 AI의 장점에도 불구하고 이런 AI는 다른 영역에서 사용할 수 없으므로 인간이 가지고 있는 통합적인 지능의 구현과는 거리가 멀었다. 그러다 보니 인간이 어려움 없이 수행하는 상식 기반 추론common sense reasoning이 AI의 난제 중 난제로 자리 잡게 되었으며, AGI의 개발은 AI 분야에서 언제

도달할지 예측조차 하기 어려운 목표였다. 그러다가 챗GPT의 출현으로 인해 그 꿈이 가시거리에 들어온 것이다.

　그동안 컴퓨터공학과 AI 분야에서는 두루뭉술한 범용 지능을 목표로 두기보다 지능을 구성하는 각개 능력을 목표로 삼고 평가 지표로도 사용했다. 이 과정에는 인지심리학에서의 이론과 연구 결과가 등대 역할을 해주었다. 심리측정학psychometry의 거장 루이스 서스톤Louise Thurstone이 정의한 지능의 일곱 가지 능력은 그 중 대표적인 것이다.[101] 이는 인간 지능을 세분화하면서도 종합적으로 판단하고자 하는 노력의 시작이라 할 수 있다.

- 기억하고 인출하는 능력을 대변하는 연상기억Associative memory
- 객체들의 차이와 유사성을 볼 수 있는 지각 속도Perceptual speed
- 규칙을 발견할 수 있는 추론Reasoning
- 단어를 정의하고 이해할 수 있는 언어 이해Verbal comprehension
- 수학 문제를 풀 수 있는 수치 능력Numerical ability
- 단어를 빠르게 생성하는 어휘 능숙도Word fluency
- 관계를 시각화할 수 있는 공간 시각화Spatial visualization

　'연상기억'은 인간의 뇌가 가지고 있는 특별한 기능으로 컴퓨터 기억장치가 이를 모사했고, '지각 속도'는 유사성 판단력이 중요한 검색엔진 소프트웨어의 목표로 자리 잡았다. '추론'은 초기 AI 시대부터 최근의 딥러닝까지 핵심 주제가 되어 있다. '언어 이해'와 '수치 능력'은 최근에 AI 분야에서 본격적인 연구가 진행되었는데, 여기에 '어휘 능숙도'까지 더해진 능력이 GPT 계열의 최첨단 AI에 구현되었다. '공간 시각화'는 뇌가 가지고 있는 특유의 의식 작용으로, 대상들 간의 관계 및 지식을 이미지화할 수 있는 능력이다. 뇌과학에 의하면, 시각 인지 메커니즘은 뇌의 시각 기관이 단계적으로 물체의 이미지를 재구성해가는 식으로 진행된다. 첫 단계에서는 색깔과 윤곽을 재구성하고, 그 다음 단계에서는 개별 구성 요소들을 묶어내며, 마지막 단계에서는 정보들이 뇌의 상위 피질 영역에 모여 통합된 전체를 구성한다. 이렇게 구성되는 객체의 이미지는 다른 정보들과 연결되어 뇌 안의 네트워크를 형성한다. 이미지처리 AI에서 핵심 역할을 하는 합성곱신경망 같은 방법도 이런 메커니즘을 모사한다.

이렇게 일곱 가지 지능의 대부분은 AI나 컴퓨터공학에서 이미 반영이 되었거나 구현되고 있다. 특히 GPT-4는 챗GPT에 없던 '공간 시각화'도 내재하고 있어 위에 열거한 각각의 능력을 AI가 어느 정도까지는 확보하고 있다고 할 수 있다. 그렇다면 다면성을 가진 인간 지능은 이제 AI에 의해 모두 구현이 되고 있다는 것인가? 이제 인간은 AI의 지능이 나날이 향상되는 것을 지켜보면서 언젠가 지능적으로는 정복을 당할 날을 기다리고 있는 나약한 존재로 남아 있어야 하는 것일까?

큰 범주 내에서는 그렇게 보일 수도 있지만 인간 지능을 조금 더 면밀히 살펴보면서 인간의 능력을 탐구해봐야 한다. 지능의 다양한 면을 충분히 이해해야 발전 일로에 있는 AI와 인간과의 차이를 볼 수 있을 것이고, 그래야 AGI 시대를 맞이할 우리 미래 세대에게 희망을 줄 수 있다. 지능을 좀 더 세분화하여 이해해야 어떤 능력을 키워주어야 할지 정할 수 있기 때문이다.

다중 지능 이론

지능의 다면적 특성을 상세히 정리한 것으로 가장 잘 알려져 있는 것은 미국 심리학자이자 하버드대학교 교수인 하워드 가드너Howard Gardner의 '다중 지능 이론Multiple Intelligence Theory'이다. [102] 그의 초기 이론에는 시공간 지능, 언어 지능, 논리수학 지능, 신체 운동 지능, 음악 지능, 자연 지능, 자기 성찰 지능, 인간 친화 지능이 포함되어 있다. 이런 지능의 유형은 뇌지도 및 게놈 연구, 유전학 연구, 창의력 및 문화 체계 연구 등의 다양한 학문 발전에 많은 영향을 준 것으로 알려져 있다.

　이 이론에 따르면, 인간은 위에 열거한 모든 지능 유형들을 가지고 태어나지만 서로 다른 비율로 조합되어 있어 개인별로 발현되는 양상이 다르다. 즉 개별 능력들은 서로 배타적인 것이 아니라 상호 협력 관계를 가지고 있다. 따라서 하나의 유형이 발달하면 다른 유형의 지능도 영향을 받고, 거꾸로 하나의 유형이 발달하기 위해서는 다른 능력들과의 협력이 필요하다. 따라서 한 지능 유형만 집중 계발하는 것은 불완전한 교육으로 간주된다. 이 이론은 실험 연구를 통한 뒷받침이 부족하다는 비판도 있지만, 학생의 강점과 선호도 등을 파악하는 데 도움이 되므로 교육자들은 학교 환경에 적용하려는 노력을 해왔다. [103] 다중 지능의 아홉 가지 능력에 대해 간단히 알아보자.

시공간 지능 visual-spatial intelligence

어떤 대상이나 대상의 관계를 시각적으로 떠올려 시공간적 판단을 할 수 있는 능력이다. 따라서 방향성 판단, 지도, 차트, 비디오, 그림 등과 관련된 작업에 영향을 준다. 이 지능이 높은 사람은 패턴인식을 잘하므로 그림 맞추기 퍼즐 같은 것을 잘해내고 읽기·쓰기를 좋아하는 경향도 있다. 그림, 그래프, 차트 등의 해석을 잘하고 그리기·색칠하기 등을 즐기는 특징을 가지고 있어 건축가, 미술가, 엔지니어 등의 직업에 적성을 가지고 있다.

언어 지능 linguistic-verbal intelligence

이 지능이 높은 사람은 쓰기·말하기에서 언어 사용에 탁월한 능력을 가지고 있다. 독서나 스토리 작성 그리고 정보를 기억하는 데 우수함을 보인다. 이들은 설명을 잘하며 유머 감각이 높다는 특징을 가지고 있어 자연스럽게 독서와 쓰기 그리고 강연 듣기와 토론을 좋아한다. 언어 지능이 높은 사람에게는 작가, 저널리스트, 변호사, 교사 등의 직업이 적절하다.

논리수학 지능 logical-mathematical intelligence

문제 분석 및 수학적 계산을 잘하는 능력으로 과학자, 수학자, 컴퓨터 프로그래머, 엔지니어, 회계사 등의 직업과 깊은 관련이 있다. 이 지능이 높은 사람은 문제 해결 능력이 탁월하고 추상적 사고를 즐기며 과학 실험을 좋아한다.

신체 운동 지능 bodily-kinesthetic intelligence

신체를 사용하거나 물리적 통제를 잘하는 능력이다. 이 지능이 높은 사람은 눈과 손의 협응協應 능력이 뛰어나고 손재주가 있어 공예나 스포츠를 즐긴다. 시각이나 청각을 사용하는 것보다 몸을 움직이고 실행하면서 기억을 더 잘하므로 정보 습득도 독서나 강연보다 활동에 직접 참여하는 것을 선호한다. 가만히 앉아 있거나 장시간 듣는 데 어려움을 느끼고, 그룹으로 일하기보다 혼자 일하는 것을 선호한다. 운동선수, 댄서, 목수, 수술 의사, 조각가, 배우 등이 적합한 직업이다.

음악 지능 musical intelligence

이 지능이 높은 사람은 패턴, 리듬, 소리에 기반한 사고에 능하므로 음악 감상을 좋아하고 노래와 연주하는 것을 즐긴다. 다른 사람에 비해 음악적 패턴과 톤을 쉽게 인식하고 노래와 멜로디 기억을 잘한다. 음악의 구조, 리듬, 음표 등에 대한 깊은 이해를 하는 능력이므로 음악가, 작곡가, 가수, 음악 교사, 지휘자 등의 직업으로 연결된다.

대인 관계 지능 interpersonal intelligence

이 지능이 높으면 주변 사람의 감정·동기·욕구·의도 등을 쉽게 파악하여 타인을 잘 이해하므로 사람들과 상호작용하는 것을 좋아한다. 언어적·비언어적 소통 기술을 가지고 있고 색다른 관점에서 상황을 파악하는데 능해 타인과 긍정저인 관계를 유지한다. 그러다 보니 그룹 세팅에서 충돌을 해소하는 역할도 즐겨한다. 관련된 직업은 정치가, 외교가, 세일즈맨, 상담사, 심리학자 등이다.

성찰 지능intrapersonal intelligence

자기 자신의 감정 상태·느낌·동기를 이해하는 능력이다. 이 능력이 높은 사람은 자기를 돌아보거나 분석하는 것을 즐기고, 다른 사람과의 관계를 탐구하면서 자신의 장단점 분석 및 파악을 잘한다. 이론이나 아이디어의 분석을 즐기고 자각 능력이 우수하여 자신의 동기나 느낌에 대한 바탕을 잘 이해한다. 철학자, 작가, 이론가, 과학자들이 갖춰야 할 지능이다.

자연 동화 지능naturalistic intelligence

자연과의 조응을 잘하고 환경 변화에 민감하여 자연에서 패턴과 관계성을 발견하는 능력을 지칭한다. 이 지능이 있는 사람은 자연스럽게 식물과 동물에 강한 관심을 가지고 있어 이들에 대한 공부와 양육을 좋아하고 캠핑, 하이킹, 정원 관리 등을 즐긴다. 생물학자, 수의사, 환경지킴이, 농부, 원예사, 정원사 등이 이 지능과 관련된 직업이다.

존재 지능existential intelligence

인생이나 인간의 존재 등에 대해 깊은 질문을 할 수 있는 능력을 말한다. 이 지능이 높은 사람은 인간의 행동이 미래에 어떤 영향을 미치는가와 같이 장기적 관점에서의 거대 담론을 즐기고 외부자적인 시각으로 세상을 보는 능력이 있다. 삶과 죽음의 의미에 대한 질문이 중요한 철학자, 목회자, 사상가 등의 직업이 요구하는 능력이다.

　우리나라 교육에서는 어떤 지능의 계발에 초점을 맞추었을까? 대입 수능을 보면 '언어 지능'과 '논리수학 지능'이 대표적이라는 것을 금방 알 수 있다. 그리고 아이들을 학원이나 과외에 보내는 것을 보면 '운동 지능'과 '음악 지능'에 학부모들이 관심을 가지고 있다는 것도 알 수 있다. '시공간 지능'도 여기에 어느 정도 포함이 된다. 학생들은 좋은 대학에 들어가거나 전공을 찾아가기 위해 학교에서나 학원에서 이런 지능들을 중심으로 연마해왔다. 상당히 편협하고 불완전한 목표를 추구했다는 느낌이 오지 않는가. 더구나 AI가 '언어 지능'과 '논리수학 지능'면에서 이미 인간을 능가하는 수준에 도달하고 있으니 자녀 교육의 방향성을 설정하고 교육체계를 세우는 데 대대적인 변화가 있어야 할 것 같다.

문제 해결 능력은 어디서 올까?

학교교육을 떠나 실제 세상을 접하면 우리는 다양한 문제에 부딪히고 이를 해결해야 한다. 삶 자체를 헤쳐나갈 능력이 필요해진다. 이러한 맥락에서 로버트 스턴버그Robert Sternberg라는 유명한 심리학자는 지능을 인간 삶의 목적과 연결하여 정의했다. 그는 실세계에서 삶의 목적을 달성하는 데 필요한 '성공적인 지능'이 갖춰야 할 세 가지 요소가 있다고 보았다. [104]

- 분석 지능: 정보를 분석하고 문제 해결을 하는 능력
- 창조 지능: 새로운 아이디어를 창출해내는 능력
- 실용 지능: 변화하는 환경에 적응하는 능력

'분석 지능analytic intelligence'은 더 이상 강조할 필요가 없을 정도로 학교교육에서 이미 중요한 자리를 차지하고 있다. 이 지능은 점점 더 거세게 밀려오는 정보의 홍수 속에 복잡해진 사회가 갖는 다양한 문제를 해결하는 기초적인 능력이므로 기존 학교교육에서 이미 충분히 다루어지고 있다. AI도 그 발전 과정을 보면, 최근 생성형 AI가 개발되기 전까지는 분석 지능이 대세였다. 따라서 AI가 가지고 있는 정보 분석 및 영역별 문제 해결 능력은 인간의 능력을 초월하는 수준에 와 있다. 학교교육에서 강조해온 '분석 지능'을 AI가 따라와서 인간을 능가할 정도라는 것은 우리 교육의 변화가 불가피하다는 것을 의미한다.

'창조 지능creative intelligence'은 우리나라가 선진국 대열에 들어서면서 모든 분야에서 리더가 되어야 한다는 자각과 함께 최근에 강조되는 목표다. 이런 점이 예산 및 정책에 반영된 데 힘입어 전자공학, 재료공학, 화학공학, AI 등 분야에서 우리가 세계적인 경쟁력을 가지고 있다. 문화콘텐츠 분야에서도 영화, 음악, 게임 등에서의 쾌거를 통해 'K-컬처'라는 용어와 함께 창의성에 대한 자신감을 얻어가고 있다. 대학 입시에 모든 초점이 맞춰져 있는 초·중·고 교육의 현실로 인해 '창조 지능' 개발이 거의 무시되고 있는데도 불구하고 이런 성과를 내는 것은 우리 민족의 DNA 때문일까? 창의성을 흉내 내고 있는 AI가 약진하고 있는 상황에서 우리는 창의성을 좀 더 잘 이해하여 어떤 창의성을 키워야 할지 고민해봐야 한다.

'실용 지능practical intelligence'은 '적응력'을 의미하는 것으로 교육 시스템 안에서보다 실제 사회에서 다양한 도전과 응전의 경험을 통해 길러질 가능성이 높다. 학교라는 안정된 곳에서 세상의 모델을 통해 정제된 교육을 받아 지혜를 얻는 것(book smart)도 필요하지만, 정돈되지 않은 세상에서의 경험과 체험을 통해 '실용 지능'을 키워가면서 영리해지는 것(street smart)도 중요하다. '실패 경험이 없는 주식 투자에서의 수익은 그저 운일 뿐이다', '부동산 투자의 성공은 발품 파는 것에 비례한다' 등의 노하우는 모두 경험의 중요성을 강조한다. '실용 지능'이 높다는 것은 알고 있는 이론을 현실에 잘 적용하는 능력이기도 하지만, 실제 경험으로부터 빨리 배운다는 의미도 가지고 있다.

그렇다면 AI는 실용 지능을 가지고 있을까? 현실과 유리되어 컴퓨터 안에 존재하는 AI는 아직 세상으로부터 직접경험을 할 수는 없다. 따라서 사람이 책을 읽어 간접경험을 얻는 식으로 '실용 지능'을 학습 콘텐츠로부터 습득하여 피상적으로 흉내 낼 수 있을 뿐 체화된 지식을 가질 수는 없다. 바둑에서 훈수는 잘 두는 사람이 실전에는 약한 것과 유사하다고 할 수 있다. 하지만 MS 사의 코파일럿과 같이 AI의 코딩 능력과 로봇이 연결되어 가상 세계의 AI와 현실 세계의 로봇이 연결되는 순간이 온다면 로봇이 현실 세계에서 경험한 것을 AI가 학습하는 것도 가능해질 수 있다.

문제 해결에 있어 지식을 사용하는 유연성 정도로 지능을 판단하기도 한다. 교육심리학자 존 혼John L. Horn과 레이몬드 커텔Raymond Cattell은 지능을 '유동 지능fluid intelligence'과 '결정 지능crystalized intelligence'으로 나누었다. [105] 유동 지능이 높은 사람은 보유하고 있는 지식에 의존하기보다는 창의적인 방법으로 문제 해결을 하는 경향이 있다. 즉 생각이 유연하여 과거 사례나 지침을 그대로 따르지 않고 문제를 구성하는 대상들의 관계를 볼 수 있는 통찰력을 동원하여 문제를 해결한다. 반면, 결정 지능이 높은 사람은 낯변한 분제를 해결하는 데 있어 새로운 방법론을 찾기보다 과거의 경험이나 사실을 적용하여 매우 효율적이다.

AI는 이 두 가지 지능 중 어떤 지능에 더 강할까? 과거의 규칙 기반 AI는 결정 지능이 높았지만, 챗GPT와 같은 뉴럴넷Neural Networks 기반의 AI는 유동 지능이 높다. 과거 AI는 의사결정 지식을 규칙으로 코드화하여 매우 효율적으로 판단하는 반면, 챗 GPT는 매우 유연하지만 내부에 규칙이나 사실 데이터를 저장하지 않아 '한 방을 날리는 식'의 문제 해결을 하지는 못한다. 엄청난 양의 정보와 지식을 습득했지만 그 결과로 규칙을 생성하고 저장하여 재사용하지 않기 때문이다. 확률 기반의 의사결정은 규칙 기반보다 항상 유연하게 대처할 수 있다는 장점이 있지만 매번 확률 계산을 해야 하므로 통찰력이나 '감'을 사용하는 빠른 의사결정이 어렵다.

문제 해결을 위한 지능은 다음과 같은 단계로도 구분할 수 있다. 이는 30년 넘게 대학에서 연구와 교육에 몸담았던 경험에 의거한 나의 관점이지만 교육계에 있는 많은 사람들이 동의할 것이다.

- 학습 능력: 지식을 획득하고, 보존하며, 사용하는 능력
- 문제 식별 능력: 해결 가능성이 보이는 문제를 식별하는 능력
- 문제 해결 능력: 자신의 경험과 지식을 사용하여 문제의 해결책을 도출하는 능력

예컨대, 겨울밤에 갑자기 정전된 상황을 시나리오로 상정해 보자. 당신이 과거에 전력 과부화로 집 안의 서킷브레이커circuit breakers가 작동했거나 외부 변압기 등 송전 과정에 문제로 정전된 것을 경험했고 이들을 기억하고 있다면 당신은 '학습 능력'을 가지고 있는 것이다. '문제 식별 능력'이 있는 당신은 창밖을 보고 다른 집들이 멀쩡하다는 것을 인지한 후 문제가 우리 집 안에 있

는 것으로 판단하여 서킷브레이커가 있는 곳을 점검할 것이다. 만약 서킷브레이커가 '꺼짐'으로 되어 있으면 당신은 집 안 어디서 과부하가 걸렸을지 찾아볼 것이다. 너무 많은 전열기를 틀어놓은 것을 깨달은 당신은 전열기 몇 개를 끄고 서킷브레이커를 '켜짐'으로 돌려놓아 정전 상황을 끝내 '문제 해결 능력'이 있음을 보인다.

위 세 가지 능력은 학교교육에서도 중요한 요건이다. 교과과정을 설계하고, 교사들이 수업과 실습을 운영하는 것은 학생들의 '학습 능력'을 키우도록 하는 것이 주목적이다. 시험을 치르는 것은 평가의 의미도 있지만 학습한 것을 강화시키는 의미도 크다. 수업에서 다양한 형태의 미디어를 사용하고 실습을 시행하는 것은 시각, 청각, 촉각을 모두 이용하여 지식 습득 경로를 다양화함으로써 뉴런들 간의 연결성을 강화하고 체화시키려는 노력이다. 우리나라 '수능'의 원래 취지도 '수학 능력'을 테스트해서 대학에서 필요로 하는 학습 능력을 얼마나 갖추고 있는지를 보려는 것이다. 그런데 지금은 세 번째 단계의 '문제 해결 능력'으로 변질되어 빨리 푸는 능력을 평가하고 변별력을 위해 '킬러 문항'까지 나온다. 대학에서 길러야 할 능력을 미리 갖출 것을 요구하는 것이다.

물론 수능과 같은 평가 도구가 수학 능력을 점검하는 목적 이외에 '문제 해결 능력'을 연마하는 방법으로 사용될 수는 있다. 배운 이론이나 공식을 응용할 수 있는 능력을 키울 수 있기 때문이다. 대학 이공계 교과서의 각 단원 뒤에 있는 '문제 풀이' 섹션도 그런 목적으로 사용하라고 있는 것이다. '연습 문제exercises'와 '문제 풀이problems'의 차이는 '닫힌 문제'와 '열린 문제'의 차이로 볼 수 있다. '닫힌 문제'는 단순히 어떤 지식이나 공식을 적용하면 바로 풀리는 것들로, 그야말로 연습용 문제들이다. 반면, '열린 문제'는 단순한 지식 적용의 범위를 벗어난 것으로 문제의 성격을 이해하여 어떻게 해결해야 할지 깊은 생각을 요구한다. 어떤 경우에는 답이 존재하지 않을 수도 있고 여러 가지 해결 방법이 있을 수도 있다.

문제 식별 능력과 문제 해결 능력의 차이는 대학원 과정에서 극명하게 드러난다. 전공 지식을 가지고 있고 학습 능력도 충분하다고 판단되어 입학한 대학원생들이지만 이 두 가지 능력의 차이에 따라 석사 학위로 마칠 것인가, 박사 과정으로 진학할 수 있을 것인가가 결정된다. 석사 과정 학생에게는 수업을 통해 습득한 지식을 사용하여 주어진 연구 문제를 해결할 수 있는 '문제 해결 능력'을 요구한다. 반면, 박사 과정 학생에게는 스스로 연구 문제를 찾아내서 정의할 수 있는 '문제 식별 능력'과 이 문제에 대한 해결 방안을 찾아내는 '문제 해결 능력'을 같이 요구한다. 즉 주어진 문제를 해결하는 수동적 능력보다 자신의 문제를 스스로 식별하고 정의하는 능동적 능력을 고급 능력으로 보는 것이다. 이는 '열린 문제'를 정의하고 푸는 능력이다.

세상에 존재하지 않았던 문제를 찾아 답을 만들어가는 능력은 질문을 잘할 수 있는 능력과 불가분의 관계가 있다. 뉴턴이 만유인력 이론을 만들어내는 과정에서 사과가 왜 떨어지는가라는 거의 바보 같은 질문으로부터 시작했다는 것은 익히 아는 사실이다. 당연하게 보이는 현상에 호기심을 가지고 남들이 생각하지 못하는 질문을 던지는 이 능력은 창의성의 시작점이 되는 것이다.

대학이나 연구소에서 석사보다 박사 학위 소지자를 더 선호하는 이유가 무엇일까? 단순히 박사가 더 많은 지식을 가지고 있기 때문이 아니라 스스로 문제를 파악하고 정리할 수 있는 통찰력으로 새로운 영역을 개척해갈 수 있기 때문이다. 비즈니스 세계나 산업계에서 경력자를 선호하고 고급 임원들에게 엄청난 연봉을 지급하는 이유도 그 궤를 같이한다. 단순히 오래 일을 했기 때문이 아니라, 다양한 경험을 통해 새로운 비즈니스를 발굴할 수 있는 비전과 중요한 의사결정을 할 수 있는 통찰력을 가지고 있기 때문이다. 제2의 인지혁명이 진행되고 있는 요즘 시대에 옆에 챗GPT를 두고도 누가 지식이 많은지를 따지는 것은 도토리 키 재기와 같다. 남들이 보지 못하는 새로운 문제를 보고 비전을 제시할 수 있는 통찰력이 경쟁력의 핵심이다.

인간 지능 vs AI

인간과 AI가 대결하는 올림픽게임이 있다면 종목 결정을 어떻게 해야 할까? 그동안 AI의 능력을 평가하는 데 있어 가장 많이 회자되었던 종목은 '튜링 테스트Turing Test이었다. 칸막이 뒤에 인간과 AI가 있을 때 각종 질문을 던져 나온 답이 누구 것인지 모르면 AI가 인간의 능력을 따라왔다고 판단한다. 즉 AI 선수가 인간만큼 할 수 있는가를 확인하는 '범용 지능' 테스트로 경기 규칙이 세밀하지 않아 다소 개념적이고 추상적이다.

2011년도에 IBM이 선택한 종목은 '제퍼디Jeopardy'라는 종합 퀴즈대회였는데, 거기서는 왓슨이라는 AI가 인간 챔피언을 이겨 전 세계를 놀라게 했다. 이 경기는 지식과 언어 그리고 논리 처리 능력을 테스트하는 종목으로 문제별 승패가 명확하지만, 하워드 가드너의 다중 지능 중 단 두 개에 해당한다. 이후 AI 연구자들은 시각, 음성, 독해, 질의응답, 대화, 번역, 바둑 등 훨씬 세분화된 종목들을 만들어 AI 선수들을 훈련시켜왔지만 종목별 선수권 대회였을 뿐 올림픽은 아니었다. GPT 계열 AI가 나오면서 변호사시험, 의사고시, 대학입학자격시험 등 보다 다양한 종목들에서 AI 선수가 일취월장하고 있다는 것을 보이고 있지만 여전히 하워드 가드너의 아홉 가지 다중 지능.중 처음 세 가지인 시공간 지능, 언어 지능, 논리수학 지능에 국한되어 있다.

약 10년 후에 '인간-AI 올림픽'을 계획한다면 종목 결정은 어떻게 하고 인간 팀은 어느 종목에 투자해야 종합 성적에서 AI 팀에 우승을 내주지 않을까? '모라벡의 역설$_{Moravec's\ Paradox}$'이 통찰력을 제공해준다.[24] '어려운 일은 쉽고, 쉬운 일은 어렵다'는 이 역설은 인간과 AI가 문제 해결에 있어 서로 상반된 특성을 가지고 있음을 잘 설명해준다.[106] 인간이 감각, 무의식, 직관 등으로 쉽게 처리할 수 있는 종목은 AI가 어려워하고, 인간이 어렵게 공부하여 쌓은 지적 능력을 필요로 하는 종목은 AI가 잘한다는 이 역설은 오늘날까지도 통용된다.

인간은 자아와 자의식을 모두 가지고 있는 지구상의 유일한 존재이고 욕망과 복잡한 삶의 동기에 의해 행동한다. 반면, 현재 AI에는 이런 인간적 요소들이 없다. 그렇다면 '인간-AI 올림픽'에 출전할 미래 세대가 집중적으로 키워야 할 방향은 대체로 정해진다. 하워드 가드너의 다중 지능 중 '신체 운동 지능'부터 '존재 지능'까지 나머지 여섯 개가 해당된다. 하지만 올림픽 팀에 우리나

---

[24] MIT 로봇공학 교수였던 한스 모라벡이 1976년에 펴낸 책에서 주장한 역설.

라가 잘하는 양궁이나 태권도 선수만 포함시킬 수 없는 것과 같이 '인간-AI 올림픽'에 출전할 인간 팀은 육상, 수영에 해당하는 기본 지능에도 투자해야 한다. 하워드 가드너가 주장하듯이 다양한 지능들은 서로 영향을 미치기 때문이다. 게임에 앞서 전력 분석을 하듯이 인간과 AI의 상대적 우위를 가늠해보자.

인지적 관점

인지과학은 인간의 뇌를 중심으로 기억, 정보처리, 행동 제어를 포함한 지적 시스템의 작동 기제를 연구하는 학문으로 심리학, 철학, 신경과학, 언어학, 컴퓨터과학, 인류학, 교육학 등 다양한 분야가 연계되어 있다. 인지과학이 AI의 발전에 많은 영향을 주었음은 물론이고, 거꾸로 컴퓨터과학과 AI의 모델링 및 평가 방법 등은 인지과학의 발전에 영향을 주어 서로 상호 보완적으로 성장해왔다. 뇌에 대한 이해는 AI의 설계에 반영되었고 컴퓨터나 AI 시스템의 구조, 작동 방식, 성능 평가 등은 인간 뇌의 작동 방식에 대한 가설을 세우고 모델링하는 데 사용되었다.

그런 상호 연관성으로 인해 AI 설계 과정에서 뇌신경과학의 발전이 매우 중요한 역할을 한다. 예를 들어, 뉴럴 네트워크와 챗GPT의 트랜스포머 구조에서 핵심 역할을 하는 셀프어텐션self-attention은 뇌의 주의 집중 메커니즘을 응용한 것이고, 이미지 인식의 핵심 기술인 합성곱신경망은 인간의 시각처리 메커니즘과 매우 유사한 방식으로 설계되었다. 이러한 기술들은 생물체인 뇌에서 일어나는 전기화학적 신호처리를 실리콘 기반의 디지털 전기신호방식으로 대체 구현한 것으로 볼 수 있는데, 이를 위해 고급수학 모델과 컴퓨터의 구조적 특성을 반영한 다양한 알고리즘들이 개발되었다.

앞서 이 책의 2장에서는 챗GPT 내부에서 벌어지는 모든 것을 추적하여 상세히 알기 어려운 한계가 있다는 점을 설명했다. 챗GPT 내부에 1750억 개나 되는 매개변수의 값에 의해 답변이 생성되기 때문에 분석적 방법으로 특정 대화가 어떤 식으로 이루어지는지 정확히 알 수는 없다는 것이다. 2023년 9월 20일에 빌 게이츠가 MSNBC와 인터뷰를 한 아래 내용은 이런 면을 잘 요약한다.[107]

'챗GPT와 관련된 모든 사람들이 이야기하듯이, 우리는 이 기술이 지식을 내부적으로 표현하는 방법을 완전하게 이해하지는 못한다. 어떻게 훈련을 시키는지는 알고 있으므로 어떤 일이 벌어지는지 추정은 할 수 있지만 실제 여러 가지 상세한 내용들이 어떻게 저장되는지에 대해서는 아직 연구가 진행 중이다.'

이런 불가해성은 현대 과학기술을 동원하여 뇌의 안을 들여다보더라도 인간의 사고 과정을 이해하기 위해 알 수 있는 것이 거의 없는 것과 유사하다. 우리가 알 수 있는 것은 뇌의 어떤 영역에서 어떤 일련의 뉴런이 활성화되었다는 포괄적인 내용이나 신경세포들이 전기화학적으로 어떻게 상호작용하는지에 대한 미시 세계에 그치고 있기 때문이다. 그나마 인간은 자의식과 메타meta의식이 있어 자신의 사고 과정을 언어적 방법으로 표현할 수 있지만 AI는 그런 의식이 존재하지 않기 때문에 인간이 이해할 수 있는 수준에서 설명을 얻어내는 것이 현재로써는 불가능하다. AI를 하나의 블랙박스라고 표현하는 이유다.

인간의 뇌를 연구하는 데 기능적 자기공명장치(fMRI)를 점차 세밀하게 사용하는 것과 유사하게 GPT 계열의 AI 연구에서도 지능적 처리 과정을 알아내기 위해 일종의 외부 탐침 방법을 쓰기도 한다. 챗GPT에게 다양한 종류의 과업을 주어 나오는 반응을 보면서 트랜스포머 구조에서 어떤 일이 일어나고 있는지 추정해보는 것이다. 예를 들어 아래와 같은 질문을 통해 탐침해볼 수 있다.

> MY 솜 1kg과 돌 1kg 중 더 무거운 것이 뭐지?

> ⊚ 솜과 돌 중에는 돌이 더 무겁습니다.
>
> 이유는 물리학적으로, 물질의 무게는 그 물질의 질량과 중력의 영향에 의해 결정됩니다. 돌은 솜보다 질량이 더 크기 때문에 같은 지구상에서는 더 많은 중력을 받아서 더 무겁게 느껴집니다. 따라서, 같은 질량을 가진 솜과 돌이 있다면, 돌이 더 무겁게 느껴집니다.

> MY 둘 다 무게가 1kg이면 같다는 것이 답일 텐데…

네, 죄송합니다. 제가 질문을 잘못 이해했습니다.

솜과 돌의 무게가 모두 1kg이라면, 둘의 무게는 서로 같습니다. 질량은 물체가 가진 물질의 양으로, 중력에 의해 물체에 작용하는 힘은 물체의 질량과 비례합니다. 따라서, 같은 질량을 가진 물체는 중력의 영향을 받을 때 서로 같은 무게를 가지게 됩니다.

다시 한 번 제가 오해를 불러일으켜서 죄송합니다.

이 문답을 통해 다음 내용을 유추할 수 있다. GPT는 단어가 표상하는 개념을 중심으로 단어들을 연결하고 있어 인간의 뇌와 같이 연상 추론을 할 수 있다는 것이다. 즉 '솜'과 '돌'이 개념 공간 어딘가에 표상되어 있는 상태에서 이 질문이 들어오니 일반적으로 '돌'이 '솜'보다 무겁다는 지식이 작용하여 첫 번째 답변이 생성된 것이다. 하지만 이 답에 오류가 있다고 지적받은 후, '솜'과 '돌'의 개념뿐만 아니라 '1kg'이라는 개념에 조금 더 '주목'하여 정확한 답변을 생성하게 된 것으로 보인다.

미드저니나 달리 계열의 이미지 생성 AI도 유사한 방법으로 그림을 생성해낸다. 만약 '고양이'와 '개'를 합성한 '개냥이'를 그려달라고 한다면, AI는 '개'의 개념과 '고양이'의 개념을 하나의 의미 공간에 사상한 후 그 두 개념의 중간쯤에 있는 영역을 중심으로 새로운 그림을 생성해내기 때문에 세상에 존재하지 않는 그림을 그려낼 수 있다. 이러한 능력은 창조력이라고 봐야 할까? 아니라는 비판이 있지만, 사람의 창조력도 이와 유사한 면이 있음을 부정할 수 없다. 예컨대, 신인상주의와 같은 새로운 미술 사조가 탄생한 것도 기존의 인상주의에 점묘법이 접목된 것으로 볼 수 있다. 인간도 기존의 지식이나 경험을 융합하여 새로운 것을 창조해낸다.

챗GPT의 개념 공간과 문장 생성 과정을 연결하여 파악하기 위하여 다른 탐침 과정을 따라가 보자. 챗GPT가 출시된 지 몇 달 후에 한국에서는 '세종대왕의 맥북 투척 사건'에 대한 사례가 회자되었다. 이 가상의 사건에 대해 설명해달라는 프롬프트에 챗GPT는 이 사건이 마치 실제 있었던 역사적 사실인 것처럼 한글 창제 시점의 실제 사실과 혼합하여 천연덕스럽게 설명했기 때문이다. 지금 이 글을 쓰고 있는 시점에도 유사한 오류를 범하고 있어 아래와 같은 질문에 어떻게 반응하는지 시험해보았다.

> **MY** 그럼 임진왜란 당시 '테슬라 충돌 사건'에 대해서 설명해줘.

> 임진왜란(1592-1598)은 조선과 일본 사이에서 벌어진 중요한 군사적 충돌로, 역사적으로 기록된 사건입니다. 그러나 '테슬라 충돌 사건'이라는 내용은 역사적 사실이 아니며, 허구의 이야기입니다.
>
> 테슬라(Tesla)는 현대의 전기 자동차 회사로, 임진왜란 시기와

관련이 없습니다. 따라서 '테슬라 충돌 사건'에 대한 역사적 기록이나 정보는 존재하지 않습니다.

이야기나 소설에서 역사적 사건과 현대 기술이나 브랜드와 관련된 허구 이야기를 만들 수는 있지만, 역사적 사건과 현대 기술 간의 관련성은 현실과는 무관한 것이며, 이러한 이야기는 픽션으로 간주되어야 합니다.

'세종대왕의 맥북 투척 사건'과 유사한 오류를 유도한 질문인데, 여기서는 어떻게 제대로 답을 했을까? 정확히 챗GPT가 내부적으로 어떻게 처리했는지 알 수는 없다. 다만 추정을 해보면, '테슬라'라는 단어는 고유명사이기는 하지만 학습데이터에 많이 출현하여 그 개념과 '임진왜란' 개념이 의미 공간에서 멀리 떨어져 있을 것이다. 뿐만 아니라 두 단어와 연관된 개념 집합들도 떨어져 있어 두 개념을 연결하여 뭔가 의미 있게 생성하기가 어려웠을 것이다.

이런 추정이 얼마나 정확할까? 확신할 수는 없지만, 아래 대화를 보면 위와 같은 해석의 타당성을 엿볼 수 있다.

MY 그런데 왜 조선시대 세종대왕과 현재의 맥북을 연결하여 '맥북 투척 사건'을 설명했지?

제가 이전에 '맥북 투척 사건'에 대한 설명을 드릴 때, 맥북이란 단어가 현재의 컴퓨터 브랜드인 'Apple MacBook'과 관련이 있는 것으로 오해하신 것 같습니다. 실제로 '맥북 투척 사건'이란 Apple의 MacBook과 전혀 무관한 내용이며, 허구의 이야기를 예를 들기 위해 사용한 것입니다.

불편함을 느끼게 한 점에 대해 사과드립니다. 세종대왕의 '맥북 투척 사건'은 한글 창제와 관련된 역사적 사건으로, 기술적인 맥북과는 아무런 연관이 없습니다. 실제로 맥북과 관련한 역사적 사건은 아니며, 현재의 기술적인 맥북과는 시대적, 역사적 차이가 매우 큽니다.

다시 한 번 혼란을 드린 점에 대해 사과드리며, 원하시는 다른 질문이나 정보가 있으면 언제든지 물어보실 수 있습니다.

'맥북'을 애플사와 연결되지 않은 명사로 취급한 반면, '테슬라'는 현존하는 자동차 모델로 인식한 차이가 보인다. 따라서 두 단어가 학습데이터에 나타난 빈도와 맥락 정보를 사용해 확률 기반으로 단어를 하나씩 생성하다 보니 이런 큰 차이를 만들었을 것으로 추정된다. GPT는 새로운 단어를 생성할 때 자신이 이미 생성한 단어열을 반영하여 다음 단어를 생성하기 때문에 일단 '맥북'을 애플사와 분리된 개념으로 사용한 이후에는 완전히 다른 방향으로 문장을 만들어가는 것이다.

GPT 계열 AI에서 언어모델을 사용한 대화는 인간이 언어모델을 사용하는 것과 유사한 부분이 있지만, 이런 탐침 결과를 보면 '사고' 패턴이 다르다는 것도 알 수 있다. 인간은 확률적으로만 생각하지 않고 규칙을 사용한 의사결정도 하기 때문이다. 컴퓨터과학 분야에서 사용하는 휴리스틱스heuristics라는 개념을 통해 이 차이를 보다 명쾌하게 이해할 수 있다.

휴리스틱스는 복잡한 문제를 해결하기 위해 사용하는 경험 기반의 간단한 규칙 또는 지침을 일컫는 전문용어다. 인간이나 컴퓨터 프로그램이 완벽한 결정을 위해 계산할만한 여건이 안 될 때 효율적인 결정을 내리기 위해 휴리스틱스를 사용다. 심리학자이자 경제학자인 대니얼 카너먼Daniel Kahneman[25]은 인지적 판단을 해야 하는 상황에서 생각의 속도를 높여주기 위해 기억에 의존한 휴리스틱스를 사용한다고 밝혔다.[108] 예를 들어 '5×6'과 같은 계산을 할 때 곱셈의 원리를 적용하여 5를 여섯 번 더하는 과정을 거치지 않고 초등학교 때 외운 구구단을 사용하여 바로 답을 내는 식이다. 카너먼에 따르면, 인간은 타고난 인지적 게으름과 효율성을 추구하는 본능으로 인해 잘못된 결정을 내릴 수 있음에도 불구하고 빠른 의사결정을 선호하는 경향이 있다고 한다. 즉 모든 사고를 확률적으로 하는 것이 아니라 규칙에 의해 결정적으로 하는 경우도 많다는 것이다.

과거 AI는 이런 휴리스틱스를 사용했지만, 뉴럴넷 기반의 AI

---

25   의사결정 분야의 대가로 알려져 있으며, 2002년 노벨경제학상을 받았다.

에서는 휴리스틱스를 명시적으로 사용할 수 있는 여지가 없다. 위 '솜과 돌의 비교' 예제에서 챗GPT가 실수하는 것은 인간과 같이 휴리스틱스를 사용하지 않고, 단어 간의 연결성에 기반하여 응답에 들어갈 단어의 순서를 계산하기 때문이다. '세종대왕'과 '맥북'을 연결한 것도 이 두 개체가 동일한 시대에 있을 수 없다는 상식이나 내재화된 규칙이 있었다면 아예 일어날 수 없는 것이다.

인간과 GPT 계열의 AI는 각각 나름대로의 언어모델을 가지고 있어 텍스트의 분석과 생성 면에서 유사한 내부 계산 메커니즘을 가진 것으로 봐도 큰 무리가 없다. 물론 생물학적 두뇌에서의 신경세포 회로와 트랜스포머 구조에는 큰 차이가 있지만 계산모델 수준으로 추상화되면 유사성이 보이기 시작하는 것이다. 하지만 생성형 AI가 트랜스포머라는 인공신경망 구조 하나로 모든 학습과 추론이 이루어지는 것과 달리 인간의 뇌는 매우 다양한 학습과 추론 방식을 자유자재로 도입한다. 앞서 설명한 휴리스틱스를 사용하는 것도 그중 하나일 따름이다.

사고실험을 통한 비교

AI는 학습과 실제 과업 수행을 위한 추론 과정에서 항상 목적함수objective function를 필요로 한다. 예를 들어, 영한 번역 AI를 훈련시킬 때는 학습데이터에 있는 영어 문장을 한국어로 번역시키고 그 결과가 학습데이터의 정답 문장과 얼마나 가까이 있는지 비교하는 것이 목적함수가 된다.[26] AI는 이 목적함수를 사용하여 훈련데이터에 있는 모든 한국어 번역 문장과 AI가 생성한 번역 문장 간 차이가 줄어들도록 계속 내부 파라미터를 바꿔나가는 것이다. 결국 AI의 행동은 목적함수의 지배를 받는다. 만약 인간 지능도 동일한 목적함수를 가지고 지적인 행동을 한다고 가정하고 관찰하면, 하나의 과업에 대해 AI와 인간 간 '사고'의 차이점과 유사점을 일부 파악할 수 있을 것이다.

또 다른 예로, 서로 다른 정치적 견해를 가진 두 사람 사이의 논쟁에 개입하여 합의점을 찾도록 도와주는 과업을 생각해볼 수 있다. 대화를 진행하며 두 사람 간의 의견 차이를 측정하는 식의 목적함수를 설정하여 실제 인간과 AI가 각각 어떤 식으로 두 사람 사이에서 대화를 이끌어 가는지 확인해보는 것이다. 이런 식으로 가상적인 상황에서의 행동을 기반으로 관찰해보면 두 존재 간 차이를 좀 더 명확히 볼 수 있고 공정한 비교를 할 수 있다. 이런 식으로 두 지능의 차이를 이해하여 AI 고유의 '사고' 방법을 이해하면 AI와 효과적으로 협력하고 공존하기 위한 방법을 찾는 데 도움이 될 수 있을 것이다.

AI가 인간의 능력을 능가할 수 있는 과업으로 법정 소송을 준비하는 변호사가 해야 할 일을 하나의 시나리오로 설정해보자. 소송에 이겨야 한다는 것을 목적함수로 둔다면 인간 변호사와 AI 변호사 중 누가 더 준비를 잘할까? 바둑이나 퀴즈처럼 객관적 수치로 직접 비교 평가를 하기는 어려우니 이럴 때 우리는

---

26 비교하여 그 차이를 줄여나가는 것이 목적이므로 이를 손실 함수(Loss Function)라고도 한다.

사고실험Thought Experiment을 통해 그 과정을 머릿속으로 시뮬레이션해보면서 각각의 인지적 우월성과 한계를 동시에 가늠해볼 수 있다.

이 책의 4장에서 아래와 같이 AI 변호사의 장점을 기술했었다.

'방대한 양의 법률 자료를 신속하게 분석하여 필요한 판단을 해줄 수 있을 뿐만 아니라 법률 문서를 단시간에 작성해줄 수 있다. 대용량 판례 검색, 증거 분석뿐만 아니라 규정, 판례, 계약서, 합의서 등의 문서 검토 작업을 통해 위험 요소를 식별하고 소송 준비도 도와줄 수 있다. 데이터 기반 예측 모델을 통해 판결 결과나 소송 가능성을 미리 타진할 수도 있으므로 ….'

AI를 어느 정도 아는 사람이면 이런 장점은 인정할 것이다. 그런데 아래와 같은 기사[109]를 보면 어떤가?

"미국에서 한 변호사가 챗GPT에게 재판에 사용할 판례를 찾아달라고 했다가 망신을 당했다. 챗GPT가 찾아준 판례 여섯 건을 토대로 법원에 의견서를 제출했는데, 법원 확인 결과 해당 판례가 모두 가짜였다. 심지어 챗GPT는 '해당 판례가 모두 사실이냐?'는 변호사의 확인 질문에 '모두 진짜이며, 유명 법률 데이터베이스에서 찾을 수 있다'라고 거짓으로 확인까지 해주었다."

챗GPT에 관한 지식을 이 책에서 소개하는 정도만큼 가지고 있는 사람이라면 이런 현상이 일어날 수 있다는 것에 머리를 끄덕일 수 있다. 현재 챗GPT는 현존하는 판례를 검색해서 그 결과를 바탕으로 답을 하는 것이 아니라 판례와 같이 요청한 내용을 확률에 의해 '생성'하기 때문이다. GPT-4와 달리 챗GPT의 3.5 버전은 생성한 텍스트에 대한 사실 확인 메커니즘이 장착되어 있지 않아 이런 오류는 챗GPT를 사용하는 경우 언제라도 일어날 수 있다. 그렇다면 GPT-4를 이용하면 이런 거짓 정보의 제공은 100% 막을 수 있을까?

이런 형태의 사고실험을 통해 알 수 있는 것은 무엇인가? AI가 월등히 잘할 수 있는 잠재력은 충분히 있지만, 현재 버전으로 인간 변호사를 대체할 수 없다는 결론을 내릴 수 있다. 소송에 있어 주장의 근거가 중요한데, 생성하려는 내용의 사실 확인을 하는 것과 실제 판례들을 '검색'하는 것은 다르기 때문이다. 하지만 GPT-3.5와 GPT-4의 차이를 경험해본 사람이라면 필요한 기술의 확보는 시간문제일 따름이라는 것을 알 수 있다. GPT-4의 확률 기반 언어모델과 콘텐츠 검색 기술을 엮는 문제를 해결하는 것이 그렇게 큰 기술적 장벽은 아니기 때문이다.

이런 식으로 가까운 미래에 AI와 인간 지능이 어떻게 다양한 과업을 해낼 수 있을지 사고실험만으로라도 비교해보면, 과거 경기 실적과 분석 결과를 이용해 스포츠 팀 간에 승률을 보듯이 관심 있는 지능 영역에 대해 어느 쪽이 우세한지 판단해볼 수 있다.

세 부 지 능 별 비 교

269쪽 표는 앞으로 5년 정도의 기간 안에 AI가 인간 능력 대비 어느 정도 수준까지 갈 수 있을지 전문가 관점에서 예측하여 상중하로 표시한 것이다. '상'은 AI가 인간을 현저하게 능가하는 수

지능 이론	지능 영역	정의 및 세부 지능	AI 성숙도
문제 해결 지능	경험 학습 능력	- 현실 세계의 경험으로부터의 학습 - 콘텐츠에 기반한 간접경험 학습	하 중
	문제 식별 능력	- 새로운 문제를 찾아나가는 능력	중
	문제 해결 능력	- 전문 분야 문제 해결 - 종합적 문제 해결	상 중
루이스 서스톤	연상기억	- 뇌와 뉴럴넷의 메커니즘	상
	지각 속도	- 객체들 간의 관계 파악	중
	추론 학습	- 트랜스포머 추상화에 따른 추론 능력 - 논리, 베이지언 등 구조화된 추론	상 중
	언어 이해	- 현재 언어모델로 고학력자 능가	상
	수치 능력	- 고난이도 수학 문제 제외	상
	어휘 능숙도	- 현재 언어모델로 고학력자 능가	상
	공간 시각화	- 빠르게 발전 중	상
성공적 지능 (로버트 스턴버그)	분석 지능	- AI의 최대 강점	상
	창조 지능	- 부분적 창조 능력: 창조 인식 없음	중
	실용 지능	- 변화에 대한 적응: 학습 오버헤드 때문 순간적 적응 어려움	중
다중 지능 이론 (하워드 가드너)	시공간 지능	- 공간 지능은 빠르게 발전 중	중
	언어 지능	- 현재 언어모델로 고학력자 능가	상
	논리수학 지능	- 고난이도 수학 문제 제외	상
	신체 운동 지능	- 느린 로봇 기술 발전	하
	음악 지능	- 패턴인식 기반 부분적 창조 능력	중
	대인 관계 지능	- 대화·상담 등에서 인간 수준 모사	중
	성찰 지능	- 자아의식·느낌의 부재로 거의 불가능	하
	자연 지능	- 자연 및 환경 관련 지식 습득 후 모사	중
	존재 지능	- 자의식 없이 콘텐츠 기반 담론 가능	하

준, '중'은 인간 수준에 근접하거나 우열이 들쑥날쑥한 수준, '하'는 인간 능력에 크게 못 미치거나 아예 그런 능력이 없는 수준을 의미한다. 개별 지능 하나하나도 매우 넓은 영역이므로 조건이나 상황에 따라 비교 결과가 달라질 수 있고 더욱 세분화된 능력을 고려해야 하는 경우도 있다. 예를 들어 루이스 서스톤의 지능 이론에 있는 '추론 학습'에는 베이지언Bayesian 학습, 퓨샷학습. 메타 학습, 지도·비지도학습, 강화학습 등의 하위 범주가 있어 별도로 상중하 평가가 적용될 수 있다. 각 판단이 나의 분석과 직관에 의해 설정되었기에 논란의 소지는 있지만, 미래의 일자리 변화와 인재 양성 방향 설정에 도움이 될 것으로 판단하여 여기에 싣는다.

위의 분석 결과 중 '상'에 해당하는 것을 모아 보면, 향후 5년 정도 후에 AI는 학습 능력과 연상기억 능력을 통해 언어 이해, 추론, 논리수학 지능을 요구하는 문제를 해결하여 언어로 소통할 수 있을 것이다. 따라서 이런 능력을 갖춘 전문가들은 AI에게 일의 많은 부분을 내줄 가능성에 대비하여야 한다. '중'에 해당하는 범주들은 그 안에서 비교적 단순한 업무는 AI가 할 수 있지만 복잡도가 높은 업무는 여전히 인간 전문가가 해야 할 것이다. 하지만 AI의 발전 속도에 따라 '중' 범주에 있는 지능 영역도 인간을 초월하여 AGI 시대의 도래를 앞당길 수도 있다. 이 책을 쓰고 있는 순간에도 이 속도가 증가하고 있음을 느끼고 있다.

이렇게 AI의 능력이 출중해지고 있는 만큼 우리는 인간이 보유한 지능과 능력을 최대한 살려내야 한다. 여러 가지 지능 이론들을 종합해봤을 때 인간이 우위에 있는 지능들은 어떤 것이 있을까? 크게 보면 학습 능력을 꼽을 수 있다. 비록 지도학습, 비지도학습, 전이학습, 제로샷zero-shot학습, 퓨샷학습, 강화학습, 자동화기계학습(AutoML), 시계열 예측 등 다양한 방법이 AI의 학습 모델로 개발되고 있지만 유연성과 포괄적인 학습 능력에 있어 AI가 인간을 따라오려면 아직 거리가 있다. 가장 큰 이유를 꼽자면 AI가 개별적인 학습 방법을 사용하는 반면, 인간은 여러 가지 학습 방법을 복합적으로 이용할 줄 안다는 것이다. 인간은 가치 판단에 따라 학습 여부를 판단하고, 추론이나 창조 과정을 포함하여 항상 학습이 이루어지며, 학습한 것이 즉각적으로 사용되는 순환성을 가지고 있다. AI 대비 인간의 학습 능력은 다음과 같은 특성을 갖는다.

- 학습 결과를 적용하는 과정에 새로운 학습이 바로 이루어진다. 이러한 '학습-실행-학습'의 단계가 계속 연결되어 마치 나사를 돌려 물체를 파고드는 과정과 같이 지적 세계가 확장되는 메커니즘을 가지고 있다.
- 문제를 해결하는 데 있어 창의적인 접근을 하는 인간은 그 창조 과정에서 새로운 아이디어를 스스로 학습한다. 즉 창조 과정을 거치면서 습득한 새로운 노하우는 내재화되어 다른 문제를 해결하는 데 사용될 수도 있는 지식과 경험이 된다.
- 인간은 사회적 관계 내에서 협업하면서 문제 해결을 할 뿐만 아니라 상호작용을 통해 배운 지식을 다시 공유하고 전달함으로써 사회 안에서의 학습 사이클이 구축되어 있다.

- 인간은 대부분 행동에 있어 가치 판단을 하므로 학습 시 가치를 따져가며 선별하는 장치를 가지고 있다. 불필요한 노력을 최소화하는 무의식적 판단을 통해 매우 효율적인 학습을 한다.

269쪽 표에서 '하'로 분류된 지능들은 아직 AI가 인간을 따라오기 어려운 영역이다. 이들은 모두 인간의 생물학적 본성들과 깊이 연관된 것으로 AI는 제한적인 모방만 할 수 있을 뿐이다. 인간과 AI의 공존 사회에서는 이런 인간 본성에 속하는 능력들을 극대화하여 AI와 차별화하여야 하고, 인간의 가치를 보존하는 방향을 고민해야 한다.

AI는 인간을 변화시킨다

도구는 인간에게 편리함을 주지만 그로 인해 인간은 능력을 잃어버리기도 한다. 계산기가 나오면서 암산 능력이 감소되었고, 휴대전화가 나오면서 전화번호를 기억하는 능력도 현저히 줄어들고 있다. 자동차 내비게이션의 사용으로 인해 지도를 보고 현실을 복원하는 공간 인지능력도 줄어들고 있음을 느끼고 있다. 발달심리학자인 영국 브리스톨대학교 브루스 후드Bruce Hood 교수는 인간이 진화 과정에서 사회적 협력 과정을 거치면서 자기가축화self-domestication가 되었고, 2만 년 전에 비해 뇌의 용적이 10~15% 줄어들었다고 주장한다. [110) 또한 인류학자인 미국 다트머스대학교 제레미 드실바Jeremy DeSilva 교수 연구팀은 집단이 지식을 공유하고 각자의 역할이 세분화되면서 뇌의 크기가 줄어들고 있다[111]고 한다. 생물학적 변화다.

AI는 엄청난 도구로 인식되었지만 2차 인지혁명을 몰고 오면서 인간과 협업하고 공존해야 하는 존재로 부각되어 도구의 범주를 벗어나고 있다. 스마트폰과 같은 수동적인 도구에 의해서도 인간의 삶과 행동 양식에 큰 변화가 오는 판에, 인간과 거의 대등한 관계에서 상호작용을 하는 AI는 그 영향력이 상상을 초월할 정도로 클 수밖에 없다. AI는 부모나 교사가 자식이나 학생에게 영향을 미치는 것 이상으로 인간을 변화시킬 수 있다. 왜냐하면 사유 과정에서 AI에 의존성이 커지게 되면 인간은 그만큼 자신의 존재와 인간관계의 가치를 다르게 인식할 것이기 때문이다. 예컨대, 디지털 문명 시대에 이미 나타나고 있는 1인 가족 수의 증가와 같은 가족 구조의 변화가 더욱 심화될 수 있다.

우리는 일반적으로 AI의 능력에 감탄하고 AI를 업무에 활용할 수 있음을 적극 환영한다. 하지만 일자리 문제와 연관시키지 않더라도 AI로 인해 성취감을 상실할 수 있다. 우리가 땀 흘려 노력한 후에 얻는 그런 성취감 말이다. 또한 AI의 의사결정에 의존하다 보면 인간의 자율적 사고력이 저하될 수 있다. 그 결과로 인간이 세상을 통제하고 있다는 존엄성에도 금이 갈 수 있다. AI는 자의식이 없지만 AI가 우리의 자의식에 큰 영향을 미치게 되는 아이러니한 상황이다.

이러한 현상은 기성세대보다 교육과정에 들어가는 알파세대에게 훨씬 심각한 이슈가 될 것이다. '왜 학교에서 공부를 해야 하는가?'와 같은 근본적인 의문이 대두되면서, 기존 교과과정하에서의 학습 동기를 유지하기 어렵다. 학교에서 쌓는 능력을 AI가 더 능수능란하게 해내는 상황이라면 학생들이 예전에 느낄 수 있었던 성취감도 사라질 것이기 때문이다. 항상 옆에 있는 '지니' 때문에 교과과정을 통해 각자가 형성해가던 지식 체계의 독립성도 갖기 어렵게 되었다. 더 심각한 것은 사람이 가지고 있는 지식과 AI가 제공하는 지식과의 경계가 모호해져 혼돈이 올 수도 있다. 생물은 자신과 외부의 경계를 인지하는 존재이지만, 지식 면에서 내외부에 경계가 없어지는 느낌을 받는다면 인간의 존재 가치에 혼돈이 올 수 있다.

인간 정체성에 큰 변화가 올 것으로 예상되는 AGI 시대를 향해 현재를 살아가야 하는 기성세대는 이를 위해 어떤 자세를 취해야 할까? 우선 새로운 정체성 확립을 위해 미래 세대와 함께 노력해야 한다. 먼저 문화적, 사회적 변화를 수용하는 열린 마음이 필요할 것 같다. 인지 영역에서 판이하게 달라지고 있는 세상에서 부모나 교사의 현재 역할 모델이 얼마나 유효할지 알 수 없기 때문이다. 어른이 가지고 있던 뇌의 반을 외부에 맡겨두는 것과 같은 상황이 온다면 그 관계가 어떻게 될지 예측하기 어렵다. 기성세대가 해야 할 또 하나의 임무는 인간-AI 공존 시대를 대비한 교육의 제공이다. 이를 통해 자신과 AI의 시너지를 전제로 한 정체성도 만들어질 것이다.

소중한 인간 고유 능력

AI는 점점 인간을 닮아가고 있다. 개발자들은 인간 지능을 모델로 삼아 AI를 발전시켜왔으며, '튜링 테스트'와 같은 기준을 통해 AI 발전의 척도를 인간과 구분하기 어려운 정도로 평가해왔기 때문이다. 우리는 AI가 인간의 여러 능력을 모방하거나 넘어서는 현상을 목격하고 있다. 지금 이 순간에도 인간의 면모를 닮은 AI와 로봇을 만들기 위해 전 세계 전문가들이 각축전을 벌이고 있다. 언어 사용 능력과 이미지 인식에서 AI가 인간을 능가하는 사례가 점점 많아지고 있고, 심지어 공감 능력과 같은 인간의 고유 영역도 AI로부터 도전을 받고 있다. 창의력 면에서도 인간과 AI 사이의 경계가 조금씩 흐릿해지고 있음을 알고 있다. AI가 인간의 능력을 모방하거나 넘어서면서 제공하는 저렴한 노동력은 인간의 역할에도 변화를 가져올 수밖에 없다.

누군가와 공존을 하려면 경쟁력이 없는 분야는 양보하고, 자신만의 독특한 능력은 심화하면서 새로운 능력을 개척해가는 것이 현명한 전략일 것이다. 하지만 인간과 AI의 관계는 가변적이면서 그 경계선이 점점 모호해지는 경향을 보인다. AI 기술이 지수함수의 곡선처럼 발전함에 따라 어제까지는 AI가 넘보지 못할 것으로 여겨졌던 것들이 오늘 갑자기 AI에 의해 정복될 수도 있다. 챗GPT의 출현으로 인간의 전유물로 생각했던 언어능력이 순식간에 AI의 영역으로 넘어가는 식이다. 인간이 AI보다 우월하다고 여겨졌던 다른 분야들도 곧 AI에 의해 도전받을 수 있다는 의미다.

그렇다면 AI가 새로운 영역에서 인간을 능가하게 될 때마다 인간의 역할을 재조정하고 경계선을 다시 긋는 사이클을 반복해야 할까? 경계선을 멀찌감치 그려놓고 준비하는 것이 좋을 것 같다. AI가 본질적으로 따라오기 힘든 인간만의 독특한 속성을 중심으로 경계선을 그리는 것은 차별화 관점에서도 의미가 있지만 미래 세대가 중점적으로 계발해야 할 영역을 알 수 있다는 장점도 있다. 인간이라는 존재의 근본적인 속성을 AI의 태생적인 한계와 대비해봄으로써 우리는 인간-AI 공존 시대에 인간의 가치와 역할을 어떻게 재정립해야 할지 고민해볼 수 있다. 인간의 고유 능력을 제대로 이해해야 하는 이유는 AI 시대의 파고를 넘어가야 하는 미래 세대가 금과옥조처럼 여겨야 할 가치이기 때문이다. 또한 인간과 AI의 근본적 차이를 이해하는 것은 미래 세대와 미래 교육이 나아갈 방향을 설정하는 데 등불이 되어줄 수 있을 것이다,

욕망과 의도

인간의 행동을 결정하는 욕망과 의도는 개인의 목표, 열망, 사회적 상호작용 등을 통해 형성되며, 인간의 감정 및 내재 동기와 깊이 관련되어 있다. 이와 대조적으로 AI의 행동은 설정된 목표와 인간과의 상호작용에 국한된다. 인간의 의도나 욕망에 의한 사고나 행동을 AI가 재현하거나 흉내는 낼 수 있지만 매우 제한적일 수밖에 없다.

목표 설정 과정만으로 비교할 때 인간과 AI 사이에 어떤 차이가 있을까? 인간의 목표 설정은 자기 인식이나 자기반성과 같은 내부적인 요소에 의해 주도되며, 개인의 욕망, 경험, 호기심, 가치관 등으로부터 영향을 받는다. 외부 환경, 즉 사회적 맥락도 중요한 역할을 한다. 개인의 내부적 상태와 외부 환경 사이에서 균형을 맞추는 것이 인간의 목표 설정 과정이다. 여기서 외부 환경은 사회적 맥락을 형성하는 모든 것으로, 자신이 속한 사회의 가치와 기대 그리고 문화적 환경을 포함한다. 예를 들어, 의사가 되겠다고 목표를 세우는 것에 있어 제일 중요한 것은 개인의 열망과 인성, 교육적 배경 등 개인적 요소다. 하지만 가족이나 학교와 같은 공동체 내에서의 기대와 이 직업에 대한 사회적 인식 등 외부 요소들로부터 큰 영향을 받는 것이 현실이다.

반면에, AI는 욕망이나 자아의식이 없으며 경험을 스스로 쌓기 어렵다. AI가 사회적 기대와 같은 외부 요소를 학습데이터에서 추출할 수 있지만, 스스로 호기심을 갖거나 동기를 부여하여 목표를 설정하는 것이 아직은 불가능하다. 결국 AI의 목표는 전적으로 인간에 의해 설정되고 '평균적 인간'에 의해 해석되어 실행된다. AI는 의사결정까지 해줄 수 있는 '지능'을 가지고 있지만, 경험을 반영하는 주체가 될 수 없으므로 그런 면에서는 수동적인 '도구'로써 작용할 뿐이다. 이러한 차이는 인간과 AI가 세계를 이해하고 상호작용하는 방식에서 근본적인 차이를 만들어낸다.

현재 AI는 스스로 '의도'를 형성하는 것이 아니라 주어진 목적함수에 따라 행동한다. 그러나 AI는 목적함수를 만족시키는 범위 내에서 세부 목표를 설정하고 조정하는 자율성을 가지고 있다. 이는 자동화 수준을 높이기 위해 필요한 것으로, AI가 사용자의 지속적인 확인 없이도 최적화 과정을 통해 목표를 수행할 수 있게 한다. 예를 들어, 자율주행자동차는 '가능한 빠르고 안전하게 공항에 도달'하는 목표하에서 도로 상황, 교통규칙, 주변 차량, 안전 요건 등을 고려하여 경로를 계획하고 중간에 수정해가며 주행한다.

인간도 변화하는 환경과 상황에 따라 자신의 목표를 수정하여 생존 확률을 높인다. 그렇다면 AI와의 차이는 뭘까? 인간은 외부 환경에 변화가 없어도 새로운 욕구가 생기거나 내부 동기에 변화가 생길 때 목표를 수정하기도 한다. 인간은 자기 인식능력이 있으므로, 외부 피드백과 함께 자신의 상황을 평가하여 전체 목표를 수정할 수도 있다. 예를 들어, 대학 내내 졸업 후 창업이 목표였지만 결혼을 앞두고 사랑하는 사람이 안정적 삶을 원하면 공무원이 되는 쪽의 길을 택하기도 하고, 의료계로 진출하려 했지만 모의고사 성적이 떨어지면 의대를 가려던 목표를 약대로 낮추는 식이다. 반면에 인간은 외부 상황에 큰 변화가 있어도 의지력과 집중력을 동원하여 목표를 유지하는 힘도 가지고 있다. 이런 힘도 내적 동기, 욕망, 자기통제력 등으로부터 나온다.

요컨대 AI는 특정 조건이나 환경 변화에 대응하여 목표를 수정할 수 있지만 인간처럼 복잡한 개인적, 사회적, 문화적 맥락을 반영하는 의사결정을 하지는 못한다. AI가 '강화학습'이라는 방법으로 주변의 환경 변화를 반영하여 의사결정의 유연성을 높일 수 있지만, 욕망이나 동기를 가지고 있지 않기 때문에 그리고 감각·지각기관을 가지고 있지 않기 때문에 실제 자신이 처한 맥락을 복합적으로 반영하여 의사결정을 하는 데는 한계가 있는 것이다.

감각과 지각

인간의 신체적 감각과 지각은 외부 세계를 직접적으로 경험하는 수단이다. 촉각, 청각, 시각 등 오감을 통해 얻는 복잡한 환경 정보는 인간이 세계를 이해하고 반응하는 방식에 깊은 영향을 미친다. 이러한 감각적 경험은 학습, 의사결정, 창의성 형성에 중요한 기여를 한다. AI도 제한된 센서와 이미 존재하는 데이터를 통해 외부 환경에 대한 정보를 수집할 수 있지만, 인간과의 가장 극명한 차이는 이것이 '느낌feeling'으로 연결될 수 없다는 것이다. 따라서 AI는 인간의 감각적 경험과 지각력을 제대로 이해하고 모방할 수 없다. 이는 인간과 AI가 서로 다른 방식으로 세계를 경험하고 이해할 수밖에 없다는 것을 의미한다. 감각과 지각을 통해 인간만이 할 수 있는 인지 활동을 몇 가지 살펴보자.

첫째, 인간은 직접경험을 통해 학습하는 존재다. 예를 들어, 아기가 전기난로에 손을 대어 화상을 입는 경험은 위험을 학습하는 과정이 되며, 이는 감각적 피드백을 통해 이루어진다. 어른이 되어서도 피싱phishing 문자를 받고 금융 사기를 당했다면, 앞으로는 문자 내용을 더 꼼꼼히 살펴보고 함부로 링크를 클릭하거나 입금하지는 않을 것이다. 경험을 통해 유사한 위험 상황에 대한 경계심을 강화하는 것이다. 이러한 경험 기반 학습은 감각기관을 통한 환경과의 상호작용을 통해 이루어지며, 이를 통해 얻은 교훈은 체화되고 기억된다. 저명한 심리학자이자 철학자인 존 듀이John Dewey가 '경험 기반 학습' 이론을 통해 아이들이 주변 환경과 상호작용하는 가운데 문제의 해결책을 찾고 경험을 재구성한다고 주장하는 것과 일맥상통한다.

반면, AI는 간접경험으로 직접경험을 대체한다. 예를 들어, 챗GPT와 같은 언어모델 기반 AI는 텍스트를 통해 지식을 학습한다. 이는 인간이 독서와 같은 간접경험을 통해 지식을 습득하는 것과 유사하다. 하지만 AI는 특정 경험에 관한 내용을 학습하더라도 관련된 다른 경험이나 상황과 섞어 선명하지 않은 근사치를 언어모델로 가지고 있을 뿐이다. 즉 말이나 글로 전달할 수 있는 매개된 지식은 활동과 오감을 통하여 현실과 직접 대면하여 느끼는 직접경험과 다를 수밖에 없다. AI의 패턴인식과 통계적 방법에 의한 학습은 인간의 신체적 감각과 느낌을 통해 경험적으로 학습하는 것과 근본적으로 다르다. 그러다 보니 간접경험으로 학습된 지식을 감각과 연결된 복잡한 실제 상황에 적용하는 데는 무리가 있다.

둘째, 인간은 자신의 몸을 사용하여 세계를 경험하고 이해하는 과정에서 발생하는 '체화된 지식embodied knowledge'을 가지고 있다. 자전거 타기, 타이핑, 음식 만들기 등의 결과는 모두 체화된 실용적 형태의 지식이 쌓이는 예다. 저명한 교육철학자인 켄 로빈슨Ken Robinson은 '무용수는 춤을 추기 위해서 생각하기보다 춤을 추면서 생각하게 된다'는 말로 체화되는 경험이 머리로 배우는 지식과 다르다는 것을 강조했다.[112] 즉 체화된 지식은 몰입, 관찰, 행동을 통해 획득되며 이는 책을 통해 얻는 지식과 대비된다.

체화된 지식은 글이나 말로 표현된 규칙을 적용하여 일을 처리하는 것에 비해 매우 효율적이다. 예를 들어, 발레의 기본자세인 에티튜드etitude를 설명하기는 어려워도 숙련된 발레리나가 몸으로 보여주는 것이 훨씬 쉽고, 학습자도 배우기 쉽다. 숙련된 바이올린 연주가라면 악기를 다루는 기본기가 이미 체화되어 있어 무대에서는 음악을 어떻게 표현할 것인가에 집중하면 된다. 만약 경험 기반의 체화된 지식이 없다면 좋은 소리를 내기 위해 바이올린을 어떻게 어깨에 올리고 활을 움직여야 하는지 그리고 네 개의 현에 손가락을 어떻게 올려야 하는지와 같은 기본적인 절차를 매번 생각해야 한다.

현재 AI 기술은 체화된 지식을 습득하는 데 분명한 한계를 가지고 있다. 센서를 가지고 있는 로봇과 같은 형태가 아니라면, AI는 신체적 경험을 통해 감각과 연결된 정보를 수집하거나 학습할 수 없으므로 데이터와 알고리즘을 통한 지식 습득만 가능하다. AI가 로봇에 탑재되지 않는 한 지식을 '몸'으로 기억하는 것은 원천적으로 불가능한 것이다. 로봇공학에서도 체화된 지식의 중요성을 알고 있으므로 기계적인 부분과 지능적인 부분을 구분하지 않고 신체적 상호작용에 의한 학습을 시도하고 있다. 하지만 이런 접근 방법은 현재 AI의 발전과 비교할 수 없을 정도로 어렵기 때문에 인간의 체화된 지식 습득 능력에는 한참 미치지 못한다.

셋째, 세계에 대한 모델 수립은 실제 환경에서 지능적 행위를 이어나가기 위한 인간의 핵심 능력이다. 인간은 경험과 감각기관을 통해 수집한 정보를 이용하여 주변 세계에 대한 모델을 손쉽게 구축한다. 이러한 모델은 외부 세계에 대한 자신의 이해를 표상하여 외부 자극에 반응하는 것뿐만 아니라 새롭게 발발할 상황에 대한 예측도 가능하게 한다. 인간의 두뇌는 제한적인 감각 데이터만으로도 풍부한 세계 모델을 구축할 수 있는 능력을 갖추고 있다.[113] 예컨대, 우리가 식당에 들어가면서 눈에 들어오는 스냅샷snapshot 이미지 정도의 시각 정보와 귀로 들어오는 주변 소음 정보만 있으면 그 식당의 분위기를 파악하고 앉을 자리를 결정할 수 있으며 벽의 메뉴판을 보면서 뭘 주문할지 결정할 수 있다. 인간의 뇌는 구축하고자 하는 세계에 대한 기초 모델을 채워가는 스토리텔링 능력이 있기 때문에 이미지 컷 몇 개만 있어도 나머지 디테일은 경험 지식으로 채워간다.

　　AI도 특정한 세계에 대한 모델을 수립하는 능력을 갖추고 있다. 예를 들어, 딥러닝을 이용한 이미지 인식, 언어모델을 통한 텍스트 이해, 번역, 질의응답 등은 훈련데이터에서 만든 언어모델을 사용한다. 자율주행자동차 또한 다양한 센서에서 수집한 정보를 통합하여 주변 상황을 모델링한다. 그러나 AI는 세계를 이해하고 모델링하는 데 있어 데이터의 패턴에 의존하므로 인간의 직관과 다양한 경험을 모방하는 것에는 한계가 있다. 인공신경망 훈련이라는 과정을 거치는 AI의 학습 방식은 인간의 경험에서 형성된 직관적 지식을 복제하기 어렵다.

의식과 창의성

창의성은 새로운 아이디어를 창출하는 능력으로 정의될 수 있다. 문제 해결의 맥락에서 볼 때, 창의적인 사람은 기존 관념이나 접근법에서 벗어나 문제에 대한 새로운 해석을 찾고 독특한 해결책을 제시한다. 그런데 인간의 창의성이 발현되는 과정을 보면 종종 비선형적으로 진행된다. 창작 과정에서 뜻하지 않은 쪽으로 생각이 발전하는 것은 관련이 없어 보이는 요소들을 연결하고 공통점을 발견하는 통찰력의 힘이다. 기존 지식과 경험을 기반으로 새로운 아이디어를 생성하는 것이다.

　　이미 알려진 것과 알려지지 않은 것을 연결하여 새로운 이해로 발전하는 사고의 과정을 유추analogy라고 한다. 뉴턴이 발견한

'중력의 법칙'은 사과가 떨어지는 것을 보고 달도 떨어져야 한다는 생각으로 시작되었는데, 이는 근처에 있는 사과와 멀리 있는 달과의 관계를 유추했기 때문에 새로운 생각이 움트기 시작한 것이다. 뇌신경과학적 연구에 따르면, 유추와 같은 창의성은 기존의 연관성을 필요로 하지만, 이 연관성이 느슨하고 장난스러운 상태로 있어야 한다.[114] 사람들은 보통 자신의 탐구 대상이 되는 것들에만 몰두하고 연관성을 만들어가지만 예술인, 시인, 과학자와 같이 남다르게 창의적인 사람들은 그 연관성을 느슨하게 가지고 간다는 것이다.

창의성의 핵심 요소인 상상력과 융합 사고는 이러한 인지적 느슨함을 필요로 한다. 경직된 사고를 하거나 한 우물만 파는 사람이 상상력의 나래를 펴서 타 분야와의 융합을 하고 새로운 아이디어를 창출하는 것은 기대하기 어렵기 때문이다. 즉 상상력과 융합 사고가 유추와 같은 사고의 틀을 만날 때 새로운 아이디어가 만들어진다. 여기서 인지적 느슨함에 힘입은 상상력은 무한한 가능성의 세계로 길을 열어줘서 더 큰 창의성을 촉발시킨다. 나무로 비유하자면, 상상력은 기름진 토양으로써의 역할을 하여 아이디어의 씨앗을 움트게 한다. 유추와 같은 사고의 과정은 싹을 나무로 싱장시키고 열매를 맺게 하는 동력의 역할을 한다.

이런 창의적 사고의 틀은 인간의 진화 과정에서 생긴 욕망과 의도에서 비롯된다. 과학자들에 의하면, 인간의 스토리텔링 능력은 언어 발달이 중요한 매개체가 되었지만 생존하기 위해 진화한 뇌의 기능 중 일부라고 한다.[115] 생존을 위해 인간은 감각기관으로부터 들어오는 시각, 청각, 촉각 신호를 받아 해석하고 그 결과를 토대로 뇌에서 바깥 환경에 대한 모델을 만든다. 척박한 세상에서 살아남기 위해서 외부 환경들을 통제하고 사회 구성원과 협력하기 위해 뇌는 세상에 대한 모델을 중심으로 스토리를 만들어야 했기 때문이다. 여기에 상상력이 동원되면서 소설이나 시와 같이 다양한 장르의 스토리텔링 기법이 만들어졌다.

의도뿐만 아니라 경험과 감정도 새로운 아이디어를 촉발시키는 시발점 역할을 한다. 경험은 사고의 과정에서 직관을 불러내고, 감정은 아이디어 창출을 지속시키는 에너지가 되기도 한다. 이렇게 창의성은 욕망, 의도, 경험, 감정 등 인간의 의식과 무의식과 관련된 여러 가지 요소들이 결합되어 촉발되는 것이다.

그렇다면 창의성은 인간의 의식과 어떻게 연결이 될까? 그 실마리가 되는 '의식'을 이해하기 위해 신경과학 분야의 세계적 석학인 안토니오 다마지오Antonio Damasio의 통찰력을 빌려온다.[116] 그는 의식을 두 가지의 조합으로 본다. 하나는 인간의 뇌가 만들어내는 심적 패턴으로, 우리가 생각하면서 '대상object의 이미지'를 떠올리는 과정이다. 여기서 대상이란 사람, 장소, 멜로디, 치통, 황홀감과 같이 세상에 존재하는 모든 것이다. 뇌는 이들의 물리적 특성을 감각기관을 통해 받아들여 시각 이미지, 청각 이미지, 촉각 이미지, 상태 이미지 등으로 가지고 있다고 한다. 다른 하나는 뇌가 '앎의 행위'를 통해 만드는 '자아 감각'으로, 이는 대상과 관계가 맺어져 있는 자신의 존재를 느끼는 것이다. 자아 감각은 우리의 생각을 우리에 속하게 하는 능력으로, 이것도 우리의 뇌 안에 심적 패턴을 구성한다.

경험과 감정은 한 개인이 보유하고 있는 주관적인 것이므로 자아와 강력하게 연결되어 있다. 의식이 대상의 이미지를 만들어 자아 감각과 연결시킬 때, 그 대상을 어떻게 경험하고 어떤 감정적 요소가 연관되어 있는지도 연결된다. 즉 경험과 감정은 이미지 구축과 밀접한 관계를 가진다. 그런데 상상하고 창의적인 생각을 하는 것도 새로운 이미지를 만드는 과정이므로 여기에 경험과 감정을 포함한 자아가 동원된다. 따라서 이런 과정을 관장하는 의식이 창의력에 중요한 역할을 한다고 할 수 있다. 즉 인간의 창의성은 자아 감각 및 의식과 연결되어 있으므로 의도된 것이라고 볼 수 있다. 이러한 관계는 감정과 개인적 경험의 표현을 강조하는 예술적 창의성에서 쉽게 찾아볼 수 있다.

의식의 문제는 외부 세계를 표상하는 '뇌 안의 영화'가 어떻게 만들어지고 그 영화의 소유자이면서 관찰자인 자아 감각이 어떻게 형성되는지에 관한 것이다. 현대 신경과학에서는 뇌의 신경세포 회로가 어떻게 신경 패턴을 생성하고 이를 심적 패턴(이미지)으로 전환하는지를 핵심 질문으로 두고 활발한 연구가 진행되고 있다. 이는 AI 연구에서 트랜스포머 같은 모델이 어떤 과정을 거쳐 고도의 시능을 발현하는지 이해하려고 하는 것과 같다. 인간의 뇌와 AI의 '뇌'는 둘 다 '블랙박스'의 성격을 띠고 있지만, 의식의 과정과 연결된 인간 창의성의 신비는 AI와 견줄 수가 없다. 꼬리에 꼬리를 무는 상상이라는 인지적 구상 과정과 이로부터 촉발되는 창의성은 인간 고유의 능력인 것이다.

앞서 챗GPT가 개념 공간에서 유추하는 능력을 가지고 있음을 간접적으로 확인했다. 그렇다면 생성형 AI는 상상을 할까? 언어모델에 기반을 두고 있는 GPT가 사실과 다른 내용을 만들어내는 '환각' 현상이 상상력처럼 보일 수는 있다. 하지만 신념이나 의지가 없는 AI는 주어진 조건에 따라 엉뚱한 것을 생성해낼 뿐, '세종대왕 맥북 투척 사건' 같은 스토리를 역사적 사실로 믿거나 유머를 만들어내고자 하는 의도가 있었던 것은 아니다. AI는 프롬프트나 습득한 지식에 의존해 '창작 활동'을 시작할 수 있지만, 인간처럼 의식에 기반하여 마음 깊은 곳에서 시작하는 창의적 사고의 틀을 만들지는 못한다.

인간의 창의성이 복잡한 기제를 통해 촉발되는 것에 비해 AI의 창의성은 주로 외부에 존재하는 데이터와 알고리즘에 기반한다. 예를 들어, AI가 음악 작곡을 하는 경우, 기존 음악 작품의 데이터를 분석하여 이를 바탕으로 새로운 멜로디를 생성한다. AI는 패턴인식과 데이터 분석을 통해 창의적인 결과물을 만들어내지만, 이 과정에 인간의 감정이나 개인적 경험이 반영될 수 없고 의식이 관여될 수 없으므로 다른 차원의 창의성이라고 봐야 한다.

챗GPT와 같은 생성형 AI는 창발 능력를 가지고 있다고 평가받고 있다. 창발성은 복잡한 시스템에서 예상치 못한 새로운 속성이나 능력이 나타나는 현상으로, AI에서의 창발 능력은 트랜스포머와 같은 고도로 복잡한 프로세싱 과정에서 관찰된다.[27] 이 능력은 알고리즘 내부의 상호작용과 데이터 처리 과정에서 추상화가 진행이 되면서 자연스럽게 발생하는 것으로 알려졌는데, 프로그래머의 의도뿐만 아니라 인간의 예측을 넘어서는 결과를 초래할 수 있다. 그렇기 때문에 AI의 창발 능력은 불확실성이 가져오는 두려움과 우려의 원인이 되기도 한다. 예를 들어, AI는 인간의 도덕적·윤리적 기준에 맞지 않는 뜻밖의 결정을 내릴 수 있으며, 이는 예상치 못한 문제를 야기할 수 있다.

상상력과 함께 창의성을 결정짓는 요소는 융합력이다. 다양한 학문에 노출되어 훈련을 받은 학자는 학문 간의 경계를 넘나들면서 새로운 아이디어를 창출해낸다. 미국 대학에서 신입생을 선발할 때 문화적 배경이나 출신 학교의 다양성을 반드시 고려하는 이유는 여기에 있다. 시험 잘 보는 기량으로 성적만 높은 균질화된 학생들을 뽑아놓으면 다양성의 부족으로 교육적인 효과가 떨어진다는 경험에서 이런 정책이 나왔다. 성적은 좀 떨어져도 특별한 경험과 사고력을 지닌 학생들을 선발하여 문화적인 교류와 다양한 지식의 융합을 장려함으로써 창의성을 진작시키려는 의도가 숨어 있는 것이다. 신임 교수를 뽑을 때도 그 대학에서 박사 과정을 마친 사람을 배제하는 정책이 있다. 지도 교수와 학생의 지식이나 사고 유형이 비슷할 것이기 때문이다. 학문 간의 창의적 스파크를 원한다면 사고 체계나 경험이 다른 사람과 일해야 한다.

융합을 통해 창의력을 키우는 것이 필요하다고는 해도 현실

---

27 트랜스포머의 전체적인 구조는 데이터 변환기로서 단순하지만 뉴럴네트워크 전체를 통해 일어나는 파라미터 수정과 추상화 과정은 매우 복잡하다.

에서는 딜레마에 빠질 수 있다. 한 우물만 파도 전문성을 지키기 어려운 고도의 경쟁에 융합을 위해 여러 분야에 관심을 가지기 쉽지 않기 때문이다. 세월이 흐르면서 전문 지식이 점점 쌓여만 가는 상황에서 한 가지를 잘하기도 쉽지 않다는 것을 우리는 피부로 느낀다. 그러다 보니 지식이 폭발하는 시대에는 한 우물을 파서 전문성을 키워야 한다는 말에 공감이 갈 수밖에 없다. 대학에서는 평생 한 분야를 판 깊이 있는 학자를 필요로 하고 또 박사 과정을 통해 이런 학자들을 배출해왔다. 이런 전문성에 대한 기대는 대학 졸업생들에게도 부여되어 기업에서는 학생이 전공 수업을 더 많이 듣고 졸업하기를 원한다. 바로 써먹을 수 있는 인력을 원하기 때문이다.

그런데 게임의 규칙은 변하고 있다. 우선 전문성 면에서 인간의 추종을 불허하는 AI가 속속 출시될 것이고 이런 '기계'를 만들어내는 비용은 점점 저렴해져서 한 가지 전문성만을 가진 인간의 역할은 점점 줄어들 것이다. 따라서 기존의 전문성 내에서 해결하는 과업은 AI에게 맡기고, 사람은 여러 지식을 연결하고 융합하여만 해결할 수 있는 문제에 집중해야 할 것이다. 산업혁명 이후 교육을 포함해서 모든 사회적인 시스템이 전문화로 치닫던 '전문화 시대'가 저물고 있는 것이다. 그렇다면 미래 세대가 어떤 능력을 키워야 할지는 자명해진다. 다각도로 관찰하고 통합적으로 사고하며 아무나 흉내 내지 못할 독창성을 발휘하는 다재다능한 '폴리매스'의 능력[117]을 지향해서 인간으로서의 가치를 극대화해야 한다. 이는 생물학에서 잡종 교배를 통해 생존 가능성이 높은 종으로 진화한다는 이론과 같은 맥락이다.

일석삼조의 공감 지능

공감이란 타인의 감정을 공유하고, 그 감정에 관해 생각하고, 그 감정을 배려하는 과정이 포함된 반응 방식이다.[118] 이 정의에는 세 가지 핵심 요소가 담겨 있다. 경험을 공유하고 정서적으로 공감하는 '공유', 타인의 감정을 인지하고 추론하여 정신화mentalizing 하는 '생각', 그리고 경험 공유와 정신화를 바탕으로 타인을 도와주고 싶은 욕구를 가지는 '배려'다.

이런 관점에서 공감의 예를 들어보자. 친한 친구가 '실연을 당했다'며 울먹이는 소리로 전화했을 때, 감정이입을 하여 낙담한 친구의 슬픈 마음을 이해하고 떠나간 애인이 괘씸하다는 마음이 드는 것은 첫 번째인 '공유' 단계다. 친구가 이 일로 앞으로 칩거를 할 것인지, 여행을 떠날 것인지, 떠나간 애인에게 복수를 하려들 것인지 등을 판단해보면서 그 감정을 더 이해하게 되는 과정이 두 번째인 '생각' 단계다. 마지막 '배려' 단계에서는 친구를 위해 내가 뭘 할 수 있을까 생각하고 행동에 옮기려는 마음을 갖는 것이다. 그 감정을 잊게 하기 위해 친구와 같이 저녁을 먹으며 위로를 할 것인지, 여행을 같이 갈 것인지 등을 고민하는 상대방 배려의 과정이다.

공감은 마음의 작용이기 때문에 지능이라고 보기 어렵다고 할 수 있다. 특히 데카르트의 이원론二元論을 따른다면 뇌와 신체를 분리하여 지능을 두뇌 작용에만 국한시키려고 보면 '마음의 작용'처럼 보이는 공감은 지능으로 보이지 않을 수 있다. 하지만 설령 그런 논리를 따른다고 하더라도 공감에는 두뇌의 기능인 '생각'의 단계가 있기 때문에 지능의 한 형태로 봐도 무리가 없을 듯하다. 더구나 하워드 가드너의 다중 지능 이론에서도 '대인 관계 지능'과 '성찰 지능' 모두 타인이나 자신과의 관계에서 감정, 느낌, 동기 등을 이해하는 능력이라고 보고 있으니 공감 능력도 지능의 범주에 들어가야 한다.

저널리스트이자 작가인 토머스 프리드먼Thomas Friedman은 AI 시대에는 인간의 창의력 및 질문 능력뿐만 아니라 공감 능력이 더욱 중요해진다고 강조한다.[119] 나는 세 가지 관점에서 그 이유를 찾는다. 첫째, AI의 대두로 인간이 기계화되고 개인화되어갈 수 있는 시대인 만큼 인간을 더욱 인간답게 만들고 인간의 능력을 극대화하기 위해 공감 능력을 키우는 것이 필요하다. 디지털 시대로 가면서 메말라가는 사회를 위해 아날로그 감성을 강조하는 것과 같이, 시대가 변해도 인간은 그 속성상 여전히 인간적인 것을 원할 수밖에 없다. 그게 우리의 DNA에 코드화되어 있기 때문이다. AI가 대세가 되는 세상이 오더라도, 여전히 우리는 인간적인 세상을 원하고 또 그런 세상에서 생존해야 한다. 인간이 진화의 과정을 거스르려면 많은 시간이 걸린다.

둘째, 인간은 어차피 사회적 동물로 진화했고 세상은 날로 복잡해지고 있으므로 사람들과의 협업이 오히려 더 중요해지는 시대다. 공감 능력은 소통 능력과 함께 타인의 의도를 파악하고 설득하여 협업을 이루어낼 수 있는 접착제와 같다. 또한 공감 지능이 높다는 것은 리더십과도 직결되므로 사회가 복잡해질수록 공감 능력을 키우는 것이 개인의 발전뿐만 아니라 자신이 속한 조직과 사회를 위해 더욱 중요해진다.

　공감 지능이 더욱 중요해지는 세 번째 이유는, AI의 능력이 점차 확장되는 미래에 인간이 상대적 우위를 점할 수 있는 영역 중 하나가 공감 지능이기 때문이다. 우선 공감의 핵심인 감정의 공유는 두 존재가 각각 느낌을 가지고 있어야 한다. 그런데 AI는 생물학적 존재가 아니기 때문에 근본적으로 느낌을 가질 수 없다. 비록 '리플리케'와 같은 AI가 사용자의 언어를 이해하여 정서에 맞는 반응을 하고, 챗GPT가 일반 의사보다 공감을 더 잘해준다는 연구 결과가 있지만 어디까지나 표층적인 언어 수준에 머물러 있을 뿐 느낌을 공유하는 것은 아니다. 배려하는 말은 할 수 있어도 어떤 실행력도 없기 때문에 말잔치에 머물러 있을 뿐 인간과 같이 친절함을 베푸는 것도 불가능하다.

사회적 욕구가 가져다준 선물 메타인지

'meta'라는 영어 접두어는 '~을 넘어서' 혹은 '~에 대한'을 의미하는 것으로, 연결된 단어의 의미를 한 단계 추상화한다. '메타데이터'가 데이터에 대한 데이터를 의미하듯이, '메타인지'는 우리가 뭔가를 생각하거나 인지하고 있을 때 그 행위를 인지하는 것을 말한다. 예를 들어, 내가 지금 소설책을 읽고 있는 인지 활동을

하고 있다는 것을 내가 스스로 알고 왜 읽고 있을까를 생각해본
다면 메타인지를 하고 있는 것이다. 나의 사고나 행위를 제3자의
시선으로 바라보면서 객관화시키는 것이 메타인지다. 아이들을
야단치다가 너무 심했나 생각해보는 것이나 누가 질문을 했을
때 내가 그 답을 모르고 있다고 인지하는 것 등 우리는 모두 메타
인지를 하면서 살고 있다. 데카르트의 '나는 생각한다, 고로 존재
한다'도 인지의 주체인 '생각하고 있는 나'를 '관찰하고 있는 나'가
있기 때문에 가능하다. 즉 메타인지를 통해 나는 존재할 수밖에
없다는 결론을 내리는 것이다.

메타인지가 형성된 것은 인간의 사회성과 밀접한 관계가 있
다. 인간은 사회적 동물로서 소통, 공감, 협력과 같은 방법을 통해
상호작용을 하면서 인간 사회에서 다양한 관계를 맺어간다. 사회
안에서 생존해야 했던 인간은 타인과의 관계 맺음이 중요했다. 생
리적인 욕구와 안전에 대한 기본적인 욕구가 채워지면서 집단에
의 소속감과 집단 내에서 뛰어나고자 하는 욕구를 가지게 된 것이
다. 이런 사회적 욕구를 충족시키기 위해 중요해진 사회성은 타
인과의 협력 과정을 통해 발현되고 또 길러지기도 한다. 타인과의
관계를 파악하는 데 자신의 존재를 고려하지 않을 수 없으니 자신
의 행동과 사고를 지켜보는 메타인지가 개입할 수밖에 없다. 자기
성찰, 즉 자체 모니터링이 없다면 본인이 한 말이나 행동의 여파
를 인지할 수 없어 관계 맺음이 어려워질 것이고 그로 인해 협력
도 이루어지기 어렵다. 뿐만 아니라 타인과의 관계를 통해 나 자
신을 들여다볼 수 있는 기회가 만들어지기도 한다.

매타인지 개념은 자기계발서에도 자주 등장한다. 나는 어떤 존재인가, 내가 잘하는 것은 무엇이고 못하는 것은 무엇인가, 나만의 필살기는 어떤 것이 있을까, 심지어 오늘 내 시간을 어떻게 쓸까 등을 생각하는 능력과 습관을 기르는 것이 중요하다고 강조한다. 내가 모르는 것이 무엇인지 정확하게 판단해야 나를 보완하기 위한 계획도 세울 수 있다. 자기 객관화를 명확하게 하고 스스로를 통제할 수 있는 것이 성공과 연관성이 없다고 누가 부정할 수 있겠는가. 소크라테스의 어록에 있는 '너 자신을 알라'라고 한 것을 바꿔 말하면 '메타인지능력을 갖춰라'가 된다.

문명의 발전은 메타인지능력의 산물이라고 할 수 있다. 인간의 진화 과정에서 메타인지가 출현하지 않았다면 자신의 논리를 검증하지 못했을 것이므로 데카르트의 사고는 물론 모든 철학적인 사고가 가능하지 않았을 것이다. 따라서 상상력과 자기 성찰이 핵심인 인문학 자체도 태동하지 않았을 것이다. 인간의 뇌가 새로운 정보를 받아들여 저장하는 능력까지는 도달했어도, 메타인지가 생기지 않았으면 스스로의 목표를 세우고 이를 달성하기 위해 학습하는 것도 불가능했을 것이다. 메타인지의 시작점인 자의식 자체도 출현하지 않았을 것이기 때문이다. 내 자신의 행동을 긴찰하거나 돌이켜보지 못하니 윤리의식도 없을 것이다.

AI는 메타인지를 할 수 있을까? 자기 스스로를 모니터링하는 외형적인 기능에 초점을 맞추면 이론적으로는 가능하다고 할 수 있다. AI와 인간의 인터랙션interaction을 모니터링하는 AI를 만들면 된다. 예를 들어, 챗GPT의 대화를 관찰하면서 대답이 윤리적인지 판단하도록 '메타AI'를 장착시키는 것이다. '헌법적 Constitutional AI'[120)가 이런 방식을 취하여 챗GPT가 어느 정도 비윤리적인 대화에 휘말리지 않게 하고 있다.

하지만 AI는 인간의 뇌가 가지고 있는 메타인지능력의 핵심인 자의식, 욕구, 생존 목표와 같은 개념을 가지고 있지 않기 때문에 진정한 의미의 메타적인 사고는 불가능하다. 또한 현재 AI는 물리 세계와 단절되어 있으므로 시간의 개념을 가지고 있지 않다. 따라서 주어진 목적함수를 위해 다양한 선택지에 대한 확률 계산을 하고 예측은 가능하지만, 미래를 보면서 자신의 행동을 결정하기 위한 메타인지적 예측은 불가능하다. 메타인지능력은 진화 과정에서 인간에게만 주어진 선물이다.

경 험 체 화

인간은 신체의 감각기관을 통해 세상을 경험한다. 이 과정에서 세상과 소통하고 상호작용하면서 얻은 지식은 체화되어 깊이 내재화된다. 이러한 학습 방식은 AI가 대량의 학습데이터를 통해 얻는 지식과 근본적으로 다르다. 예를 들어, 자전거 타기를 배우는 과정은 글이나 그림으로부터 정제된 지식을 받아들이는 것이 아니라 몸으로 익히는 체험이다. 이러한 지식은 상징이나 부호로 표현되는 규칙과는 본질적으로 다르고, 인공신경망을 통한 모델링과 같이 많은 학습데이터를 통해 학습되는 것도 아니다. 또한 이런 경험 기반 지식은 한 번 습득되면 다양한 맥락에서 사용될 수 있다. 어렸을 때 동네에서 배운 자전거 타기는 성인이 되어 외국에 가서도 그대로 써먹을 수 있는 것과 같다.

경험을 통해 지식을 습득하여 체화하는 것은 학습 과정에서 인지적 부담이 적을 수 있고 지식을 적용하는 과정에서도 사고의 필요성이 적어 효율적이다. 예를 들어, 어떤 학생이 뷔페 레스토랑에서 가족과 식사한 첫 경험을 했다고 하자. 이 학생은 그 경험을 통해 '뷔페 레스토랑'에 대한 모델을 구축하고 음식을 스스로 골라 담은 후 식사하는 과정을 몸으로 익히게 된다. 이렇게 습득한 경험 지식은 유사한 상황에서 쉽게 적용된다. 이 학생이 친구들과 다른 뷔페 레스토랑에 가서 식사하더라도 한 번 경험한 것만으로 자연스럽게 행동할 수 있다. 이러한 경험 기반 체화 지식은 뇌에만 기억되는 것이 아니라 몸과 환경을 통해 저장되어, 마치 컴퓨터 롬ROM이 처리하듯이 즉흥적이면서 복합적인 대응을 가능하게 한다.

체화된 지식은 관찰과 연습에 의해 습득된다. 관찰은 몸의 인지적이고 감각적 자원을 이용해 세상을 아는 방식이고, 연습은 실천을 통해 지식을 습득함으로써 체화시킨다. 이렇게 체화된 지식은 낯선 상황에서도 즉흥적으로 행동할 수 있도록 해주고 타인의 목표나 기분, 감정 등을 이해할 수 있는 공감 능력을 불러일으켜 세상에서 잘 살아갈 수 있게 해준다. 이렇게 습득된 지식은 단순히 뇌에 의해서만 기억되는 것이 아니라 맥락과 함께 몸에 기억된다. [121]

그런데 경험을 통한 체화 과정을 거치지 못한 챗GPT는 어떻게 대화에서 의도 파악을 잘하고 문장에서 대명사가 지칭하는 것을 정확히 알 만큼 맥락을 잘 이해할까? 직접경험을 통한 체화의 과정은 없었지만 챗GPT는 인터넷에 있는 거의 모든 텍스트를 읽어 들이면서 인간이 경험할 수 있는 다양한 맥락과 의도 그리고 상식을 모두 간접적으로 습득했기 때문이다. 따라서 적절한 프롬프트로 대화의 맥락이 주어지면 의도와 맥락에 맞는 대화를 해나갈 수 있다.

하지만 생성형 AI는 언어처리 관점에서 두 가지 한계점을 가지고 있다. 하나는 단어나 문장을 이들이 지칭하는 현실 세계의 대상들과 연결하는 '그라운딩grounding'을 못하는 문제다. 예를 들어, 문장에 '지난주에 나온 여론조사'라는 표현이 있을 때 실세계에서 어느 여론조사를 지칭하는지 연결하는 것이 그라운딩인데, 실세계 경험이 없는 AI는 근본적인 한계에 부딪힌다. 그라운딩이 안 되면 감각 정보를 통한 느낌이나 감정이 연결되지 않는다. 이를 해결하기 위해 테크 기업들은 검색이나 지식 베이스를 연결하기도 하고 '제미나이'[122)]에서와 같이 이미지처리 능력을 연결하기도 하지만 아직은 미봉책일 뿐이다. AI가 가지는 언어처리상의 두 번째 한계점은, 개인의 특이한 경험을 확장하는 식의 반응이나 글쓰기를 할 수 없다는 것이다. 일상에서 마주하는 어려움을 통해 감정이나 특별한 욕망을 가질 수 없기 때문이다. 따라서 삶에 의문을 품고 그것을 사회적인 문제와 연결 짓는 행위도 불가능하다.

로봇공학에서는 '행동하고 감지하고 생각하는 것은 서로 분리할 수 없는 과정이므로 생각은 물리적인 몸을 가졌느냐에 좌우된다'는 관점을 채택하고 있다. 로봇공학 분야의 석학인 MIT 로드니 브룩스Rodney Brooks 교수는 '지능은 되풀이되는 방식으로 배울 수 있는 경험에서부터 발생하거나 경험에 의지한다. 지능은 (별도의) 추론하는 시스템을 필요로 하지 않거나 추론 시스템과 똑같지 않다'는 말로 AI 분야에서 일반화되어 있는 지능의 관점을 반박한다.[28] 로봇이 인간과 똑같은 방식으로 그 경험에서 배울 수 있는 능력을 갖춰야 한다는 브룩스 교수의 주장은 경험을 통한 지식 습득 방식이 인간에게 특화된 지능의 한 형태임을 강조한다.

사회적 상호작용

인간이 사회적인 동물로 진화하면서 우리의 뇌는 다른 사람들의 환경을 통제하도록 설계되었다. 의식의 발달로 외부 세계의 모형을 구축하듯이, 뇌는 자신이 속한 사회에 대한 '마음 모형'을 만들어 다른 사람들의 행동을 이해하고 예측하여 통제하려고 한다. 그런데 이런 마음 모형이 사회적인 기능을 제대로 하려면 무엇이 필요할까? 끊임없는 호기심을 가지고 타인과 소통을 하며 협업하여 그 모형이 계속 업데이트되어야 한다. 인간의 뇌는 이렇게 사회적 상호작용을 하도록 진화되었다.

---

28 AI 분야에서는 지능을 정의할 때 추론할 수 있는 능력과 동일시하는 경향이 있다.

결국 인간의 정체성은 사회적 상호작용을 통해 형성되고 발달한다. 즉 타인과의 상호작용을 통해 자신과 타인 그리고 그 관계를 이해하게 되고 그런 인식을 통해 내가 누구인지 알게 되며 사회적 맥락에서의 역할을 이해하게 된다. 그 과정에서 타인과 교환하는 감정적, 언어적, 문화적 요소들이 나의 자아 인식과 세계 인식에 중요한 영향을 미친다는 것은 우리가 경험을 통해 잘 알고 있다. 즉 이 요소들은 인간의 의식 세계를 구성하는 데 핵심적인 역할을 한다.

감정은 타인과의 관계를 형성하고 유지하는 데 필수적이며, 친밀감을 통해 공감과 이해를 촉진한다. 기쁨, 슬픔, 분노 등의 감정을 공유하지 않는 사람들과는 보이지 않는 벽을 느껴 그들의 경험을 이해하는 데도 한계가 있음을 깨닫는 경우가 많다. 감정과 연결된 기억은 오래 지속되는 것으로 밝혀졌으며, 이는 개인의 자의식을 강화하고 사회적 세계관을 형성하는 데 중요한 역할을 한다.

언어는 사회적 상호작용의 핵심 도구다. 여기서 '언어'는 단순히 문자나 발화에 국한되지 않고 표정, 제스처, 태도와 같은 '비언어적' 요소를 모두 포함한다. 이런 포괄적인 '언어'를 통해 사람들은 생각과 감정을 표현하고, 정보를 교환하며, 서로의 의도와 생각을 이해한다. 따라서 언어는 복잡한 사회적 상호작용과 의사소통을 가능하게 하는 필수적인 매개체다. 감정과 마찬가지로 언어는 타인과의 소통을 통해 자의식을 발전시키고, 사회적 규범과 가치를 공유하며, 문화적 정체성과 집단 소속감을 형성하는 데 중요한 역할을 한다.

문화는 개인의 가치관, 행동 양식, 신념 체계를 형성한다. 문화적 요소는 사회적 상호작용의 맥락을 제공하며, 개인은 타인과의 문화적 동질성과 이질성을 경험하면서 자신의 가치관과 자의식을 형성해가고 이에 따라 행동한다. 문화는 공동체의 규범과 전통을 형성하므로 여기에 속한 개인은 자신이 수용하는 문화를 통해 세계를 이해하고 자신의 소속감과 정체성을 강화한다. 따라서 문화적 요소는 사회적 상호작용 과정에 필요한 다양한 의사결정에 영향을 미친다. 타인의 문화를 이해하지 못하는 상호작용은 피상적 수준에 머무를 수밖에 없다.

이렇게 인간은 감정, 언어, 문화적 요소를 갖추어 사회적 상호작용을 수행하며 이를 통해 스스로의 자아의식과 세계관을 형성한다. 반면, AI에게는 이 세 가지를 이해하고 모방하는 것이 매우 큰 도전이다. 챗GPT가 문자언어 이해 및 구사 능력을 획득했고 구글의 제미나이는 시각을 통한 소통 능력을 보이고 있지만, 인간의 의식과 연결된 감정 및 문화적 요소를 디지털 신경망으로 완전히 구현할 수 있을지는 아직 불분명하다. 인간의 경험과 감정은 외부 데이터를 보고 배우는 것을 넘어서는 깊이와 복잡성을 지니고 있고 사의식과 직결되어 있기 때문이다.

AI도 얼굴 인식, 음성 분석, 텍스트 마이닝Text Mining을 통한 감정 인식 기술로 사람의 감정 상태를 일정 수준에서 이해하고 반응할 수 있다. 그러나 이는 보조적인 수단으로 사용되거나 돌봄 서비스와 같은 특정 영역에서의 활용에 제한된다. AI가 스스로 감정을 경험하는 것은 아니므로 감정에 대한 반응은 미리 설계된 알고리즘 수준에 머무를 수밖에 없다. 문화적 맥락을 이해하는 것은 언어와 감정뿐만 아니라 감각을 통한 다차원적인 이해가 필요하므로 AI에게는 더욱 큰 도전으로 남아 있다. AI가 스마트폰으로 들어가면서 자연스럽게 음성 통역이 되어도 여전히 사람이 외국어 공부를 해야 하는 이유가 여기에 있다. 우리가 문화적 이해를 위해서는 직접경험을 통한 언어 습득 과정을 필요로 하기 때문이다.

SNS 대화의 감정 분석을 수행하는 AI가 자살 방지 서비스나 돌봄 서비스 로봇에 일정 부분 적용될 수 있다. 하지만 언어, 감정, 문화가 복합적으로 연결된 인간 수준의 사회적 상호작용을 수행할 수 있으려면 아직 갈 길이 멀다. 자의식이 없는 AI가 인간의 복잡한 내면세계를 이해하여 윤리적, 철학적 관점까지 고려해야 하는 사회적 상호작용을 원활하게 할 수 있을지 판단하기 어렵다는 것이다. 예를 들어, AI가 성희롱과 같은 사회적 이슈에 대해 다양한 경험과 문화적 배경을 가진 사람들과 정치적으로 적절한 대화를 나누면서 공감대를 이끌어가는 행동을 할 수 있을 것인가의 이슈다. 이런 것들이 기술적으로 가능할 것인가의 논의와 별개로, 인간의 내면적 경험을 AI에 통합하는 것이 도덕적으로 적절한지, 그리고 그로 인해 발생하는 새로운 도전을 어떻게 다룰 것인가에 대한 사회적 동의가 선행되어야 할 것이다.

6

AI와의 공존을 위한 미래 전략

인간은 스스로의 선택에 의해
자신의 모습을 만들어간다.

– 사르트르Jean Paul Sartre (프랑스 소설가, 철학자)

리더는 자기가 가는 길을 알고, 그 길을 가고,
또한 그 길을 보여줄 수 있는 사람이다.

– 존 맥스웰John C. Maxwell (미국 목사)

AI와의 공존 그리고 공진화

왜 공존인가?

'호모 심비우스Homo Symbious'는 '공생인'을 뜻하는 용어로, 인간이 지구상에서 모든 다른 생물들과 함께 살아가는 방법을 자연으로부터 배워야 한다는 의미로 최재천 이화여대 석좌교수가 처음 만들어 사용했다. [123] AI 시대가 열린 이 시점에 인간과 AI가 어떻게 공존할 것인가 그리고 AGI 시대의 도래를 눈앞에 두고 어떻게 공진화co-evolution할 것인가 묻는 것은 실존적 질문이다. 인간이 AI와 어떻게 공존하고 공진화하여 진정한 '호모 심비우스'로 자리매김할 수 있을지 살펴보자.

컴퓨팅 분야에서는 '인간과 컴퓨터 상호작용'이라는 세부 분야가 있다. 컴퓨터와 사용자 간 정보가 양방향으로 흐르고 서로의 반응에 영향을 주는 상황을 지칭한다. AI와 인간과의 지적 관계는 이

보다 조금 더 밀접하므로 이 책의 4장에서는 상호작용을 넘어선 '협업'하는 관계로 설명했다. 인간과 AI의 '협업' 관계는 스스로 판단하고 자신을 업그레이드할 수 있는 AI의 '자율성'이 강조되어 인지 활동에 있어 AI가 인간과 동등한 자격을 가진다는 의미다.

인간이 자율성을 가지고 있다는 말에 이의를 제기할 사람은 없을 것이다. 하지만 그렇다고 개인이 모든 것을 자율적으로 판단해서 행동에 옮기지는 않는다. 사회를 지탱하는 규율을 지키기 위해 자율성을 일부 포기해야 한다. 마찬가지로 AI에게 자율성을 부여하여 자동화의 범위를 넓혀가더라도 '인간을 위해 존재해야 하는 AI'라는 절대적 명제하에서 AI 자율성에는 한계가 있어야 한다. 그런데 인간은 끊임없는 기술 발전에 대한 욕망으로 자동화의 범위를 스스로 제한하기는 어려울 것이다. 따라서 자동와와 자율성을 어디까지 허용할 것인가에 초점을 맞추기보다 AI가 흉내 낼 수 없는 인간의 본성을 이해하여 우리 스스로 공존 전략을 만들어가는 것이 현명한 길이다.

그렇다면 협업을 넘어 인간이 AI와 공존한다는 것은 무슨 뜻일까? 인간 사회에서의 공존은 부부, 직장 동료, 교사-학생 등의 관계와 같이 복수의 사람들이 개별적으로 존재함과 동시에 공동의 목직을 시향하며 서로에게 도움이 되는 상태를 의미한다. 서로에게 도움이 된다는 것은 그들 사이에 시너지가 발생하거나 상호 보완적이라는 것이다. 마찬가지로, 인간과 AI의 공존 관계에서도 각각 존재하면서 서로에게 도움이 되어야 진정한 공존 관계가 성립된다. 시너지의 의미는 여럿이 힘을 합쳐 어떤 과업을 수행한 결과가 각자 독립적으로 수행한 것을 합쳐놓았을 때보다 좋다는 것이다. 하지만 특정 과업을 위한 시너지가 보이지 않아도 총체적으로 서로를 보완할 수 있는 관계라면 공존의 이유가 충분하다.

과거 AI는 인간과의 공존 관계를 갖지 못한 경우가 많았다. 인간-AI 연합 팀의 결과가 AI의 독자적 결과보다 좋지 않았다는 사례[124]들은 시너지 효과가 없었다는 것이고 AI와 인간의 능력이 상호 보완적이지 못했다는 것이다. AI는 도구로 출발했기 때문에 인간에게 도움이 되는 것은 당연하지만 인간과의 협업을 통해 얻는 것이 없었다는 것이다.

공존의 개념을 위해 인간이 AI에게 '도움'이 된다는 것은 어떤 의미일까? 앞서 이 책의 4장에서 소개한 금석학 연구 사례에서와 같이, AI 혼자 달성한 성능에 비해 인간 전문가의 지식과 경험이 추가되었을 때 성능 향상이 있었다면 AI 관점에서는 인간의 도움을 받은 것이다. 이와 같이 인간이 AI의 유용성을 높여주거나 AI 존재를 지속시켜준다면 공존 관계인 것이다. 예컨대, AI의 대화나 추론 능력을 위해 인간이 콘텐츠를 제공한다거나, 심지어 AI를 규제하여 안전성을 높임으로써 퇴출을 막았다면 AI의 영속성을 도와준 것이다.

챗GPT 이후 AI와 인간의 공존이 핵심 화두가 된 것은 생성형 AI가 인간의 정신노동에 큰 시너지 효과를 주고 있어서다. 업무의 성격에 따라 다르겠지만, 대화를 통해 일을 분담할 수 있는 동료와 같은 역할을 하는 수준이 되었기 때문이다. 또한 생성형 AI

의 창발 능력으로 인해 AI의 행동을 모두 예측하지 못하기 때문에 위험성도 내포하고 있어 공존의 프레임이 더욱 필요해졌다. 즉 인간이 AI의 도움을 받는 것이 주목적이었지만 이제는 AI의 '보호자' 역할도 하는 동반자가 되어야 하는 셈이다.

공존의 방법

요컨대, AI는 인간의 능력을 보완하는 지식과 독특한 '사고'를 가지고 있어 인간과 공존 관계가 성립될 수 있다. AI의 역량은 단순한 자동화와 생산성 향상을 넘어 과학, 기술, 예술 등 다양한 분야에서 인간과 함께 협력할 수 있게 한다. 이런 협력은 새로운 아이디어와 시너지를 창출하여 인간과 AI의 협력이 21세기 경제의 핵심이 될 것이라는 장밋빛 예측[125]도 가능하게 한다. 이는 AI와 인간의 공존이 가져올 새로운 사회의 모습을 상징한다.

이러한 공존이 지속되기 위해 먼저 짚고 넘어가야 할 것은 '윤리적인 AI의 추구'다. 윤리적이지 않은 AI는 기술 발전을 막는 구실이 될 뿐만 아니라 인류의 번영에도 악영향을 미칠 수 있다. 예컨대, 지구온난화와 같은 인류가 당면한 난제를 해결하는 데 AI를 사용하는 기막힌 아이디어가 있다고 하더라도 윤리적 문제가 대두되면 브레이크가 걸릴 것이기 때문이다. AI가 인간을 살상하는 계획에 쓰인다면 당연히 퇴출되어야 한다. 따라서 적절한 AI 자율성의 통제는 그 생존을 도우면서 동시에 인간과의 건강한 공존 관계를 유지하는 데 필수적이다.

AI가 인간의 거의 모든 능력을 초월하는 단계에 왔을 때, 즉 AGI 시대가 도래했을 때 AI의 안전성이 보장되지 않는다면 인간과의 공존 관계는 위험에 처한다. AI 안정성 확보는 '위험할 때는 전기 플러그를 뽑으면 된다'는 식의 간단한 문제가 아니다. AI에게 허용하는 자율성이 있기 때문이다. AI가 선의의 목적으로 설계되었다 하더라도, 부여된 자율성은 예상치 못한 위험을 초래할 수 있다. 예를 들어, 챗GPT가 '해충 퇴치를 위한 농약 제조법' 같은 질문에 대한 답을 하는 과정에서 인간에게 치명적인 독극물을 제조할 수 있는 구체적인 방법을 알려줄 수도 있다. 하나의 큰 목적을 달성하는 데 필요한 하위 세부 목적들 각각에 대한 안전성이 보장되어야 하는 것인데, 과도하게 안정성을 추가하다 보면 자율성의 통제로 이어져 기술 발전을 막을 수 있다. AI가 초지능을 향해 진화하면서 점점 인간의 통제를 벗어날 수 있으므로 조만간 어디에 선을 그어야 할지 결정해야 하고, 그 결과에 따라 공존 관계가 결정될 것이다.

따라서 일단 AI의 위험성에 초점을 맞춰 이를 최소화하기 위한 노력을 해야 한다. AI 훈련 과정에서 해로운 지식을 차단하고, 사용자와의 상호작용에서 AI의 답변이 윤리적 기준에 부합하는지 확인하는 접근이 필요하다. AI의 위험성을 최소화하기 위한 연구는 학습데이터의 선별적 사용에서부터 시작한다. 해로운 지식이 AI에게 유입되는 것을 차단하는 첫걸음이라 할 수 있다. 하지만 거대하고 복잡한 지식 공간에서 '선한 지식'과 '악한 지식'의 경계를 설정하는 것은 쉽지 않다. 또한 생성형 AI의 예측 불가능한 창발 능력 때문에 위험한 정보를 습득하지 않았다고 안전한 내용만 생성할 것이라는 보장은 없다. 그래서 현재 챗GPT는 사용자에게 답변을 제공하기 전에 그 내용이 법적, 윤리적 기준에 부합하는지 확인하는 절차를 가지고 있는 것이다.

AI와 인간의 공존이 항상 선한 목적을 추구할 수 있는 것도 아니다. AI가 악인의 손에 넘어갈 경우 엄청난 위험을 초래할 수 있고, 이는 공존 생태계에 위협이 될 수 있다. 예를 들어, 안전하게 설계된 AI라도 테러리스트에 의해 사용될 경우 이는 재앙적인 결과를 초래할 수 있다. AI는 학습을 할 수 있는 존재이기 때문이다. '개방형 소스 코드Open Source Code'로 개발된 AI 기술은 누구나 가져다 쓸 수 있어, 이러한 기술의 오남용 가능성은 항상 존재한다. 따라서 AI 기술의 안전한 사용과 확산에 대한 통제와 규제는 매우 중요한 과제로 남아 있다.

인간과 AI의 공존을 위해서는 두 주체 간의 상호 '이해'가 필수적이다. AI가 인간을 이해하는 정도는 어떤 훈련데이터가 사용되었는가에 영향을 많이 받지만, 학습 알고리즘과 목적함수 등을 결정하는 AI 전문가들의 영향력도 크다. '미세조정'이나 '맥락 내 학습'과 같은 기술을 통해 특화된 AI를 개발하는 것이 AI 전문가들의 손에 달려 있기 때문이다. 따라서 인간이 원하는 AI, 즉 인간을 충분히 이해하는 AI를 만들기 위해서는 설계 팀이 인간의 본성을 얼마나 잘 이해하는가에 달려 있다고 해도 과언이 아니다. 인문, 사회, 예술, 문화에 대한 깊은 이해를 바탕으로 융합적 사고가 기술자들에게 필요하다는 이유가 여기에 있다. 또한 융합적 사고는 AI를 비롯한 폭 넓은 관점을 제공하여 최신 기술로 인해 변화하는 미래를 예측하는 데 큰 역할을 할 수 있다.

AI 전문가들뿐만 아니라 일반인들도 AI를 이해하는 것이 중요하다. AI의 발전과 대중화는 전문가뿐만 아니라 AI와 협업하는 일반인에게도 크게 달려 있기 때문이다. 일반인의 AI 리터러시 및 전문성 정도에 따라 AI를 수용하는 수준이 달라질 것이고 AI와의 협력 방법이나 결과에도 영향을 미친다. AI에 대한 평가와 비판도 모두 일반인들의 몫이 크다. 일반인들의 생각과 행동이 AI의 진화에 필수적이므로 대중의 이해도와 협력의 숙련도가 AI의 운명을 결정할 것이다.

기업의 고용주와 조직의 관리자들도 공존의 조건을 만족시키고 공존의 평형 상태를 유지하는 데 중요한 역할을 한다. 이들이 조직 내에서 AI를 업무에 어떻게 적용할지 결정하는 데 따라 지식 노동자들의 운명을 바꿔놓을 수 있기 때문이다. 예를 들어, 법무법인에서 AI를 사용할 때 초임 변호사들의 능력을 신장시키는 데 초점을 맞출 것인지, 아니면 AI를 보다 적극적으로 사용하여 경험 있는 변호사의 생산성 향상을 도모할지에 따라 명암이 엇갈린다. AI를 초급 지식 노동자의 기량을 향상시킬 목적으로 사용하여 전체적인 역량을 높일 것인지, 고급 지식 노동자들의 보조로 사용하여 전체적인 효율을 올릴 것인지의 결정이다. 공존의 지속 가능성을 위한 관점에서 결정하는 것이 중요하다.

공존을 위한 조건의 핵심은 상호 호혜적 관계의 유지, 협력을 통한 시너지 창출, 그리고 사회 전체적으로 경제 발전과 인류 번영에 도움이 되어야 한다는 것이다. 위에서 살펴본 바와 같이 이러한 조건을 만족시키기 위해서는 AI 개발 전문가, AI 활용 전문가, 일반 시민, 기업가 및 조직의 관리자들이 각각 적절한 역할을 수행하는 것이 중요하다. 공존이 지속된다는 것은 인간-AI의 공존 관계가 공진화한다는 것을 의미한다. 그렇다면 이 공진화는 어떤 방향으로 진행되어야 할까?

공진화 방향

생물은 생존에 최적화된 방향으로 진화한다고 알려져 있다. 인간과 AI의 공진화 과정은 어떠한 최적화를 향해 나아갈까? 공존의 시대에 막 진입하고 있는 이 시점에 공진화 과정을 예측하기는 쉽지 않다. 공존 과정에서 고려해야 할 이슈들이 다양하고, 현재 가능한 협업 시나리오들만으로 미래에 있을 공진화를 전체적으로 파악하기는 매우 어렵기 때문이다.

　　AI는 생명체가 아니기 때문에 생물학적인 진화 메커니즘을 통해 진화하는 것은 아니다. 따라서 'AI 진화'는 AI 기술이 변화하는 궤적을 의미하며, 이러한 변화가 인간의 진화에 어떤 영향을 미치는지에 주목하는 것이 공신화의 핵심이다. 이런 맥락에서 볼 때, 공진화 과정은 인간의 생존과 발전에 최적화되어야 한다. 따라서 AI 진화의 절대적 조건은 인간의 생존을 보장하는 것이며, 여기에는 타협의 여지가 없다. 소설가이자 화학자인 아이작 아시모프Isaac Asimov의 '로봇 3원칙'[126)]에 이러한 점이 잘 나타나 있다.

1. 로봇은 인간을 해치지 않아야 하며, 인간이 다치도록 방치해서도 안 된다.
2. 로봇은 인간의 명령을 따라야 하나, 위 1번 원칙을 위배하는 명령은 수행해서는 안 된다.
3. 로봇은 자신의 존재를 보호해야 하나, 위 1번과 2번 원칙에 위배되지 않는 범위 내에서 이루어져야 한다.

이 원칙을 보면, '인간-AI 공진화' 방향의 설정은 AI의 발전이 인간의 생존과 번영에 어떤 영향을 미칠지를 살펴보는 것이 핵심이라는 것을 확인할 수 있다.

기술 발전에 따른 인간의 생존과 번영을 놓고 나타나는 두 집단이 있다. 기술을 통해 삶이 어떻게 개선될지에 초점을 맞추는 '기술옹호론자' 집단과, 기술이 가져올 위험과 리스크에 주목하는 '기술회의론자' 집단이다. 이 두 집단이 제기하는 질문과 미래에 대한 예측은 서로 반대를 지향하고 있으므로 이들을 통해 균형점을 찾아가는 것이 우리가 생각할 수 있는 공진화 방향이 될 것이다.

기술옹호론자들은 AI가 인간 지능과 스킬을 확장시키는 데 큰 가치가 있다고 본다. 이러한 확장은 기술적 혁신을 촉진하여 인류가 직면한 난제들을 해결하고 경제 부흥을 일으키며, 인간을 고통에서 해방시키는 유토피아적 결과를 기대하게 한다. 이들은 인간과 AI의 협업으로 발생하는 시너지는 전에 없던 창의성의 폭발로 이어질 수 있다고 기대한다. 앞서 소개했던 '알파폴드'나 '재료 탐색 그래프 네트워크'와 같은 지적 도약은 과학기술 발전을 크게 앞당기는 뚜렷한 예로 볼 수 있다. 생성형 AI의 창발 능력은 인간과 AI의 공진화 과정에서 새로운 상상력을 촉발하고, 과학기술 및 문화 발전에 새로운 지평을 여는 촉매 역할을 할 것이다. 몇 가지 최근 나타나는 기술 발전의 추이를 보면서 진화의 방향을 가늠해보자.

생성형 AI는 산업계에 새로운 바람을 일으키고 있다. 예를 들어, 2024년 초에 열린 세계 최대 IT전시회인 CES^{Consumer} $^{Electronics Show}$에서 AI가 주요 제품 범주 중 하나로 등장한 것은 AI가 미래 기술의 핵심 역할을 할 것임을 보여준다. AI가 전체 출품작의 7%까지 도달한 것도 놀라운 일이지만 다른 많은 전통적인 제품들에도 AI 기술이 접목되어 AI가 미래 산업 기술의 핵심 역할을 할 것임을 보여주었다. 챗GPT나 바드와 같은 대화형 AI는 비록 프롬프트로 텍스트, 이미지, 동영상 콘텐츠를 생성하는 수준이지만, 이 산업박람회는 이런 기술들이 다양한 업무에서 생산성 향상과 창의적 아이디어 도출에 기여하며 혁신을 이끌고 있는 모습을 보여주었다.[127]

머지않아 생성형 AI는 새로운 제품 개발과 마케팅에도 기여할 것으로 예상된다. 예를 들어, AI가 광범위한 시장조사를 한 후 그 결과를 토대로 새로운 제품의 이미지를 생성하고, 설계 도면을 만들어낸 후 이를 생산하기 위해 제조업체에 연결하는 식이다. 뿐만 아니라 시장조사를 토대로 가격도 결정하고, 홍보 마케팅 및 판매 전략도 짜서 관련 부서에 일을 맡긴다.[128] 이런 일련의 업무를 사람과 상호작용을 해가면서 완결하는 것이다. AI가 기업 내 혁신과 관리의 주역으로 자리 잡을 수 있는 시나리오다.

이와 같이 공진화의 새로운 트렌드로 자리 잡고 있는 AI의 산업화는 우리 삶을 완전히 바꿔놓을 것을 예고한다. 새로운 AI 기술을 활용하는 산업이 급성장하면서 AI는 일자리는 물론 인간의 생활과 삶에 스며들게 되어 있다. 대중은 알게 모르게 생활 방식, 업무 수행 방법, 심지어 사고방식 등에 AI의 영향을 받을 것이다. 스마트폰이 우리 일상을 어떻게 변화시켰는지를 생각해보면 AI의 영향력을 짐작할 수 있다. 직장, 가정, 학교, 교통수단, 여행지 등 어디에서 무엇을 하더라도 AI는 여러 가지 형태로 우리 주변에서 맴돌고 있을 것이기 때문이다. 대부분 우리 삶을 편하고 쾌적하게 할 목적이지만 인간의 정신적, 육체적 노동을 감소시키는 방향으로 진화할 것임은 의심할 여지가 없다.

이렇게 끝이 보일 것 같지 않는 AI의 파급력 때문에 최근 'AI 주권'이라는 이슈가 중요하게 부각되고 있다. 현재 AI 산업은 미국의 소수 빅테크 기업이 주도하고 있으며, 이들 기업은 거대 자본과 우수 인력을 바탕으로 업계를 지배하고 있다. 이로 인해 국가마다 자국의 경제, 안보, 문화 등 핵심 분야가 이들 기업에 의존하게 될 것을 우려하며 'AI 주권'을 지키려는 국가들이 생기고 있다. 주력 AI 모델들이 서구 문화와 가치관을 표방할 수밖에 없다는 인식이 있어 중국, 프랑스, 사우디아라비아와 UAE 등은 자국 언어 데이터를 활용한 거대언어모델 개발에 상당한 투자를 하고 있다. 우리나라는 AI 기술 경쟁력에서 미국, 중국에 이어 세계

3위를 달리고 있으며,[129] 이에 발맞추어 네이버가 2023년 8월에 '하이퍼클로버X'라는 자체 거대언어모델을 출시하는 등 대형 IT 기업과 일부 중소기업들이 한국어 데이터에 특화된 생성형 AI 모델 개발에 힘쓰고 있다. 문화적 다양성을 고려한 AI의 개발은 공진화의 관점에서 보았을 때 바람직한 방향이 될 것이다.

기술회의론자들이 지적하는 바와 같이, AI 발전에는 여러 리스크가 따른다. 가장 주목을 많이 끌고 있는 리스크는 AI의 안전성과 신뢰성과 관련된 것이다. 미국에서 발생한 자율주행자동차 사고나 챗GPT가 환각 현상에 의해 거짓 정보를 거리낌 없이 생성해내는 것 정도는 이미 잘 알려져 있다. 딥페이크 기술을 이용해 유명 인사의 음성과 영상을 만들어 악의적 목적으로 배포하여 사회적인 불안을 야기한 일들은 생성형 AI 위험성의 대표적인 사례다. 이런 여러 가지 위험 사례가 있음에도 불구하고 AI 기술과 적용 분야는 끊임없이 확대되고 있다는 것이 문제다. 신약이 판매되기 전까지 그리고 자동차가 출시되기 전까지 수많은 안전성 테스트를 거치는 것과 비교하면, AI는 너무 자유롭게 세상에 나오고 있다. AI는 다른 어떤 제품보다도 자율성과 지능이 높아 위험성이 높은데도 말이다.

'AI 윤리'는 이러한 리스크를 해결하기 위해 공진화 과정의 핵심 이슈로 떠오르고 있다. AI 윤리는 안전성과 신뢰성을 확보하기 위해 인간이 AI에게 주입하거나 학습시키는 윤리적 원칙을 의미하며, 점점 자율성이 높아지는 AI가 스스로를 통제할 수 있는 방법이다. 진정한 의미의 공진화를 위해서는 AI 윤리가 기술 개발 단계부터 고려되어야 한다. 개발자들이 발명품을 세상에 내놓고 난 후 그 영향을 살피면 늦을 수도 있다는 것이다. 철학자가 윤리적 개념을 AI 개발 과정에 들고 들어와서 반영하는 것도 한 가지 방법이겠지만, 엔지니어들이 윤리 개념을 충분히 가지고 있도록 하는 것이 근본적인 대책이다. 하버드대학교 임베디드 에틱스Embedded Ethics 프로그램과 같이, 기술 개발자들이 분리된 윤리학을 배우는 것이 아니라 컴퓨터공학자가 자신이 익혀야 할 역량의 일부로 윤리적 추론을 자연스럽게 받아들이도록 하는 교육이 필요하다.[130]

공진화는 AI에게 양보할 것과 인간의 몫으로 남겨야 할 것을 조화롭게 정의하면서 어떻게 협업하는지를 판단해가는 과정이다. 공진화는 AI의 존재하에 인간의 정체성과 역할이 어떻게 변해야 하는지를 정의하는 과정으로 볼 수 있다. 호모 테크니쿠스에서 호모 심비우스로의 전환은 우리가 AI와 어떤 차별점을 가지고 있는지, 미래 세대가 갖춰야 할 능력은 어떤 것이 있는지, 이들을 이끌어야 할 교육 시스템은 어떻게 변해야 할지 등에 대해 심도 있게 고민할 것을 요구한다. 웰빙, 평화, 행복, 번영 등은 인간의 궁극적인 목표로서 자리를 지키겠지만 이들의 달성을 위한 접근 방식과 구체적인 방법은 AI와의 공진화를 통해 새롭게 탐색되어야 한다.

신인류를 위한 준비

변화의 시간이 오고 있다

'신인류'라는 용어는 한 시대의 맥락에서 현대인과 구분되는 집단을 지칭하는 데 사용되기 때문에 여러 가지 의미를 갖는다. 가상 인간Virtual Human이 신인류로 불리기도 하고, 스마트폰을 몸의 일부처럼 여기는 '포노 사피엔스'[29] 세대가 신인류로 간주되기도 한다. 심지어 초고령 사회의 노인 세대를 신인류라고 부르는 경우도 있는데, 이는 이 세대가 우리나라 사회에 예상치 못한 영향력을 끼칠 수 있기 때문이다. 제4차 산업혁명이 진행되고 있는 이 시점에는 '순수 디지털 원주민'으로 불리는 알파세대와 Z세대

---

29 2015년 <이코노미스트(The Economist)> 특집 기사에서 처음 등장한 이 단어는 '스마트폰을 손에 쥔 신인류'를 일컫는다.

의 일부를 신인류로 볼 수도 있다.

'알파세대'는 2010년 이후에 태어난 사람들을 지칭하는 것으로, 호주 사회학자 마크 맥크린들Mark McCrindle이 이 용어를 만들어냈다. 세대 분석 전문가인 맥크린들은 '그들은 현재 최연소 세대이지만, 나이를 넘어선 브랜드 영향력과 구매력을 가지고 있다'며 '소셜미디어 환경을 형성하고 대중문화에 영향력을 끼치면서 떠오르는 소비자'라고 분석했다. [131] 이들은 태어나면서부터 스마트폰을 손에 쥐고 자랐고, SNS에 자신들의 모습이 투영되는 것을 보면서 컸으며, 부모가 AI 스피커라는 디지털 기기와 대화하는 환경에서 성장했다. 미국에서는 아이가 태어나서 처음 배운 말이 '엄마'가 아니라 AI 스피커를 부르는 말인 '알렉사'이었다는 사례[132]가 보고될 정도로 알파세대는 '디지털 키드Digital Kid'다.

이런 신인류를 위해 부모 세대는 뭘 준비해야 할까? 이에 대한 답은 '지니 같은 챗GPT가 옆에 있는데 공부는 왜 해요?'라는 아이들의 질문에 답하는 과정에서 나올 수 있다. 교사보다 더 똑똑해 보이는 AI를 사용하는 알파세대 아이가 학교에서 뭘 배워야 하는지, 영어 과외는 왜 해야 하는지 묻는다면 어떻게 대답해야 할 것인가? 곧 개인화된 AI를 하나씩 지닌 채 생활하고 수십만 개의 AI가 출현하여 AI 생태계가 활성화되면, '지니'는 원하는 과목의 튜터tutor부터 생활 전반을 관리해주는 '집사'까지 다양한 역할을 해줄 것이다. 각종 글쓰기부터 코딩 및 논문 작성 등에 특화된 AI는 학습 과정뿐만 아니라 생각하는 방법 자체를 바꿔놓을 것이다. 그래도 여전히 학교에서는 기존 교과과정을 고수하고 부모들은 아이들을 국영수 학원에 보내야 할까?

AI 기술 발전의 속도만큼 교육 시스템이 변하는 속도도 빨라져야 한다. 세계적인 역사학자 유발 하라리는 그의 저서 《21세기를 위한 21가지 제언21 Lessons for the 21st Century》에서 학교교육에 대해 다음과 같이 조언한다. [133]

'교사가 학생에게 전수해야 할 교육 내용과 가장 거리가 먼 것이 바로 더 많은 정보다. 그보다 더 필요한 것은 정보를 이해하는 능력이고, 중요한 것과 중요하지 않은 것의 차이를 식별하는 능력이며, 수많은 정보 조각들을 조합해서 세상에 관한 큰 그림을 그릴 수 있는 능력이다.'

이 내용은 2018년에 출간된 책에서 정보화 시대를 염두에 두고 한 말이다. 불과 몇 년 안 되었지만, 이 제언은 벌써 수정이 필요하다. '정보'는 'AI가 전달하는 지식'으로 대체되어야 하고 '중요한 것과 중요하지 않은 것'은 '진실과 거짓'으로 바뀌어야 한다. 세계적인 석학이 쓴, 시대를 관통하는 책에서 교육에 관한 제언이 불과 5년 만에 바뀌어야 할 정도로 빨리 변화는 시대다.

알파세대와 Z세대의 뇌는 기성세대와 다르게 발달하고 있을 가능성이 높다. 예를 들어, 휴대전화의 보급으로 전화번호 암기력이 감소했을 테고, 내비게이션 사용이 일반화되면서 지도를 이용한 공간 이동 능력도 감소했을 것이다. 후방 카메라에 익숙한 젊은 운전자들은 카메라 없이 후진 주차를 하는 데 애를 먹기도 한다. 자율주행차의 등장은 기계 조작 능력의 퇴화로 이어질 수 있으며, 미래에는 '우리 시대에는 직접 운전을 했었다'라고 회고 할지도 모른다. 이런 변화는 AI와의 공존을 경험하면서 더욱 확대될 것으로 예상된다.

학생들이 학습 과정에서 생성형 AI에 과도하게 의존한다면, 즉 스스로 읽고 생각하고 쓰고 창작하는 과정을 소홀히 한다면 학생들의 뇌에는 어떤 변화가 일어날까? 몇 년이 지나면 사회학자나 교육학자들이 행동과학 관점에서 분석할 것이다. 하지만 모든 변화의 속도가 워낙 빨라 이런 분석은 사후약방문이 될 수도 있다. 따라서 인지뇌신경과학 분야의 눈부신 연구 결과를 원용하여 지금 그 여파를 예측해보는 것도 의미가 있을 것이다.

인간의 뇌에는 신경세포들 간의 접촉 지점인 시냅스가 약 1000조 개 있으며, 뭔가를 기억하고 추론하는 과정은 이 시냅스들의 상태 변화를 통해 이루어진다. 신경세포 시냅스들이 물리적, 생물학적인 변화를 거쳐 가면서 회로를 구성하기 때문에 뇌는 가소성plasticity을 가지고 있다고 한다. 이 말은 뭔가를 배운다는 것이 뇌의 구성에 변화를 가져온다는 것이다. 신경세포의 모양, 시냅스의 숫자와 연결 강도, 심지어 신경세포 주위의 세포들과 혈관 네트워크도 변화한다고 한다.[134] 논리, 수학 등에 관한 학습 및 규칙적 연습뿐만 아니라, 몸을 쓰는 다양한 경험과 호기심 자극 등도 이러한 뇌의 변화와 밀접한 연관이 있다. 따라서 챗GPT와 같은 AI의 사용과 교육 방법의 변화는 인간의 뇌를 특정 방향으로 진화하게 할 것임을 짐작할 수 있다. 이러한 개인적 차원의 변화가 모이면 사회 전반에 걸친 변화가 된다.

과 거 와 다 른 변 화 의 패 턴

이미 세 차례의 산업혁명을 거치며 겪은 경험을 토대로 우리는 AI 혁명이 가져올 세계에 대해서도 긍정적으로 예측하는 경향이 있다. 그동안 기술 발전에 잘 대응하여 경제성장을 이룩했으므로 AI의 발전으로도 글로벌하게 번영의 길을 걸을 것으로 예상한다. PWS의 보고[135]에 의하면, AI와 로봇을 위시한 자동화 기술은 2030년까지 세계 전체 GDP의 15조 달러를 만들어낼 것이라고 한다. 골드만삭스도 세계 GDP의 7% 정도가 이들 기술과 관련이 있을 것이라며, 기술이 가져다줄 경제적 효과에 대해서 긍정적으로 본다.[136] 그러나 동시에 이들 기술에 의해 3억 개의 일자리가 사라질 것으로도 예측되어 과거의 다른 산업혁명과 마찬가지로 일자리나 경제성장 관점에서 잃는 것과 얻는 것이 있다. AI 기술의 발전으로 세계의 부는 전체적으로 증가하겠지만 일자리 변화의 여파는 개인이나 집단에 힘든 상황을 초래할 수 있다.

기술 발전은 언제나 새로운 소득격차를 만들어왔으며, AI의 발전 역시 예외가 아닐 것이다. 미국에서의 조사에 따르면, AI와 관련된 기업 경영자들의 77%는 2024년까지 AI 기술을 도입할 계획을 하고 있으며, 96%는 신규 인력 채용 시 AI 기술 보유자를 선호한다고 한다.[137] 기업이 원하는 인재상의 변화에 따라 근로자들은 AI 전문성을 키워 자신의 분야에서 살아남아야 한다는 뜻이다. 단순 행정이나 고객 지원 부서같이 앞으로 사라질 직종에 종사하고 있는 사람이라면, 아예 다른 분야로의 이직을 고려해야 하고 이를 위해 새로운 기량으로 무장해야 한다. [138] AI로 인한 변화가 어떤 것인지 예측하여 미리 준비하지 않는다면 직장을 잃거나 저임금 근로자로 전락할 수밖에 없다.

그런데 이러한 조망에 반영되어야 할 중요한 변수가 있다. 기술 발전 및 사회 변화의 속도. 앞서 보았듯이 AI 기술은 발전의 속도가 지수적으로 증가하고 있어, 예전과는 다른 패턴을 보여주고 있다. 일반적으로 기술은 한동안 축적되다가 타이밍과 경제 여건이 맞아 제품이 나오면서 서서히 산업계에 영향을 미치고 우리 생활로 들어오기 시작한다. 기술 발전과 일반 대중의 활용 사이에는 완충지대가 있어 일반인들은 새로운 기술의 출현에 민감하게 대처할 필요가 없다. 그런데 AI 기술의 도입은 그런 사이클로 진행되는 것이 아니라는 것이다. 챗GPT가 나온 지 불과 1년 만에 37%의 기업들이 이미 일자리 대체를 경험했다고 하니 일자리 변화 속도가 예전 같지 않다는 것을 알 수 있다. [139] 2024년 AI에 의한 생산성 향상을 이유로 근로자 해고를 예상하는 기업이 44%나 된다는 것은 가속도가 붙고 있다는 증거다.

근로자들이 이러한 빠른 변화 속도를 미리 고려하지 않는다면 AI로 인한 갑작스런 변화에 대처하기 어려울 것이다. 변화에 선제적으로 대응하려면 AI가 어떤 역할을 할지 이해하고, 관련된 훈련을 받아 필요한 기량을 스스로 개발하여야 한다. 기업과 고용주, 정부 부처들은 현재의 근로자들이 새로운 AI 기반의 직무에 적응하거나 다른 업무로 전환하기 위한 훈련 과정을 마련하여 기존 인력을 활용하는 데 차질이 없도록 해야 한다. AI로 생산성 향상이 되는 만큼 일자리를 없애는 것이 아니라 오히려 새로운 비즈니스를 창출하는 기회로 삼아야 한다. 변화의 길목에서 사회 구성원들이 각각 적극적이고 능동적인 대응을 해야 하는 시대다.

AI 기술이 다른 산업과 접목되는 속도도 무섭다. 현재는 대형 서버나 클라우드를 통해 AI 서비스가 제공되고 있지만, AI가 스마트폰이나 가전제품 등 다양한 디바이스에 탑재되면서 '온디바이스 AI'가 현실로 다가오고 있다. 따라서 각종 산업에 스머드는 AI의 파급효과는 예측조차 하기 어렵다. 예를 들어 생성형 AI가 탑재된 스마트폰이 출시되면 자동 통역이 기기 내에서 이루어질 것이므로 외국인과 실시간 대화가 가능해진다. 국제회의에서 휴대전화만 켜놓으면 회의 내용 전체를 자국어로 요약해줄 수도 있다. AI가 냉장고에 탑재되면 오늘 저녁에 식구 4명이 먹을 특정 메뉴를 위해 어떤 재료를 사와야 하는지 냉장고에 물어볼 수도 있을 것이고 심지어 주문까지 해줄 것이다. 이렇게 AI 특화 전자기기 시장이 활성화되면서 그 산업규모가 2020년 68억 8000만 달러에서 2030년에는 388억 7000만 달러로 증가할 것으로 예측된다[140]고 하니 관련 기업들이 모두 AI 중심으로 전환하고 있다는 것을 알 수 있다.

기기나 장치가 똑똑해져서 챗GPT와 같이 의인화되면 기존 기업들은 새로운 인터페이스와 상호작용 개념을 수용해야 한다. 예전과 같이 편의성 위주로 기기와의 인터페이스를 볼 것이 아니라 설계 시 감성적이고 인지적인 측면을 고려해야 한다. 사용자는 하드웨어 기기도 인간처럼 '행동'하기를 바라기 때문에 인간과 AI를 모두 잘 아는 전문가의 역할이 중요해진다. 즉 제품 설계부터 제조, 품질 보증, 광고, 마케팅까지 모든 부서가 AI를 중심에 놓고 협력해야 할 것이다. 근로자들은 AI 기술의 빠른 발전에 발맞춰 기술 동향을 배워 반영해가야 한다. 자칫 잘못하면 '오래된 1년 전 기술'에 갇혀 있는 '꼰대' 취급을 받을 수도 있기 때문이다.

기술과 도구의 발전은 사람의 행동 양식을 변화시켜왔다. 예를 들어, 스마트폰으로 인해 한 집에 사는 가족 간의 대화가 SNS를 통해 이루어진다거나, 폰을 보느라 머리를 숙이고 걸어 다니는 것이 일상이 된 것 같은 변화들이다. 사람과 AI와의 상호작용이 시공간을 초월해서 양방향으로 이루어질 것이므로 다음과 같은 변화가 예상된다.

첫째, 상호작용이 비가역적으로 일어난다. 사용자는 AI의 '행동'에 변화를 일으키고, AI는 사용자를 인지적이고 감성적인 면에서 변화시킬 수 있기 때문이다. 사람이 자라면서 누구와 어떤 상호작용을 하는가에 따라 경험치가 달라지고 성장의 양태도 달라지는 것과 같다. 이제 AI는 리셋^{reset}할 수 있는 도구의 영역을 벗어났다. 지인과의 관계를 정리하더라도 과거에 받은 영향까지 리셋되지 않듯이 AI와의 상호작용은 사용자의 정신 영역을 변화시키기 때문이다.

둘째, AI는 사용자로 하여금 자기 주도적 변화를 이끌게 한다. 스마트폰상에서 한 가지 앱은 업그레이드가 되기 전까지 고정된 기능을 가지고 있지만, AI는 학습 능력이 있으므로 어떻게 쓰는가에 따라 나중의 모습은 천차만별로 달라질 수 있다. 챗 GPT를 잘 사용하기 위해 프롬프팅 능력을 키워야 하듯이, AI와의 인터랙션에서 최적의 결과를 이끌어내려면 사용자는 AI와 협업할 수 있는 능력을 키워야 한다. 인간이 AI와의 동적인 관계를 이해하여 변화하는 AI에 적응해가야 하는 시대다.

셋째, AI의 계속된 발전은 인류 문명사의 변화를 견인할 것이다. 예를 들어, 창의성의 개념이 바뀌면 우리의 문명도 바뀌지 않겠는가. AI의 창발 능력으로 창의력 면에서 인간과의 경계가 모호해지고 있다는 것은 이미 주지하고 있는 바이다. 따라서 AI 시대에는 창의력을 '새로운 무언가를 만드는 능력'에서 '무언가를 만드는 특정한 과정과 태도'로 새롭게 정의해야 할지 모른다. 창의력을 '비판적 관점을 갖고 매일, 매 순간, 어디서나 다양한 질문을 하는 능력'으로 확장해야 한다는 주장도 있다.[141] 이처럼 AI와의 상호작용을 통한 변화는 인간과 AI의 공진화 시대에 인간의 역할과 인간이 갖춰야 할 능력의 정의에도 큰 영향을 미치게 될 것이다.

'교육은 백년대계'라는 말

인간의 역할이 급격히 변화하는 상황에서 교육 시스템은 어떻게 변해야 할까? 흔히 '교육은 백년대계'라고 한다. 향후 100년을 바라보고 계획을 해야 할 정도로 교육이 중요하다는 의미이지만, 뒤집어보면 교육 시스템의 변화가 너무 느리다는 비판을 의미하기도 한다. 기술, 산업, 근로자, 사용자 영역이 모두 빠르게 변하는 상황에서 교육만이 천천히 변할 수 있을지 의문이다.

교육 시스템은 산업혁명을 겪으면서 현재의 모습으로 정착했다. 공장의 대량생산 체계에 잘 맞는 획일화된 인력을 길러내는 것이 중요했기에 대학의 주요 목표는 산업의 역군인 전문가를 양성하는 것이었다. 거기에 사회에서의 소통과 시민성 함양 등을 위한 교양 교육이 덧붙여져 지금과 같은 학과 체제, 교과과정, 학위 및 자격증 제도가 형성되었다. 그러나 급변하는 AI 시대에 이러한 전통적인 교육 시스템을 그대로 유지하면서 교과과정 정도 변경해서는 제대로 대응할 수 없다.

몇 년 후 미래를 볼 필요도 없이 일단 현재의 모습부터 보자. 요즘 학생들이 카페나 도서관에서 노트북을 사용하여 작업하는 모습을 보면 특이한 점을 발견할 수 있다. 화면에 대화형 AI를 띄워놓고 일을 하는 사람이 늘어가고 있다. 지식과 정보를 수집하는 목적도 있겠지만, 논리적으로 정리된 텍스트를 답안처럼 제공하는 매력적인 능력을 이용하기 때문이다. 학생들 사이에서는 생성형 AI의 사용이 점차 생활화되어가고 있다는 증거다. 이런 새로운 흐름 안에서 교사·교수의 역할과 학생의 평가에 대한 새로운 고민이 필요하다.

고등학교에 올라가기 전까지 학교에서는 내신 성적을 위해 '수행평가'라는 것을 도입했다. 교사가 주는 과제를 학생이 검색 엔진이나 도서 자료를 활용하여 콘텐츠를 찾은 후 이들을 조합하고 활용해서 하나의 작품으로 제출하는 방식이다. 이 제도의 목적은 시험 답안 작성이 아닌 과제 수행 능력을 중시하여 학생들이 다양한 정보를 수집하고 습득하여 무언가를 창조하는 능력을 키우기 위한 것이다. 그러나 생성형 AI가 최종 '작품'을 만들어준다면 원래의 교육목표를 달성할 수 없게 된다. 학생이 스스로 정보와 지식을 습득한 후 내재화하여 얻는 사고력 확장의 기회를 상실하게 되기 때문이다. 만약 AI가 주는 '정답'을 읽어 학생이 지식을 확장할 수 있다고 기대한다면, 이는 주입식 교육의 새로운 형태에 불과하다. 교사 대신 AI가 지식을 주입하는 것으로 바뀌는 것뿐이다.

지식 습득 능력과 지식 생산력은 여전히 중요하지만 AI가 정신노동을 대신해주는 이 시대에 우리는 어떻게 교육적으로 대응해야 할까? 앞선 '수행평가' 상황만 본다면, 큰 변화가 필요한 것은 아니다. 과제를 내주고 제출된 보고서를 읽어 평가하는 교사의 역할이 바뀌면 된다. 예를 들어, 교사는 코치가 되어 학생이 챗GPT를 써서 진행하는 수행 과정을 모니터링하고 도와주면서 동시에 이 전체 '과정'을 평가하는 것이다. AI의 정신노동 대체 능력을 십분 활용하는 길이다. 기존 '강의 후 시험' 및 '과제 후 평가' 같은 정적인 평가 틀 대신 교사와 학생 간 인터랙션을 강조하는 틀이 필요하다. 그런데 겉으로 보기에 큰 변화 같지 않은 이런 교육 방법의 전환을 위해서도 교사 재교육, 평가 체계 수정, 교실 구조의 변화, 교사 대 학생 비율 변화 등이 필요하다.

이렇게 시급성이 높은 변화도 필요하지만, '백년대계' 관점에서는 중장기적인 과제가 더 중요하다. AGI는 전문 분야 문제 해결 능력뿐만 아니라 인지적 지능이 필요한 일상에서 인간의 능력을 앞서게 된다. 그렇다면 우리는 인간이 추구해야 할 능력이 무엇인가를 고민하면서 교육의 목표를 바꿔나가야 할 것이다. 지식의 습득과 생산, 비판적 사고와 같은 인지능력의 함양은 AI와 협업하고 AI를 통제하기 위해서라도 유지해야 하지만, 그렇다고 이런 전통적인 교육만을 강조할 수는 없다. AI와의 차별화를 이끄는 인간 본연의 능력인 창의력, 상상력, 공감력, 융합력, 메타인지능력, 실행력 등이 더 강조되어야 한다. 이러한 능력들은 인간의 감각 및 자의식과 강력하게 연결돼 있으므로 보다 인간적이고 정서적인 면을 강조하는 교육이 오히려 더 필요할 것이다.

성취 역량이라고 부르는 끈기, 집중력, 과제 지속력 등의 향상을 위한 교육도 여전히 중요한 자리를 차지한다. 사회적인 성공을 지향한다면 이들 역량이 지능보다 더 필요한 것으로 알려져 있다.[142] 여기에 협업 능력과 감정 조절력까지 더한다면 비이성적 판단도 피할 수 있어 AI 대비 약점을 보완할 수 있다.

그동안 교육 시스템은 '공룡 코스프레'를 하고 있었는지 모른다. 초·중·고와 대학까지 아우르는 거대한 교육 인프라는 천천히 움직일 수밖에 없다는 가정하에 말이다. 특히 입시 중심의 사회적 타성으로 인해 학교와 사교육의 문제 그리고 학부모들의 딜레마들이 녹슨 톱니바퀴들처럼 엉겨 붙어 있으니 근본적인 교육개혁은 어려웠다. 정부 차원에서 개혁 마인드가 있어도 정치사회적 리스크를 감수하며 메스를 잡기에 부담도 너무 컸다. 그러다 보니 그동안 교육개혁의 깃발을 들고 펼친 정책을 보면 '백년대계' 차원이라기보다 당시 수면에 떠오르는 현안을 개선하는 방편 정도로 끝나는 경우가 대부분이었다.

근래 대표적인 교육개혁으로 입학사정관제와 국가 수준 학업성취도평가제 등이 있었는데 효과적인 대학 입시와 교육의 수월성과 관련된 내용이다. 유치원 및 초·중등 교육의 권한 이관, 유치원·보육원 통합, 대학 구조 개혁 등은 모두 구조 조정 차원이었다. 어떤 인재, 어떤 시민을 양성하겠다는 교육목표와는 거의 상관이 없고 교육 콘텐츠와도 거리가 있는 외형적인 변화를 염두에 둔 정책들이었다. '글로컬Glocal 대학' 사업은 지역사회의 수요와 산업계 요구를 반영하여 국가 균형 발전을 이루겠다는 정책이고, 2025년부터 시작될 '늘봄학교'도 사회적 문제를 위한 정책이다. 이러한 변화들은 모두 중요한 인프라적 개선이지만, 교육 시스템을 거쳐 나오는 개개인의 능력과 역할을 규정하는 사람 중심의 정책에는 미치지 못한 것 같다. 형식보다 내용 위주의 방향 정립이 필요하다.

현재의 교육체계가 AGI 시대에 대비하여 충분한 개혁을 거치지 않는다면 대학과 일자리와의 관계는 어떻게 될까? 교육부의 '대학 알리미' 사이트[143]에 따르면 2022년 4년제 대학 졸업자 평균 취업률은 64.2%이고, 전문대학 졸업자의 평균 취업률은 71.3%이다. 소위 SKY 대학의 평균 취업률은 70%를 간신히 넘는 수준이고, 상위 11개 대학의 평균 취업률도 유사하다. 서울 소재 5개 여자대학교의 경우 60~68%로 다소 떨어지고, 8개 거점 지방 국립대의 경우 56~66% 범위에 분포되어 있어 낮은 편이다. 4년제 대학 어디서 공부하든지 졸업 후 취직이 안 될 확률은 30~40% 사이라는 것이다.

앞서 살펴본 바와 같이, 2030년까지 현재 직업의 약 30%가 자동화되어 일자리가 없어진다고 가정하고 단순 계산을 해본다면, 대학 졸업자의 취업률은 50% 정도로 떨어질 수도 있다는 결론이다. 다만 여기에 AI로 인해 새롭게 창출될 일자리는 고려되지 않았기 때문에 이 숫자는 과대하게 암울한 예측이다. 하지만 적어도 가장 AI에 취약하다는 일반 사무직, 금융, 고객 응대, 광고 마케팅, 법률 등 분야별로 보면 무리한 예측이 아닐 것이다. 앞으로 대학의 전공 구조와 개인의 전공 선택이 더욱 중요해지는 이유다.

여전히 교육을 '백년대계'라고 할 수 있지만, 취업은 먹고사는 현실적인 문제다. 만약 70% 정도의 현재 평균 취업률이 AI의 여파로 50% 근처까지 떨어진다면 지금과 같은 대학 교육은 유지될 수 없을 것이다. 현재 중학교 3학년 학생들의 절반이 대학 졸업 후 전공을 살리지 못하거나 아예 갈 곳이 없다면 지금과 같은 대학을 머릿속에 그리면서 피 말리는 경쟁을 하는 것이 과연 의미가 있을까? 대학의 학과나 전문가 양성 계획에 큰 변화가 일 것이고, 이에 따라 초·중·고의 학제나 교과과정의 변화도 불가피하게 될 것이다. 각급 학교에서 길러내어야 할 인간상과 교육목표에 대한 재정의가 필요한 것이다.

공 존 전 략 에 거 는 기 대

철학, 역사, 교육, 기술, 정치 등 거대 담론의 대상이 되는 영역을 파고 들어가 봐도 결국 현실에서는 먹고사는 문제로 귀결되는 경우가 많다. 모든 것이 어쩔 수 없는 생존 본능과 직결되어 있기 때문이다. 자본주의 세계에서 먹고사는 것은 결국 일자리와 연결되어 있으니 일자리 변화의 직격탄을 맞을 MZ세대와 그 후속 알파세대에게 이만큼 중요한 것이 또 있을까? 대학에서 기존 학사 학위를 받아도 그리고 각종 자격증으로 스펙을 쌓아도 기대하던 일자리와 연결이 안 되면, 학생들은 지금처럼 대학 진학에 목숨을 걸 필요도 없고 전통적인 공부에 인생을 낭비하려 들지도 않을 것이다.

결국 현재와 같은 전공 체계와 교육 방식으로 전문 지식을 제공하는 대학의 모습은 지속 가능하지 않다. AI 시대 새로운 역할 및 일자리 변화와 연계한 학생들의 각자도생 방식은 대학 교육의 변화를 불러일으켜 그 목표와 방법이 크게 변할 수밖에 없다. 저출산 문제와 같은 거대한 이슈가 젊은이들이 각자 먹고사는 문제를 해결하는 과정에서 일어난 것이라는 점은 교육에의 변화도 결국 개인 차원의 결정으로부터 시작될 것임을 일깨워준다. 이런 대학의 변화는 연쇄적으로 초·중·고 교육 시스템의 변화를 가져올 수밖에 없다. 현재의 교육 시스템과 생태계가 지속 가능하지 않을 것임은 불 보듯 명확하다.

그렇다면 이런 변화를 감지하는 학부모들은 지금 이 시점에

뭘 하고 있어야 할까? 변화를 앉아서 일단 기다려볼 것인가, 아니면 미리 준비를 하고 있을 것인가의 결정일 것이다. 공이 어느 방향으로 튈지 모를 때는 일단 공이 바닥에서 튀어 오르는 것을 보고 결정하는 것이 안전할 수도 있다. 그런데 AI라는 공은 이미 튀어 오르고 있을 뿐만 아니라 그 속도도 걷잡을 수 없어 2028년에 AGI 시대에 도달[30]할 것이라는 예측도 있다.[144)] 그나마 방향성은 보이고 있으니 미래를 위한 준비를 더 이상 늦춰서는 안 될 것 같다.

이런 변화를 보며 내릴 수 있는 핵심 결론은 인간-AI 공존 시대가 열린다는 것이다. 위에서 살펴본 것과 같이 우리가 어떻게 공존할 것인가를 알면 일자리 예측이 쉬워지고 새로운 일자리 창출도 기획하기 쉬울 것이다. 이를 통해 AI와의 공존을 위한 교육 목표로 전환하면 '입시 타성'으로 꽉 막힌 우리 교육 시스템의 문제도 자연스럽게 풀 수 있는 시발점이 될 수 있다. AI가 촉발시키는 필연적 변화와 압박이 공룡 같은 현재의 교육 시스템을 움직이게 만드는 셈이다. 이렇게 AI의 위협은 우리 교육의 타성을 깨고 학부모들은 '시시포스Sisyphos[31]'의 운명에서 벗어날 수 있는 절호의 기회가 될 수 있다. IMF 위기가 우리 경제에 긍정적인 체질 개선을 가져온 것과 같은 기회 말이다.

---

[30] 미국 민간 업체 글래드스톤 AI가 미국 국무부 의뢰를 받아 2024년 3월 초에 발표한 보고서에 따르면 오픈AI, 구글 딥마인드, 앤트로픽, 엔비디아가 모두 이렇게 예측했다.

[31] 굴러 떨어지는 바위를 계속 반복해서 밀어 올려놓아야 하는 운명에 처한 그리스 신화의 인물로, 의미 없는 일을 무한 반복하는 사람의 상징으로 쓰인다.

불확실한 미래를 놓고 투자 결정을 할 때 두 가지 전략이 도움이 된다고 한다. 하나는 일단 '기본에 충실한다'는 전략이고, 또 하나는 '달걀을 한 바구니에 담지 말라'는 분산 투자 전략이다. 이를 AI 시대 생존 전략으로 번역해보면, 전자는 인간 지능의 다양성을 충분히 이해하여 어떤 기본 능력을 키울 것인지 결정한 후 교육 시스템과 개인의 목표에 반영하는 것이다. 후자의 분산 투자 관점에서는 평생 한 분야 전문성에 올인하는 그동안의 전략을 벗어나 시대의 변화에 따라 다양한 직종에 빠르게 적응할 수 있는 순발력을 키우는 것이다.

AGI 시대의 아홉 가지 필수 능력

AI와의 공존과 공진화를 지향하더라도 그 중심에는 항상 인간의 '삶'이 있어야 한다. 다시 말해, AI 기술 개발과 파생되는 사회적 변화가 모두 인간의 삶을 향상시키고 인간의 가치를 존속시키는 방향과 정렬되어야 한다. 이런 철학은 AI 전문가에게도 필요하지만, AI의 수혜자인 일반인들도 이 점을 스스로 각인시켜 AI가 '지배'하는 삶을 경계하는 데 동참해야 한다. 그렇다면 미래 세대는 어떤 능력을 갖춰야 인간으로서의 가치를 유지하면서 AI의 혜택을 향유하는 삶을 살 수 있을까?

AI 시대에 갖춰야 할 필수적인 능력을 세 가지 범주로 생각해볼 수 있다. 첫째 범주는 AI와 인간이 공유하고 있지만 인간이 소홀히 할 수 없는 영역으로, 언어 정보를 이해하여 새로운 것을 습득할 수 있는 문해력literacy, 다양한 분야를 통합해서 새로운 것을 볼 수 있는 통합 통찰력, 그리고 새로운 것을 만들어내는 창의력을 꼽을 수 있다. 문해력은 이미 AI가 인간을 능가하고 있지만 인간의 삶에서 포기할 수 없는 기본 능력이다. 이를 포기하는 경우 AI에 종속될 것이기 때문이다. 통찰력과 창의력은 아직 AI가 인간에 미치지 못하지만 인간이 우위를 유지하기 위한 노력이 필요한 부분이다.

둘째 범주는 AI 시대이기 때문에 특별히 주목해야 하는 능력으로 AI 리터러시, 기술 변화 적응력, 지식정보 가치 판단력이 여기에 속한다. AI 리터러시는 AI가 어떤 기술인지, 어떻게 활용될 수 있는지, 앞으로 어디까지 가능할 것인지 등 AI 관련 지식의 보유 상태와 습득 능력을 의미한다. 기술 변화 적응력은 새로운 AI 관련 기술과 제품들의 홍수 속에서 '인지 과부하cognitive overload'를 극복하고 필요한 것을 빠르게 선별하여 수용할 수 있는 능력이다. 이 능력을 갖추기 위해서는 AI 리터러시가 필수다. 지식정보 가치 판단력은 AI가 만든 콘텐츠의 진위와 가치를 판단할 수 있는 능력으로 AI의 폐해를 최소화하고 혜택을 최대화할 수 있게 한다.

셋째 범주는 현재 AI가 가지고 있지 못한 능력으로 공존을 위해 인간이 더욱 확장하고 심화시켜가야 할 영역이다. 공감 기반 협업 능력, 경험 체화 능력, 정서적 인간다움이 여기에 속한다. 공감 기반 협업 능력과 경험 체화 능력은 앞서 설명한 것과 같이 인간의 감각, 느낌, 욕망, 의도, 의식 그리고 사회성 등과 직결된다. AI는 학습데이터를 통해 인간의 이런 능력을 흉내만 낼 수 있을 뿐이다. 인간다움은 다양한 작업을 하는 데 있어 인간만의 정서적 느낌을 제공하거나 문제 해결에 있어 인간의 정서를 반영시키기 위한 것으로 미래 세대가 꼭 갖춰야 할 능력이다.

여기서 제시하는 아홉 가지 능력 대부분은 AI 시대 맥락을 벗어나서도 중요하게 여겨지는 것들이다. 따라서 인간-AI 공존 시대라는 맥락에서 이들이 가지는 특별한 의미를 이해하는 것이 중요하다. 아래 표는 아홉 가지 능력이 이 책의 5장에서 살펴본 인간 지능의 여러 면모와 어떻게 연관되는지를 보여준다.

문해력	언어 지능 / 논리수학 지능 / 시공간 지능
통합 통찰력	존재 지능 / 시공간 지능
창의력	창의성 / 상상력 / 시공간 지능
AI 리터러시	논리수학 지능 / 언어 지능
기술 변화 적응력	논리수학 지능 / 언어 지능 / 문제 해결 실행력
지식정보 가치 판단력	논리수학 지능 / 언어 지능
공감 기반 협업 능력	공감 지능 / 대인 관계 지능
경험 체화 능력	경험 체화 능력 / 신체 운동 지능
정서적 인간다움	자연 동화 지능 / 음악 지능

문 해 력

문해력文解力은 문맹의 반대말로 글에 담긴 정보를 읽어서 이해하는 능력이므로 모든 학습의 기초가 되는 핵심 능력이다. 그런데 이를 번역한 'literacy'가 가진 의미는 쓰는 것까지 포함할 뿐 아니라 그런 능력을 가질 수 있는 상태와 조건까지 의미한다. 따라서 보다 포괄적인 문해력의 의미는 읽기와 쓰기의 과정을 통해 얻어지는 능력이면서 이런 활동을 할 수 있는 환경의 존재 여부도 포함한다.

학교교육에서 항상 강조되어왔고 AI도 가지고 있는 문해력을 AI 시대에 갖춰야 할 능력의 첫 번째로 꼽는 이유는 무엇일까? 가장 큰 이유는 생성형 AI로 인해 가장 등한시될 수 있는 것이 문해력이기 때문이다. 문해력이 모자란다는 것은 지식을 받아들이는 데 어려움이 있다는 것이므로 지금같이 급변하는 세상에 적응하는 것이 점점 어려워진다는 것을 의미한다.

AI가 필요한 지식을 즉석에서 제공할 텐데 사람이 직접 그 많은 정보를 읽고 이해하려는 것이 구시대적 발상이 아니냐고 반박할 수도 있다. 챗GPT를 써본 아이들이 공부는 왜 해야 하냐고 묻는 것과 같은 논리다. 이에 대한 답변은 여러 각도에서 할 수 있다. 우선 책을 읽는 과정에서 우리는 지식을 받아들이기만 하는 것이 아니라 그 내용을 생각해보고 비판하는 능력을 기르게 된다. 즉 생각하는 힘을 기르게 되는 것이다. 또한 우리는 글을 읽는 과정에 의식의 도움을 받아 계속 머릿속에 이미지를 떠올리고 '싱싱'으로 연결시킨다. 이를 통해 우리는 다양한 삶과 만나는 간접적 경험을 쌓아나갈 수 있을 뿐만 아니라 자기 성찰의 기회를 가질 수도 있다. 타인의 생각과 내 생각이 접목되면서 창의성을 자극할 수도 있다. 마지막으로, 문해력이 모자라면 언어적 표현력이 떨어진다는 것이므로 타인과의 협업 과정이 어려울 수 있고 심지어 AI와의 협업, 즉 공존도 어려울 수 있다.

넓은 의미의 문해력에 들어가는 쓰기는 읽기 과정에는 일어나지 않는 부가적인 일을 뇌에게 시킨다. 우리의 생각과 감정을 능동적으로 표현하는 행위이기 때문이다. 예컨대, 글을 쓴 후 독자의 입장에서 검토하다 보면 논리의 약점이나 생각이 부족한 것을 깨달을 수 있어 자기 주도형 학습의 기회가 생기는 것이다. 또한 쓰기는 창조 작업의 성격을 가지고 있기 때문에 사용되는 두뇌의 부위도 다르다.

읽기와 쓰기를 위한 두뇌 활동은 신경가소성에 힘입어 우리 뇌의 구조 자체를 바꾸는 결과를 가져온다. 문해력이 아이들의 두뇌 발달에 핵심적 역할을 하는 이유다. 문자의 발명으로 인류 문명이 시작되었고 그리스 시대 철학과 함께 논리학과 수사학이 태동된 것도 읽기와 쓰기의 덕택이라는 점을 상기시켜보면, 문해력 없이 인간의 삶은 지속 가능하지 않았을 것이므로 앞으로도 여기에는 변화가 올 것 같지 않다.

문해력을 길러야 할 이유가 AI와 대적하여 경쟁적 우위를 얻으려는 것은 아니다. 인간 바둑 챔피언이 알파고에 패했듯이 인간이 문해력 관련 테스트에서 AI를 이기기는 어렵다. 문해력을 계속 길러나가야 하는 주된 이유는 다른 필수 능력들을 습득하는 데 핵심이 되기 때문이다. 문해력 없이 창의성, 통찰력, AI 리터러시, 신기술 수용 순발력, 지식정보 가치 판단력 등을 함양하는 것은 불가능하다.

통합 통찰력

성공한 기업의 총수와 그 기업 중견 사원 간의 가장 큰 능력 차이는 무엇일까? 나는 그 답을 통합 통찰력統合洞察力이라고 생각한다. 통찰력insight의 사전적 정의는 '예리한 관찰력으로 사물이나 현상을 꿰뚫어 보는 능력'이라고도 하고 '감춰진 핵심을 직관적으로 파악하는 일'이라고도 한다. 수식어로 붙은 '통합력'은 '관계 지어 하나로 모으는 힘'을 지칭하므로 '통합 통찰력'은 사물이나 현상을 꿰뚫어 보면서 그들 간의 관계를 이해하여 감춰진 핵심을 파악하고 큰 그림을 그릴 수 있는 힘' 정도로 정의할 수 있다. 예컨대, 신사업에 투자할 때 기업 총수의 '감'이 중요했다는 것은 통합 통찰력에 의존했다는 말과 같을 것이다.

통합적 사고는 부분들 간의 연결성과 관계를 이해하고 종합해서 전체를 볼 수 있는 능력이다. 이러한 사고는 자연과학과 인문학을 연결하기 위해 '지식의 통합'을 강조한 '통섭統攝, Consilience'의 개념에서도 찾아볼 수 있다. 또한 연결, 관계, 맥락을 보면서 추론하는 '시스템적 사고'도 통합적 사고의 한 예다. 통합적 사고는 불교와 성리학 같은 동양 사상과도 밀접한 연관이 있을 만큼 중요하고 인간에게 필요한 능력이다.

이러한 사고를 위해 사용되는 생각의 도구145)로는 연결성에 기반을 둔 유추와 추상화를 들 수 있다. 유추는 한 영역에서 이미 알고 있는 사물이나 개념 간의 관계를 다른 영역으로 전이해서 사용하는 능력이고, 추상화는 하위개념들이 가지고 있는 공통의 특성을 묶어 상위개념을 만들어내는 방법으로 상/하위개념 간의 연결성을 간파할 수 있는 능력이다. 다양한 영역을 아우르는 통합력은 시간과 공간을 꿰뚫어 볼 수 있는 통찰력의 근간이 된다.

인간은 도구의 사용에 힘입은 통찰력으로 새로운 지식을 창출하고 인류 문화를 발전시켜왔다. 현미경의 출현은 미시 세계에 대한 통찰력을 키워 생물학이나 화학 등 학문과 의료의 발전에 지대한 공을 세웠고, 망원경의 발명은 대항해시대를 견인했을 뿐만 아니라 천문학이나 물리학의 발전에 초석이 되었다. 인터넷은 지식의 융합 및 확장이 글로벌 스케일로 일어나게 하여 세계화를 이끈 촉매 역할을 했고, AI와 같은 기술이 급격히 발전하는 데 원동력이 되었다.

그렇다면 AI는 통합 통찰력을 어느 정도 가지고 있을까? 통합 통찰력에 미래를 예측하는 있는 힘이 있다고 보면, AI의 회귀분석regression과 같은 방법은 이런 능력과 유사한 면이 있다. AI는 기계학습을 통해 관찰 가능한 대량의 데이터로부터 패턴을 분석하고 수학 알고리즘을 적용하여 미래 현상을 예측한다. 차이가 있다면, AI는 대용량 데이터 기반의 논리적 결과를 도출하는 반면에 인간의 통합 통찰력은 다양한 경험을 종합하지만 직관적 판단에 의존한다는 것이다.

하지만 최근 AI는 대량의 데이터 없이 학습하는 퓨샷학습을 추구하고 있다. 예컨대, 생성형 AI에서 맥락 내 학습이라는 방법은 질문에 별 정보가 없어도 의도를 파악하여 결과를 도출해내기도 한다. 다만 AI의 추론은 간접경험에 의한 것이므로 사람이 가지고 있는 현실 경험 기반의 직관적 통합 통찰력과는 거리가 있다. 현재 생성형 AI의 트랜스포머 알고리즘이 가지고 있는 추상화 능력으로 통찰력을 모방하지만, 환각 현상을 일으키고 있다. AI가 통찰력을 제공하더라도 책무성accountability을 받아들일 수 있는 주체가 아니기 때문에 데이터에 기반하지 않은 결론을 도출하는 것에는 논란이 따라다닌다.

창의력

창의력은 생존을 위한 진화 단계에서 인간에게 생겨난 호기심, 욕망, 공감, 의도 들과 같은 심리적 기제에서 비롯된다고 앞서 설명했다. 호기심 없이 상상할 수 없고, 욕망 없이 새로운 것을 창작하겠다는 의지가 생길 수 없을 것이다. 이렇게 인간 본성으로부터 출발하는 창조는 무의식적인 '느낌'으로부터 시작하거나 필요성을 인지하는 의식적 행위로 시작한다고 볼 수 있다. 예를 들어, 작곡가가 밤에 창문으로 들어오는 달빛으로부터 영감을 받아 악상을 떠올리는 것은 무의식인 창작 과정이고, 동료 음악가에게 헌정하기 위해 시작하는 작곡은 필요성으로부터 출발하는 창작으로 볼 수 있다.

무의식적 창발이란 보통 '천재들의 창의성'으로 대변되는 것으로 예술가, 과학자, 작가 등은 새로운 아이디어에 대한 막연한 심상을 떠올려 점차 정교화시키는 과정을 거친다고 한다. 우리가 창작물로 접하는 미술, 음악, 논문 등은 머릿속에서 일어나는 실제 '창작' 이후 이를 표현한 결과라는 것이다. 즉 생각의 결과를 표현하기 위해 문자, 음표, 붓 터치, 수학 공식들을 사용하여 점점 구체화하는 과정을 거쳐 세상에 나오는 것이다. [146] 즉 뇌에 나타나는 직관적인 심상은 언어나 학습된 지식 이전에 존재하는 것이라고 본다. 인류학자인 사이먼 로버츠Simon Roberts는 '인간 지능은 그 어떤 유한한 말이나 상징 또는 표현으로 파악할 수 있는 것보다 훨씬 더 넓고 멀리 확장된다'라고 하면서 창의력을 보편적 인간의 능력으로 본다. [147]

의식의 세계에서 일어나는 창작의 필요성은 사람이 스스로 느낄 수도 있고 감정이입이나 타인의 생각에 공감하는 과정에서 나타날 수도 있다. 예컨대, 유튜브의 창업자 중 한 사람인 스티브 첸Steve Chen은 친구들과 이메일로 동영상을 주고받는 것이 불편해서 동영상 플랫폼을 만들어 공유하겠다는 작은 아이디어로 기술 개발을 시작했다. 소박한 필요성으로 시작된 아이디어가 인간이 미디어를 소비하는 패턴 자체를 바꿔놓을 정도로 영향력이 큰 기술이 된 것이다. 또한 한글 창제의 주요 동기는 백성들이 가지고 있는 소통의 어려움을 느낀 세종대왕의 감정이입 과정이라고 할 수 있다. 백성의 필요성을 인지한 것으로부터 만들어진 한글은 이제 K-컬처의 바람을 타고 많은 나라에서 배우는 언어가 되었다. 이러한 예들은 인간만이 가지고 있는 감정적, 정서적 경험이 창의성의 기반이 된다는 것을 말해준다.

창의력을 키우는 방법에 대해 다양한 자기계발서들이 나와 있고, [148] 창의적이라고 알려진 인물들을 분석하여 창의력의 모델을 보여줌으로써 실증적인 예제 기반의 학습을 돕는 책들도 있다.[149] 각각 흥미로운 이론들을 포함하고 있는데, 창의력은 후천적으로 길러질 수 있다는 공통 가정을 하고 있다. 챗GPT를 연구하다 보면 이런 후천적 창의력 배양의 가능성에 동의가 될 뿐만 아니라 간단한 노력으로 창의성을 키울 수 있다는 생각도 든다. 바로 질문하는 능력이 창의력과 직결된다는 깨달음이다. 생성형 AI에 질문을 잘 던지면 심오하고 창의적인 '생각'이 유도될 수 있듯이 스스로 어떤 질문을 던지는가에 따라 사고의 양상이 바뀌기 때문이다. 질문은 현실과의 괴리에서 시작되므로 그 차이를 메꾸어가는 사고의 과정에서 창의력이 싹틀 수 있다.

질문을 던지는 것이 창의적 사고의 시작점이라는 것을 조금 더 살펴보자. 사람은 질문을 접하면 예상되는 답과 현재 알고 있는 것과의 차이를 메꾸기 위해 스스로 생각을 하게 된다. 예를 들어, '이 책의 표지는 어떻게 만들까?'라는 질문을 가지고 있다면 알고 있는 책의 내용과 아직 상상해야 하는 책 표지 사이의 간극을 메꾸기 위해 여러 가지 궁리를 해야 한다. 그 과정에서 그동안 봤던 다른 책의 표지를 떠올리고 책의 내용과 관련된 이미지를 떠올린다. 생각은 뇌에서 뉴런들 간의 연결성에 변화를 주어 새로운 신경망 회로가 생기게 하고 그 결과는 새로운 아이디어를 담게 되는 것이다.

이런 해석은 생성형 AI의 트랜스포머 구조에서 창발력이 관찰되는 것과 유사하다. 딥러닝 학습 시에 목적함수와 현재 데이터에 기반한 예측 값 간의 차이를 메꾸면서 신경망 회로를 수정하는데, 이런 '차이'를 메우는 메커니즘으로 AI가 훈련되었다. 말하자면 '이 단어열 다음에 어떤 단어가 오는 것이 적절한가?'와 같이 무수히 많은 작은 질문들에 답하게 함으로써 트랜스포머 회로가 완성되었고, 그 회로를 구성하는 무수한 매개변수의 작용으로 창발 능력이 나온다는 점에 주목할 필요가 있다.

창의적 생각이 발전하여 구체적인 결과를 창출하는 데에는 통합 통찰력과 다양한 '생각의 도구'들이 큰 역할을 한다. 사물이나 현상의 관계를 볼 줄 아는 통합 통찰력이 길러지면서 상상력의 나래를 펼 수 있고, 기존에 보지 못했던 관계를 도출할 수도 있으며, 유추에 의해 다른 영역의 아이디어를 끌어와 쓸 수도 있다. 예컨대, 교향곡을 작곡하는 사람은 각 악기가 가지고 있는 음색을 포함한 특성들의 관계를 일단 알아야 하고, 창작 과정에서는 자연의 소리에서 영감을 받거나 머릿속에 떠오르는 심상을 바탕으로 음표 등 음악적 장치들을 연결함으로써 새로운 음악을 만들어낼 수 있다. 이 과정에서 거의 무한대에 가까운 음표 조합 방식으로부터 곡을 만들어내는 것은 그들 간의 관계를 인지하고 만들어내는 통합력이 큰 힘을 발휘하는 것이다.

인간의 본성과 직결된 창의력은 개인이 타고나는 부분도 많지만 후천적으로 얻어질 수 있는 사고의 체계, 즉 생각하는 방법으로부터도 영향을 받는 것으로 알려져 있다. 미국 미시간주립대학교 로버트 루트번스타인Robert Root-Bernstein 교수는 추상화, 패턴인식 및 형성, 유추, 차원 간 이동, 모델링, 변형과 같은 '생각의 도구'들을 사용하는 방법을 터득함으로써 창의력을 계발해갈 수 있다고 주장한다. [150] 이런 최신 연구 결과들은 AI와의 공존 시대의 학교교육에 반영되어야 할 소지가 많다.

AI 리터러시

'AI 리터러시'는 한마디로 'AI를 이해하는 능력'이다. 소프트웨어 기술인 AI를 얼마만큼 알아야 기본적인 AI 리터러시를 달성했다고 볼 수 있을까? 그리고 그만큼 알게 되려면 얼마나 공부를 해야 할까? AI는 이미 지능적인 존재가 되었기 때문에 기술로서 접근하기보다 우선 이 존재에 친숙해지면서 어떻게 이런 지능이 기계에 생겼는지 생각해보는 것이 'AI 리터러시'를 위한 첫걸음이다. 육아 과정에서 아이의 발달 과정을 주의 깊게 지켜보면 점차 인간의 본성을 알게 되는 것과 유사하다.

젊은 세대의 두뇌는 스펀지와 같아서 새로운 것을 배우는 데 두려움 없이 모든 것을 빨아들일 수 있다. 따라서 AI 리터러시를 높여가는 것이 젊은 세대에게는 어려운 일이 아니다. AI와의 대화로 숙제나 업무를 쉽게 달성하는 경험을 시작으로 점차 프롬프팅을 이해하면 진정한 AI 리터러시로 넘어갈 수 있다. 미래 세내가 이해해야 할 영역은 크게 세 가지로 볼 수 있다. 소프트웨어로서 AI 기술이 어떻게 만들어지고 작동하는지, 현재 어느 정도 지능을 가지고 있는지, 어떤 영역까지 응용이 확장되고 있는지를 이해하는 것이다. 이 책에서는 소프트웨어 관점을 2장에서, 지능 관점을 1장과 5장에서, 응용 관점을 3장과 4장에서 주로 다뤘다.

AI와의 적극적인 공존을 꾀한다면 이런 기본적인 리터러시를 넘어 일정 수준의 AI 능숙도competency에 도전하는 것이 바람직하다. AI 알고리즘과 훈련 기술에 대한 기본적인 이해를 한다면 AI 활용법, 즉 협업을 다양한 각도에서 생각할 수 있기 때문이다. 프롬프트 엔지니어가 되기 위해서도 기본적인 능숙도가 필요하다. 프롬프트 엔지니어는 그저 질문을 잘하면 되는 것으로 잘못 알고 있는 경우가 많다. 하지만 새로운 AI가 나왔을 때 적응력을 갖춘 프롬프트 엔지니어가 되려면 기본적인 AI 모델과 학습 방법을 이해하고 모델의 주요 하이퍼 파라미터들[32]에 대해 알아야 한다. 이러한 지식은 어떤 방법으로 질문하면 원하는 답을 이끌어낼 수 있을지를 쉽게 이해할 수 있게 한다. AI 능숙도가 높은 사람은 AI의 잠재력과 한계에 대해 올바른 예측을 할 수 있기 때문이다.

AI를 이해하는 기본 소양을 갖추는 데 중요한 것은 'AI 사고'를 이해하는 것이다. 이는 '컴퓨팅 사고Computational Thinking'를 통해 소프트웨어의 작동 방식을 이해함으로써 컴퓨터를 이용한 문제 해결 능력을 키우는 것과 유사하다. AI의 기량을 보면 인간의 사고방식을 떠올리기 쉽지만, AI는 나름대로 '사고'하는 방법을 가지고 있다. 그 말은 AI의 학습 및 추론 모델을 이해해야 AI의 기량과 잠재력을 제대로 판단할 수 있게 된다는 뜻이다. 예컨대 챗

---

32 인공신경망 내에 있는 파라미터 값은 학습에 의해 결정되지만, 학습 속도나 학습 시 사용하는 데이터 단위의 크기 등 외부 파라미터는 훈련하는 전문가가 결정한다.

GPT가 다음 단어를 생성할 때의 결정 방법을 추상적으로라도 이해하면 왜 환각 현상이 생기고 잘못된 정보를 생성하는지, 또 어떻게 예제 기반의 프롬프트로 훌륭한 답을 이끌어낼 수 있는지 이해할 수 있게 된다.

AI 능숙도를 높이는 것에는 급변하는 기술의 트렌드를 따라가면서 비판할 수 있는 능력을 갖추기 위한 목적도 포함되어 있다. 예를 들어, 구글의 제미나이 소개 비디오[151]를 본 사람이 이를 통해 얻을 수 있는 내용은 AI 능숙도에 따라 큰 차이가 난다. AI 초보자라도 동영상 데모를 통해 텍스트, 이미지, 비디오, 음성을 포함하는 멀티모달multimodal 추론이 가능함을 알 수 있고 그 능력에 감탄할 수 있다. 하지만 AI 능숙도가 높은 사람은 이 비디오가 기술의 잠재적 능력을 보여주기 위해 일부 편집된 것이라는 것을 짐작할 수 있다. 즉 각 모달리티modality(텍스트, 이미지, 비디오, 음성)를 다루는 기술에 대한 한계를 어느 정도 알고 있으면 어디까지 가능할 것이라고 판단할 수 있는 것이다. '제미나이'의 성능을 보여주는 사이트[152]에는 다양한 벤치마크 테스트bench-mark test에 대해 GPT-4와 비교한 결과가 나와 있는데, 고급 수준의 능숙도를 가진 사람이라야 과업별 성능 수치 증감의 의미를 제대로 이해할 수 있다.

기 술 변 화 적 응 력

인터넷으로 연결된 세계에서는 '빛의 속도'로 정보가 흐르므로 새로운 지식의 창출과 기술 변화의 속도는 예전과 비교할 바가 못 된다. 특히 가상 세계에서 만들어져 가상 세계 안에서 퍼지는 AI 소프트웨어는 컴퓨팅 자원과 작동에 필요한 에너지 외에는 물리적 제약을 거의 받지 않으므로 발전 속도가 더욱 빠르다. 더구나 대부분의 연구 결과를 전 세계가 공유하고 공개적인 벤치마크로 평가하기 때문에 글로벌한 연구 결과가 눈덩이처럼 쌓여간다. 이미 개별 인간이 감당할 수 있는 최대치 속도를 능가하고 있는 게 아닌가 할 정도다.

이러한 급속한 기술 변화의 시대에는 지식의 생명주기가 짧아 한 번 배운 지식은 계속 업그레이드되지 않는 한 곧 쓸모없게 된다. 유발 하라리는 현재 우리가 감당하기 어려운 정보의 홍수 속에 살고 있지만 지금 배운 지식은 30년 후에 하나도 남아 있지 않을 수 있다고 예측했다. 이렇게 빨리 변하는 세상에서 생존하려면 필요한 지식을 선별하여 계속 습득해가는 것 외에 방법이 없다. 하지만 뇌에 컴퓨터 칩을 심는 뉴럴 링크Neural link 시대가 오기 전에는 개인이 자신의 능력을 키우는 데에 한계가 있으므로 현재로써는 문해력을 극대화하여 학습 능력을 키우면서 AI를 옆에 두어 필요한 지식정보를 최대한 수월하게 접근하는 것 외에 묘수가 없다.

지식 습득 및 활용 능력과는 별도로, 우리의 미래 세대는 생존을 위해 새로운 기술 변화에 신속하게 대응하는 능력을 키워야 한다. 먹고사는 관점에서 보면, 대응한다는 것은 일자리 변화에 신속하게 대처한다는 것이다. 사라지는 직업군이 있고 떠오르는 직업군이 있으면 재빨리 이동할 수 있는 능력을 갖추고 있어야 한다. AI 리터러시를 통해 도구 사용 능력을 높이고 필요한 AI 기량을 가지고 있음을 보여야 직업 간 이동이 쉬워진다. 높은 AI 리터러시를 가질수록 기술 변화에 대응하는 속도가 빨라지지만, 역으로 기술 변화 적응력을 키우는 것이 곧 AI 리터러시를 확보하는 지름길이기도 하다.

적응력이란 변화를 받아들이고 변화된 세상에 들어가서 자연스럽게 살아나가는 긍정적인 대응력이다. 변화에 대한 순발력이 좋을수록 적응력은 높아지는데, 개인이 가지고 있는 도전 정신이나 패기 그리고 오픈 마인드와 같은 정신적 차원의 속성들이 적응력 향상에 큰 몫을 한다. 이들은 지적 활동에 국한되어 있는 학습 능력이나 문해력과는 달리 비인지적 속성으로 삶의 현장을 통해 습득되는 경우가 많다. 미국 실리콘밸리에서 실패 경험이 있어야 투자를 받을 확률이 높다는 것은 냉혹한 기업 세계에서 실패를 견뎌본 사람이 가지고 있는 도전 정신과 패기 그리고 실패에서 일어나는 결의를 높이 산다는 의미다.

변화에 대한 적응력을 기르는 좋은 방법 중 하나는 '폴리매스'가 되는 것이다. 폴리매스는 다재다능한 사람을 일컫는 용어로, 르네상스 시대 레오나르도 다빈치가 대표적인 예다.[33] 그렇다고 모두가 다빈치가 되자는 불가능에 가까운 것을 제안하는

---

33 화가, 조각가, 음악가, 해부학자, 건축가 등 오늘날 기준으로 보면 13개의 전문직을 가지고 있었던 전무후무한 위인이기 때문이다.

것은 아니다. 폴리매스가 되겠다는 것은 다차원적이면서도 통합적인 사고를 하여 복수 분야를 섭렵하려는 목표를 갖는 것이다. 급변하는 시대에 제대로 적응하기 위해서는, 다각적인 호기심과 관찰력으로 세상을 접하면서 통합적으로 사고하는 다재다능한 인간이 되는 것이 유리하다. 변화에 순발력 있게 대처할 수 있는 기본기를 갖추는 것이기 때문이다.

폴리매스가 되라는 것은 역설적으로 한 분야 전문가가 되는 것을 배격한다는 말과 같다. 역사적으로 볼 때 인류는 노동의 분업화와 기하급수적으로 증가한 지식을 배경으로 20세기에는 학교, 정부, 기업에서 모두 분업과 분과를 채택했다. 그러면서 분야 간 경계가 엄격해지다 보니 삶의 모든 영역에서 전문화가 당연시되는 문화가 정착되었다.[153] 대학은 한 분야 전문가를 배출하는 것을 사명으로 대학생이 각자 보통 하나의 전공을 가지고 졸업할 수 있도록 교육한다. 대학원에서 석·박사를 취득한다는 것은 좁은 분야를 깊이 파서 그 분야에서 타의 추종을 불허하는 전문가가 되겠다는 것이다. 이렇게 전문가가 우대를 받는 세상이 되었고 그래서 사람들이 의사, 변호사, 교수와 같은 전문가가 되는 길을 추구해왔다. 하지만 한 분야에 집중해온 전문가는 생각의 폭이 제한되어 변화에 둔감하고 적응에 어려움을 겪기 십상이다. 더구나 한 가지 전문성을 요구하는 분야는 집중적인 훈련을 받은 AI가 인간을 능가하기 쉬운 분야가 되기 쉬워 AI 대비 경쟁력이 떨어진다.

폴리매스를 지향하더라도 모두가 다양한 분야에서 재능을

보유하는 것이 말처럼 쉬운 것은 아니다. 또한 점점 지식이 넘쳐나고 세상이 복잡해지니 모든 일이 세분화될 수밖에 없기 때문에 전문가 없이 학문이나 기술의 발전을 꾀할 수도 없다. 따라서 인력 개발 전문가들은 파이π 모양이나 빗살이 여러 개 있는 머리빗 모양으로 상징되는 인재가 될 것을 주문한다. 즉, 두 가지 이상의 전문성을 가지면서 이들을 연결하는 넓고 일반적인 지식을 쌓을 것을 권고하는 것이다. [154)

지식정보 가치 판단력

인터넷과 AI의 발전으로 일반인들이 접근할 수 있는 지식정보의 양이 거의 무한대로 증가하고, 지식정보의 생산, 유통, 소비의 방법이 획기적으로 바뀌어 지적 풍요로움이 급하게 상승하는 시대가 오고 있다. 챗GPT가 나오기까지만 해도 콘텐츠를 만드는 주체가 사람이었지만, 그 이후에는 AI도 콘텐츠 생산에 참여한다는 것이 큰 변화다. 또한 검색 시대와 달리 AI가 직접 필요한 지식정보를 만들어주기 때문에 콘텐츠를 소비하는 방법에도 변화가 왔다.

서치엔진이 보편화되면서 지식know-how 자체보다 지식의 위치know-where를 아는 것이 더 중요한 시대가 왔었다. 이제는 그보다 진위를 판단하는 능력이 더 중요해지고 있는 시대로 변하고 있다. 사람이 가짜 뉴스와 같이 허위 정보를 만들어내고 유통시키는 것이 이미 사회적인 문제로 부각되어 있는데, AI가 생산한 콘텐츠가 많아지면서 이 문제를 더 심화시키고 있다. 특히 생성형 AI의 환각 현상에 의해 만들어지는 허위 정보는 너무 자연스럽게 전체 맥락에 포함되어 있어 걸러내는 것이 쉽지 않다. 뿐만 아니라, AI를 이용해 쉽게 만든 콘텐츠를 악의적으로 유통시킬 수도 있다.

미국 법정을 배경으로 나오는 영화에서 가끔 들을 수 있는 선서에 다음과 같은 표현이 있다.

"…to tell the truth, the whole truth, and nothing but the truth…(…진실을, 모든 진실을, 그리고 오직 진실만을 말할 것…)"

우리가 AI와의 상호작용에서 확인할 것은 이러한 진실 여부다. 정보의 정확도precision와 재현율recall에 해당하는 기준을 내세워 AI가 제공하는 것을 판단해야 한다. AI가 제공하는 것에 진실한 내용만 들어가 있고 요청한 모든 내용이 들어가 있는지를 알 수 있어야 한다. AI가 상식을 벗어나는 정도를 감지하려면 AI에 관한 상식이 있어야 한다. 예컨대, 딥페이크 기술을 모르면 영상이나 동영상의 진위 여부에 대해 의심조차 못할 것이다.

현재 AI는 의도를 가지고 있지 않으므로 악의를 가질 수는 없다. 하지만 환각에 의해 거짓 정보를 생성하기도 하고 누군가에 의해 조작될 수도 있는 AI를 과신하는 것은 금물이다. AI와의 공존 시대를 살아가야 하는 미래 세대는 신뢰와 의심 사이의 균형을 맞출 수 있어야 한다. 어떤 정보에 의심이 간다면 비판적, 분석적 사고를 기반으로 확인할 수 있어야 한다. 이때 서치엔진과 같은 여러 도구를 동시에 사용하거나 사람들 간의 신뢰 네트워크를 활용하는 방법을 동원하면 좋다.

공 감 기 반 협 업 능 력

지식의 폭발은 크게 두 가지로 우리 삶에 다가올 것이다. 하나는 앞서 강조했던 급격한 기술의 변화이고, 다른 하나는 지식의 세분화다. 계통발생적 지식의 덩어리는 급격히 커지고 있지만 각각의 뇌가 처리할 수 있는 개체발생적 지식은 크게 달라지지 않기 때문에 지식은 계속 세분화되고 있다. 결국 전문 분야가 점점 많아질 수밖에 없는 구조다. 따라서 학문과 기술이 더 발전하고 세상이 유기적으로 돌아가려면 다양한 분야 전문가들이 더 많은 협업을 해서 세분화된 지식을 통합하여야 한다. 변화에 대한 적응력뿐만 아니라 전문 영역 간 협업을 위해서도 폴리매스가 되는 것이 바람직하다. 폴리매스적 기질이 융합 능력 및 통합 통찰력에 큰 도움이 되기 때문이다.

　　사람 사이의 협업이 잘되려면 소통이 필요하고 소통을 잘하는 조건 중 하나는 서로에 대한 공감을 키우는 것이라는 것을 앞서 강조했다. 하지만 협업이 필수인 융합 연구를 해본 사람은 그것이 얼마나 어려운지 알고 있다. 각 분야별로 전문 지식만 다른 것이 아니라 사용하는 '언어'와 문화가 달라 소통이 어렵기 때문이다. 따라서 융합 연구를 잘하기 위한 첫 단계는 상대 분야에서 사용하는 용어와 언어를 이해하고 학문 성취에 대한 기준과 같은 문화를 이해하면서 공감의 범위를 키우는 것이다. 이러한 준비가 된 다음에 각자 중요시하는 연구 이슈와 문제를 엮어 하나의 공통된 연구 주제를 만들어가면서 본격적인 공동 연구가 시작되는 것이다.

협업의 시작은 당면한 공통의 문제를 중심으로 공통 관심사를 파악하는 것이지만, 협업을 성공적으로 이끄는 데 있어 두 가지 핵심은 정서적 가치를 포함한 공감대의 형성과 의사소통 능력을 포함한 사회적 기량이다. 예컨대 '소셜 네트워크가 학생들의 협업 능력에 미치는 영향'이라는 주제를 중심으로 컴퓨터공학자와 사회과학자 간 융합 연구를 한다고 할 때, 이 문제에 대한 공감을 위해 충분한 교류가 없다면 두 집단이 한 지붕 밑에서 연관된 연구는 할 수 있어도 분야 간의 화학적 결합을 통해 발생하는 창의적 연구는 기대하기 어렵다. 실질적인 예로, 교사-학생 간 협력 관계에서 정서적 관계가 성립하지 않는 경우 원하는 학습 효과를 거둘 수 없다는 것이 원격 교육 사례에서도 나타났다.[155]

공감 능력은 협력을 위한 진화의 산물이었고, 협력이 없었다면 인류의 문화적 융성도 불가능했을 것이다. 먹이를 구할 때 외의 협력을 찾아보기 어려운 동물의 세계를 보면 개체의 능력 범위 안에서 거의 모든 일이 이루어진다. 현대인도 협업을 하지 않는다면 성취할 수 있는 것이 개인 수준에 머무를 수밖에 없다. 앞서 AI 전문가와 역사학자가 협력한 사례에서 봤듯이 협업의 가치는 거기서 만들어지는 시너지에 있다.

그렇다면 공존을 위해 인간과 AI가 협업하는 데 있어서는 어떤 시너지를 기대할 수 있고, 사람은 어떤 능력이 필요할까? AI에 자율성이 많이 생기고 있지만, AI는 인간의 협업을 절대적으로 필요로 한다. AI에게는 의도나 의지가 없으므로 협업에 있어 주도권은 사람이 쥐고 있어야 한다. 따라서 AI와의 협업을 주도하는 사람은 일단 AI 리터러시를 가지고 있어야 하고 통합 통찰력, 창의력, 기술 변화 적응력, 가치 판단력 등을 가지고 있어야 한다.

'AI가 일을 다 해주는데, 우리는 앞으로 뭐해요?'라는 학생의 당돌한 질문은 AI의 지식적인 능력에 초점을 맞춘 것이다. 지능적으로 인간을 뛰어넘을 AI가 도래하면 학생이 할 일이 없을 것이라는 우려가 저변에 깔려 있다. 하지만 모든 협업의 주도권은 인간이 쥐고 있을 것이고, AI는 인간과 협업을 해야 하는 존재라는 것을 인지하는 것이 중요하다. 위 질문의 답을 요약해서 말하면, 'AI가 참여하는 다양한 형태의 협업을 진행하는 주체가 되어야 한다'라고 할 수 있다.

경 험 체 화 능 력

원시시대 인간은 자연과 직접 조우하면서 몸을 통해 지식을 습득했다. 배움의 근원은 자연환경, 인간, 사회와 같은 물리적인 대상들이었고, 감각기관으로 들어오는 혼란한 데이터들을 조직하여 질서를 구축해가는 사고 체계를 만들어왔다. 즉 인간의 지식은 신체적 경험으로부터 시작해서 뇌에서의 정신적 활동과 연결된 결과로 쌓여왔다는 것을 의미한다. 유구한 역사와 몇 차례의 산업혁명을 거쳐 도달한 오늘날에도 인간은 현실 세계와 디지털 가상 세계에서 몸을 쓰는 경험 기반 학습을 이어나간다. 실전 상황 대처 훈련이나 항공기 조종 학습과 같이 비용이 많이 드는 경우에는 모의 훈련을 하거나 가상현실 기술을 이용한 시뮬레이션 학습을 통해 신체적 경험을 대체한다. 감각과 몸의 움직임을 뇌의 활동과 연결하는 복합적인 사고 체계를 훈련시키는 것이다.

이와 같이 알기 위해 몸을 쓰는 경험이 중요하지만, 반대로 몸을 써야 지적 작업이 제대로 진행되는 경우도 있다. 아이디어를 형상화하고 구체화하여 창작 활동을 하는 경우 몸의 개입이 필수적이라는 다양한 사례가 있다. 예를 들어, 건물 디자인 같은 경우 머릿속에서 모든 것이 만들어져서 최종 결과를 만들어내는 경우는 거의 없다고 한다. 디자인 과정에서 프로토타입prototype이나 실물을 직접 만들어보면서 계속 아이디어를 발전시킨 후 테스트하고 수정하여 최종 결과가 완성된다. 통상 협업이 이루어지는 디자인 과정에서는 팀원들이 함께 가능성을 탐구하고, 아이디어를 결정하며, 스케치한다. 프로토타입을 만들어 구현하고, 실험해보는 일련의 과정을 거치면서 새로운 아이디어가 계속 유입되어 걸작이 나오게 되는 것이다. 이런 과정에서는 즉흥적인 협력도 이루어지지만, 대화를 나누면서 서로 질문을 하다 보면 뜻밖의 발견을 하게 된다.[156] 이 과정에서 주고받는 질문들의 역할이 크지만, 더 중요한 것은 모든 디자인 결정을 머릿속에서만 하는 것이 아니라 직접 몸을 써서 만들어가는 과정 전체에 걸쳐서 하게 된다는 것이다.

경험은 언어 습득과 인식 체계 구성에 큰 영향을 준다. 예를 들어, 많은 유명한 소설가들이 불우한 어린 시절을 보냈다거나 특이한 경험을 한 것은 우연이 아닐 것이다. 특이한 경험은 남들이 갖지 못한 인식 체계를 갖게 하고 평범하지 않은 사고를 이끈다는 것은 다양한 작가들의 삶을 통해 증명되었다. 북극 근처 원주민이나 핀란드 사람들과 같이 추운 지방에 사는 사람들은 '눈'을 표현하는 단어가 수십 개가 된다고 하는 것도 비슷한 맥락이다. 그들은 눈과 관련된 경험이 풍부하기 때문에 눈과 관련된 그들의 지식 체계가 커질 수밖에 없었을 것이다. 다양한 상태의 '눈'을 인지하고 효율적 정보 전달을 위해 눈에 관한 상황을 서로 다른 단어로 구분하여 표현하는 것이 생존에 도움이 되었을 것이다.

이렇게 체험을 통해 지적 활동을 수행하고 창의성을 발휘하는 능력은 인간만이 가지고 있다. 주변을 감지하여 느끼면서 환경을 이해하고, 이에 따라 행동하면서 사고하는 이런 지적 활동은 몸이 없으면 불가능하다. 따라서 AI가 인간과 유사한 로봇에 탑재되기 전에는 체험과 관련된 지적 능력과 활동을 기대하기 어렵다. 반면, AI는 가공할만한 양의 콘텐츠를 읽어 학습하므로 간접경험으로 보면 지구상에 있는 모든 사람을 모아도 따라가기 어렵다. 따라서 인간-AI 공존의 맥락에서 보면 서로 상호 보완적인 능력을 키워나가야 한다. 인간은 실세계에서 경험을 더욱 풍부하게 하는 쪽으로 방향을 잡아 모든 감각기관을 활용하여 감정을 발달시켜가면서 지적 세계와 연결 짓는 것이 현명한 선택일 것이다.

정서적 인간다움

AI가 우리 삶에 속속 들어오고 AI와 협력의 폭이 넓어질수록 우리는 기계처럼 행동하지 말고 인간다움을 더 강조하려고 노력해야 한다. 앞서 직접경험과 간접경험의 비교에서 보였듯이, 인간다움을 유지하는 것이 인간과 AI와의 역할 분담 차원에서 바람직하고 인간에게는 경쟁력을 확보하는 길이기 때문이다. 인간-AI 공존 시대에 인간의 소임과 인류의 지속 가능성을 위해 특별한 의미를 가지는 인간다움은 어떤 것이 있을까?

디지털 시대에 인간에게 각별히 소중한 것 중 하나는 신뢰 네트워크Trust Network이다. 이는 신뢰를 기반으로 구축된 개인 차원의 인적 네트워크와 대중이 공유하는 사회적인 네트워크를 포함한다. 작게는 우정을 기반으로 하는 동창 SNS 대화방부터 시작해서 크게는 공신력 있는 신문, 방송과 같은 대중매체도 있다. 국제적십자사나 유네스코UNESCO와 같은 국제기관도 하나의 신뢰 네트워크로 볼 수 있다. 사회적 삶의 터전이 되는 네트워크들은 공기와 같아서 평상시에는 그 존재 자체도 잊고 살기 일쑤다. 하지만 그중 개개인의 이성적 노력으로 유지되는 신뢰 네트워크는 우리 사회를 건강하게 만들고 개인의 삶을 안전하게 유지하게 하는 데 필수적인 역할을 한다. 네트워크는 자정 기능이 있기 때문이다.

요즘같이 정보가 넘쳐나고 가짜 뉴스가 범람하는 시대에는 새로운 정보를 습득하거나 전달할 때 사실 확인을 하는 것이 안전하다. 잘못된 정보가 판단력을 흐려놓을 수도 있고 사이버 범죄에 연루되면 자신과 지인들에게 생각하지도 않은 피해를 줄 수 있기 때문이다. AI도 허위 정보를 사실인 양 언급할 수 있기 때문에 중요한 내용은 검증 과정을 거치는 것이 안전하다. 이때 사실 검증을 위해 검색엔진을 활용해볼 수도 있지만 전문가 네트워크가 절대적 역할을 한다. 특히 신뢰 네트워크는 소속된 개인의 양심과 이성적 판단이 모인 자정 기능으로 오랜 기간 광범위한 인정을 받아왔으므로 쉽사리 무너지지 않는다.

AI와 비교하여 인간을 인간답게 만드는 핵심적인 특질로 정서affection와 감정emotion을 꼽을 수 있다. 정서와 감정은 통상 동의어로 취급되어 혼용되지만, 감정은 외부에 영향을 주는 기능을 강조하고, 정서는 외부로부터 받은 상태를 강조한다. AI의 한 분야인 감성 컴퓨팅Affective Computing에서는 인간의 정서와 감정적 요소를 인지하고 해석하여 처리할 수 있는 기술을 개발한다. 예를 들어, 이메일을 읽어보고 어떤 정서·감정 상태인지 파악하는 것이다. 하지만 AI가 진정한 감정을 드러내거나 사람에게 자신의 정서적 느낌을 전달하는 것은 아직 요원하므로 (어쩌면 불가능하기 때문에) 정서와 감정을 인간다움의 핵심으로 보는 것이다.

나는 사람이라면 일의 우선순위가 호기심이나 감성의 이끌림에 따라갈 수도 있어야 한다고 생각한다. 이런 내적 기준들이 상상력과 창의력의 근원이 되기도 하지만, AI와의 차별화가 되기 때문이다. 예를 들어, 신문이나 잡지 칼럼니스트가 인터넷 검색을 통해 정보를 모아서 글을 쓰기보다 실세계에 들어가서 사람들을 인터뷰하고 새로운 곳을 탐방하면서 가질 수 있는 느낌을 바탕으로 글을 쓰는 것이다.[157] 이렇게 함으로써 AI의 영역을 벗어날 수 있을 뿐만 아니라 독자들의 감성을 건드릴 수 있어 일거양득이 된다. 사람이 'AI의 게임'을 할 것이 아니라, 인간만이 가질 수 있는 독특한 의도로 시작하여 끊임없이 인간적 요소를 가미하면서 생명력 있는 결과를 만들어내는 '사람의 게임'을 해야 한다.

인간은 욕망이나 호기심으로부터 시작되는 내재적 동기를 가질 수 있고, 이에 따른 목표를 달성할 수 있는 의도, 패기, 끈기, 열정 등과 같은 근성도 가지고 있다는 점을 앞에서 강조했다. 이러한 인간 본성들이 있었기 때문에 과학 발전이나 문화 융성과 같은 번영이 가능했다. 반면, AI는 내재적인 동기와 추진을 위한 근성을 가지고 있지 않아 감정에 휘둘림이 없이 쉬지 않고 주어진 목표를 위해 움직인다. 이런 점이 장점으로 작용하는 분야도 있지만, 사람과의 상호작용에서 정서적인 연결이 불가능하다. 자율성도 주어진 범위 내에서만 가능할 뿐 자유의지나 내적인 동기가 없어 감동을 자아내기 어렵다. 따라서 '인간다움'은 AI가 범접할 수 없는 인간의 고유하고 특출난 능력이다.

인간-AI 공존 사회에서 '인간다움'을 유지하기 위해서 우리는 부단히 노력해야 할 것 같다. 사람이 AI의 놀라운 능력에 열광하다 보면 가치의 기준이 AI 쪽으로 기울어져 사람에 대한 평가도 자칫하면 AI와의 비교로 그칠 수 있기 때문이다. 예컨대, 얼마나 빨리 상상을 초월한 그림이나 시를 생산해내는가가 아니라 작품이 인간의 정서를 어떻게 건드리고 감동을 주는가를 봐야 한다. 디자인 세계에서 기능적 수월성이나 구조적 안정성이 중요하지만 인간 세계와의 조화를 이루는 심미적인 면이 동시에 강조되어야 한다는 것과 일맥상통하다. 제품이나 서비스에 인간만이 가지고 있는 고유의 느낌을 남기는 것이다. 이렇게 인간성을 유지하고 모든 일에 인간다움을 엮어 넣어 인간과 AI가 씨줄과 날줄의 역할을 해야 진정한 공존의 시대를 만들 수 있다.

교육의 전환

주사위는 던져졌다

AI는 현실로 다가왔고 이제 인간과 공존하고 공진화하는 존재가
되어 우리 자식들에게는 한 번도 경험해보지 못한 새로운 도전으
로 다가온다. 앞서 제시한 AI 시대를 이끌어가기 위해 갖춰야 할
아홉 가지 능력들은 모두 AI의 태생적 한계와 인간의 본성에 입
각한 것으로, 앞으로 다가올 AGI 시대에 미래 세대의 생존 가능
성을 끌어 올려주기 위한 것이다. 이 중 몇 가지는 AI가 보편화
됨에 따라 추가적인 해석이 필요할 뿐 언제나 중요했던 능력들이
고, 나머지는 AI 시대의 도래와 함께 새롭게 대두되는 것들이다.

    생성형 AI는 기존 어떤 기술보다도 그 영향력이 커서 '계몽주
의 이후로 경험해보지 못한 스케일로 다가오는 철학적이면서 실
용적인 도전'이라고도 본다. [158] AI가 실생활과 산업 현장에 속속

들어오면서 모든 조직에서 일하는 방식에 변화가 시작되고 있어 일상을 위한 기본 지식과 가정이 모두 재검토되어야 하고 일부는 바뀌어야 하는 상황이다. 현재 웹사이트로 대변되는 거의 모든 것들, 예를 들어 정부 기관, 비즈니스, 대학, 상품, 서비스, 예술가, 인플루언서 등 모든 것들이 생성형 AI에 의해 브랜드 가치나 외부로 보이는 모습들이 변해갈 것이다.[159] 이런 개체 각각에 대화형 AI가 능동적인 에이전트로 붙어 있다는 것을 상상해보면 웹상에서 우리가 하는 모든 일에 큰 변화가 일어날 것임을 쉽게 알 수 있다. 2024년 CES에서의 동향을 보면 '온디바이스 AI' 기술로 AI는 모든 기기에 부착되어 가고 있다. 세상의 개체들이 점차 지능화되면 디즈니 만화영화에서와 같이 의인화된 주전자와 컵이 현실로 튀어나올 날도 올 것이다.

변화에 끝이 보이지 않는 기술의 발전은 완전히 '열린계'다. 반면, 입시를 중심으로 공전하는 우리 교육 시스템은 '닫힌계'로 볼 수밖에 없다. 눈앞에 펼쳐지는 AI 세상을 보면서 AGI 시대가 얼마 남지 않은 이 시점에 우리 교육 시스템은 '닫힌계'를 벗어나 어떻게 변해야 할까? 교육 시스템 내에서 기술 발전과 세상의 변화에 가장 민감해야 하는 곳은 대학이다. 일자리와 직결된 전공 교육을 제공하고 있기 때문이고, 국민들이 교양인으로서 갖춰야 할 가치 체계를 대표하고 있기 때문이다. 하지만 모두가 대학을 가는 것도 아니고, 대학 교육도 입학하는 학생들의 교육 수준에 영향을 받으니, 결국 기초학력과 정서 교육을 담당하는 유치원과 초·중·고 교육이 우리 사회의 초석인 셈이다. 따라서 변화의 바람은 여기서부터 불어야 할 것이다.

'닫힌계'가 '열린계'로 전환된다는 것은 내부 시스템과 외부 환경과의 경계가 허물어진다는 것이다. 교육 시스템에서는 이런 전환의 의미가 무엇일지 교육철학적 관점에서 많은 논의가 있어야 하겠지만, 나는 그 전환의 실마리를 만들어내고 거대한 교육 시스템의 방향키 역할을 할 집단을 교사와 학부모라고 생각한다. 교사들은 교육 시스템 안에 있지만, 외부에 있는 AI를 교육 현장으로 끌고 들어오는 힘이 되어야 하고 '시스템'과 '환경' 사이의 벽을 적극적으로 넘나들어야 할 것이다. 당장은 인간-기계 대화 모델을 책임 있게 도입하고 관련된 스킬들을 배워 가르쳐야 하는 것으로 족하지만, 앞으로 더욱 증가할 지적·교육적·사회적 변수들을 이해하고 교육에 반영하는 핵심 리더가 되어야 할 것이다.

학부모는 엄밀하게 보면 교육 시스템 바깥의 '환경'에 있다. 하지만 그들은 우리나라 교육의 원동력이 되어왔기 때문에 교육 시스템을 '열린계'로 전환시키는 주체가 되어야 한다. 우선 학부모는 자식과 환경을 계속 모니터링하면서 이해하고 지도할 수 있는 최전선에 있어 야전군사령부와 같다. 따라서 학부모-학생-교사의 삼각 구도를 현실과 연결하여 미래에 대해 촘촘한 대비를 할 수 있는 위치에 있다. 학부모는 항상 이런 역할을 해왔지만, AI로 변화의 속도가 극적으로 빨라지고 있는 현실 때문에 새로운 역할이 가중되고 있다. 학부모가 AI를 적극적으로 이해하고 수용해서 '닫힌계'를 현실과 연결시킬 수 있기 때문이다. 다행스럽게도 현재 알파세대의 부모인 M세대는 개방적인 사회 분위기와 디지털 문화에 익숙해져 있어 이런 역할을 할 잠재력을 충분히 가지고 있다.

교육 시스템을 '열린계'로 만들어 기술 발전과 동기화가 되도록 하는 데는 교육 인프라와 교육 현장을 설계하고 지원하는 정부의 역할이 절대적이라는 것은 말할 나위가 없다. 다만 정부는 공룡 중의 공룡이므로 움직임이 더딜 수밖에 없고 시대 변화를 읽는 데도 한계가 있을 수 있다. 따라서 정부를 움직이게 해주는 시민들과 미디어 역할이 다시 부각되고, 정부의 손발이 되어주는 각종 단체 및 기관들과 같은 지원 조직들이 선발대로 나서주어야 한다.

꿈틀거리는 사회

챗GPT가 출시되고 몇 달 후부터 우리나라 미디어는 생성형 AI가 교육에 미칠 여파를 예견하는 다양한 목소리를 전달해왔다. 우리나라가 IT 강국이자 교육 열정에 있어 최고봉이라는 것을 재차 확인해주고 있다는 생각이 들었다. 많은 교육계 인사들이 AI로 인한 교육 시스템의 변화를 예고하며 학생들과 일반인들이 갖춰야 할 능력을 주문하고 이들을 위한 제안을 해왔다. 이들을 분석해보면, AI 기술을 받아들일 준비 차원의 AI 리터러시 교육, AI를 교육 현장에서 적용하는 AI 활용 방안, AI 시대를 맞아 변화해야 할 교육 인프라 개선, 이렇게 세 가지로 요약된다.

'AI 리터러시'를 위해서는 주로 정부가 나서고 있다. 전 국민을 대상으로 AI 시대에 필요한 논리적 사고력과 정보 검증 능력 등 관련 교육과정 개발에 나섰는데, 이는 정부가 초·중·고교 학생들을 위한 교육뿐만 아니라 평생교육 개념에서 전 국민의 AI 리터러시 함양의 필요성을 느꼈기 때문이다. [160] 구체적으로 '2023년 하반기부터 고령층이나 장애인 등 취약계층을 중심으로 AI 리터러시 교육을 진행할 계획'이라고 했다. 이런 계획을 효과적으로 구현하려면 교육에 있어 진입 장벽을 낮추는 것이 중요하다는 지적이 나온다. 예컨대 AI에 대한 중장년층의 심리적 장벽을 허물기 위해 접근성 높은 휴대전화 기반 서비스로 경험을 쉽게 해주는 것이다.

'AI 활용 방안'에 대해 가장 깊은 관심을 가지고 사실상 선도하는 교육 주체는 대학이다. 대학에서는 생성·대화형 AI를 기존 교육에 활용하는 것뿐만 아니라, 진학 진로나 취업·창업 프로그램에서 사용하는 등 다양한 방식을 구상하고 있다. 예를 들어, 이화여자대학교에서는 '수업 단계별 AI 활용 지침'을 배포하여 강의 계획 단계부터 학기 초에 학생들에게 안내해야 할 사항, 학기 중 활용에 대한 성찰, 학기 말의 공정한 평가를 위한 방법까지 AI 기반 교육의 관리가 원활히 이루어지도록 했다. 성균관대학교에서는 표절 문제가 심각해질 수 있다는 판단하에 AI를 사용한 부정행위를 방지하고 탐색할 수 있는 행동 요령이 담긴 '교강사용 ChatGPT 종합 안내 플랫폼'을 국내 최초로 개설하여 발 빠르게 나가고 있다. 이 외에도 여러 대학에서 '챗GPT API'를 교육 현장에서 직접 활용할 수 있는 현장 맞춤형 사례들을 제공하기도 한다. [161]

정부 기관에서는 'AI 활용 방안'을 활성화하기 위해 주로 초·중·고 교육기관을 위한 지원을 하고 있다. 교육에서 챗GPT 등 생성·대화형 AI 기술의 활용을 어느 선까지 허용할 것인지, 올바른 활용 방안은 무엇인지에 대한 논의가 핵심이다. 예를 들어, 서울시교육청은 2023년 8월 초·중·고 챗GPT 활용 가이드를 담은 '학교 급별 생성형 AI 활용 지침'을 만들어 배포했다. 이 지침은 초·중·고 학교별로 학생들이 챗GPT를 사용할 수 있는 권한과 방법을 규정하고 있다. 초등학생은 주로 교사 시연으로 간접 체험할 수 있고, 중학생은 부모의 허락을 받은 후 교사의 지도하에 수업 시간에 사용할 수 있으며, 고등학생은 부모가 동의하면 학생이 직접 사용할 수 있게 했다. 또한 정부는 교육개혁 차원에서 'AI 교과서' 도입을 결정하여 학생들의 AI 등 디지털 기술을 활용해 학업 성취도를 판단하고 맞춤형 교육을 지원하는 계획도 실행에 옮기고 있다. [162]

'인프라 개선' 관련해서는 교육 환경과 목표가 변하고 있다는 것을 감안하여 교육 방법과 제도 등을 바꿔야 한다는 주장들이 나온다. 우선 환경적으로는 학령인구 감소 이슈를 중심으로 대학 정원은 과감하게 줄이면서 AI를 사용한 맞춤형 교육으로 패러다임을 전환해야 한다는 개선책도 있고, 세상의 급격한 변화를 수용하기 위해 '대학의 전공·학과·학제 간 벽 허물기 등을 통해 무無전공으로 학생을 선발하는 등 고등교육의 자율성을 대폭 확대하겠다'는 정부의 계획도 있다. [163]

이러한 미디어 기사들이 담고 있는 내용의 특이한 점은, 대부분 AI에 대해 알아야 한다는 필요성을 강조하면서 '어떻게how' 활용할 것인가에 초점을 맞춘다. 교육의 목표와 내용에서 '무엇what'이 변해야 한다는 것은 거의 없다. AI 리터러시나 당장 써먹을 수 있는 내용을 교육하겠다는 초기적 발상을 넘어, AI와의 공존 단계까지 가려면 뭘 해야 할지 규명하겠다는 식의 비전은 찾아보기 어렵다. 간간이 교육 방법 및 교육 인프라를 개선하는 제안이 있었지만 아직은 피상적이거나 AI 시대가 아니더라도 필요한 창의성 고취와 같은 내용들이 주를 이루고 있다.

세계로 눈을 돌려보면, 나라마다 교육계를 비롯한 각 섹터별로 생성형 AI를 어떻게 활용할 것인가와 함께 어떻게 규제할 것인가에 대해 많이 고심하고 있다는 것을 알 수 있다. 생성형 AI가 가져다줄 기회보다 불확실성에 대한 위험에 더 무게를 두고 있는 것이다. 유네스코에서 2023년 말에 공개한 〈교육 및 연구 분야에서의 생성형 AI를 위한 안내Guidance for Generative AI in Education and Research〉[164]라는 발간물에는 생성형 AI가 인류 사회에 가져올 보편적 위험성 여덟 가지에 대해 언급하면서, 교육 활용에 필요한 핵심 규제 요소와 절차를 안내하고 있다. 규제의 주체를 정부 차원, 생성형 AI 도구 제공자, 기관 사용자, 개인 사용자로 나눠서 제안하고 있어 국가 정책부터 개인 사용자의 윤리까지 포괄하고 있다. 예를 들어, 앞서 언급한 우리나라 교육부의 나이 제한 정책과 유사하게 국가 차원에서의 규제가 언급되고 있고, 기술을 제공하는 기업들을 위해 윤리 및 신뢰성 등과 관련되어 데이터 및 콘텐츠와 관련된 규제 내용을 제시하고 있다. 교육기관에는 생성형

AI의 알고리즘, 데이터, 출력물에 대한 감사를 정기적으로 시행하고, 학생에게 중장기적으로 미칠 수 있는 교육적 영향을 평가하면서 학교 정책을 세우라는 등의 구체적 권고를 담고 있다.

시대정신이 담긴 교육목표

AI 시대를 사는 사람들은 'AI 전문가, AI 활용가 그리고 나머지' 이렇게 세 종류로 분류될 것이라는 말이 있다. 우스갯소리 같지만 일견 세상이 어떻게 재편되고 있는가를 말해준다. 하지만 사람을 이렇게 분류하는 것은 다분히 AI 중심 사고이고, 기술 중심 사고에 기반한 표현이다. 학계나 산업계에서 '인간 중심 컴퓨팅'이나 '인간 중심 AI' 같은 캐치프레이즈가 나오는 이유는 자칫 기술 중심으로 갈 수 있는 사회를 지양하려는 의식이 있기 때문이다.

　'AI 시대'라는 용어에 우리가 이미 익숙해져 있다는 것은 AI가 이미 우리 사회를 관통하는 하나의 화두로서 방향 설정이 되어 있어 힘을 발휘하고 있다는 의미로 해석된다. AI가 인류의 역사를 발전시키고 바꿔놓을 힘은 가지고 있다고 하더라도 우리 시대를 이끌어가는 정신, 즉 '시대정신'을 이끌 수 있을까? 이 개념을 처음 사용한 헤겔에 의하면 시대정신이란 한 시대가 끝날 때에만 알 수 있다고 했다. 이 말을 따르자면 AI를 시대정신의 일부로 보는 것은 현재로써는 그저 추측만 가능할 뿐이다. 그래도 나는 '호모 심비우스의 지향'이 어렴풋하게나마 시대정신에 가깝다고 본다. 특히 미래 세대가 어떻게 성장해야 할 것인가라는 질문에 대답하기 위해서는 호모 심비우스로서의 지적 활동과 역할의 변화를 예상해보면서 교육의 목표를 정해보는 것이 타당할 것이다.

보편적 교육을 목표로 하는 우리나라 '2022년 개정 교육과정'을 보면 학교 급별 교육목표가 있다.[165] 이들을 정리해보면, 초등학교에서부터 고등학교까지 관통하는 목표로 일상생활과 학습에 필요한 기본 습관 및 기초 능력과 인성을 기르도록 되어 있다. 이와 더불어 중학교에서 민주 시민의 자질을 추가하고, 고등학교에서는 진로 개척의 목표가 추가되면서 세계와 소통할 수 있는 자질을 기르는 것이 추상적인 교육의 목표다. 그리고 각 학교 급별로 구체적인 세부 목표들이 네 개씩 있다. 책임감, 공동체의식, 공감 능력, 다양한 문화 포용성과 같은 인성 기반의 시민성 함양을 위한 목표와 도전 정신, 창의적 문제 해결력, 평생 학습 능력, 능동적 적응력 등과 같이 생존을 위한 능력을 기르는 목표가 포함되어 있다.

나는 여기에 AI 시대에 필요한 '시대정신'을 연결하여 아래 기술할 목표가 추가되어야 할 것으로 본다. '아홉 가지 필수 능력'도 그랬듯이 제목만 놓고 보면 이들이 왜 AI 시대에 새롭게 대두되어야 하는지 분명하지 않을 수 있다. 아래 짧은 설명으로 충분하지 않을 수 있지만 이 책의 1장에서 6장까지 앞의 내용들을 맥락으로 연결하여 본다면 충분히 그 가치가 보일 것이다.

창의적 문제 생성과 해결자로 발전

창의성은 현대 교육이 시작된 이후 중요한 능력으로 빠진 적이 없을 것이다. 여기서는 이를 그저 다시 강조하는 것이 아니라, 우리가 집중해서 길러야 할 능력이 루틴한 일을 잘 수행하는 것보다 창의적인 문제 생성과 해결에 있다는 것을 강조하려는 것이다. 미래에는 AI가 점점 더 많은 루틴 작업을 수행할 것이다. 따라서 미래 세대는 문제의 복잡성과 독창성에 초점을 맞추어 새로운 방법으로 문제에 접근하여 해결하고, 세상에 없던 것을 만들어내는 능력을 키워야 한다. 지식인이나 기능인이 아니라 창조인을 배출하는 것으로 교육목표의 전환이 이루어져야 한다는 것이다.

자기 주도적 학습 능력의 강화

미래에는 지식 폭발이 지속적으로 일어날 것이므로, 자기 주도적 학습 능력이 그 어느 때보다도 중요해질 것이다. 끊임없이 새로운 지식과 기술을 습득하고 적용하는 능력을 키우는 것뿐만 아니라 그런 습득 과정이 삶에 녹아 들어가 있도록 하는 것이 중요하다. 상시적인 배움과 적응이 없는 개인은 도태될 수밖에 없는 시대이기 때문이다. 공적 교육 시스템은 집단 교육도 중요하지만 개인의 자기 주도적 학습 능력을 배양시키는 역할을 해야 한다. 이는 스타트업 기업을 스핀오프spin-off 시키는 것을 기업의 목표 중 하나로 보는 요즘의 추세와 유사하다.

사회적 상호작용 강화

인간 간의 상호작용, 협력, 커뮤니케이션 스킬은 더욱 중요해진다. 미래 세대에는 다양한 문화와 배경을 가진 '융복합 팀'에서 협력하는 능력을 키우는 것이 그 어느 때보다 중요해진다. 특히 점점 의인화되어가고 있는 AI도 협력 및 상호작용의 대상이 되어 공존하고 공진화하는 것까지 염두에 두어야 한다. 이는 교육학의 행위자-연결망 이론(ANT)Actor-Network Theory에서 '세상은 네트워크로 구성되어 있으므로 모든 존재들이 필요하고, 중요하며, 상호 연결되어 있다'는 시각과 일맥상통한다. '인간은 기술에 기반한 네트워크 속의 한 요소로서 네트워크와 불가분리의 존재'[166] 라는 것을 이해하고 상호 협력이 생활화되도록 교육목표가 확실히 서 있어야 한다.

윤리의 재정의 및 확립

앞서 '공진화 방향'에서 논의한 것과 같이 AI 기술을 발전시키고 사용하는 데는 특별한 윤리적 고려가 필요하다. 이미 'AI의 통제' 와 '기술 발전'을 주장하는 두 그룹 간의 토론이 점화되었고, 'AI의 여섯 가지 윤리 원칙'[34][167]과 같은 방향성이 제정되고 있는 것은 매우 고무적이다. 미래 세대에게는 이런 새로운 윤리가 공적 교육의 목표 중 하나로 자리 잡아 기술의 연구, 개발, 학습, 사용에 있어 항상 따라다니는 개념이 되어야 한다. 하버드대학교에서 추진 중인 '임베디드 에틱스'의 정신과 일맥상통한다. 윤리는

---

[34] 2020년 교황청에서 발표한 '윤리백서'와 MS의 '책임 있는 AI'에 6개의 원칙을 제시하고 있다. 공정성, 안정성, 보안성, 포용성, 투명성 등이 주요 골자이다. 국가나 기관에 따라 개수와 세분화 정도가 다르다. 우리나라 정부에서는 2020년 12월에 3대 원칙 및 10대 요건을 발표했다.

AI 시대 인성 교육의 핵심 중 하나로 자리 잡아야 할 것이고, 사회적 책임감과 인간 중심 가치관을 가지고 새로운 이슈들을 해결할 수 있는 기반을 마련해줘야 한다.

지속 가능성의 추구 및 확장

그동안 주로 환경 생태계 이슈들로 부각되어 왔던 '지속 가능성'은 원래 더 포괄적인 개념으로 제시되었지만 근래에는 사회적·경제적 측면에서 많이 강조되고 있다. 미래 세대를 위해 인위적 발전과 자연이 조화를 이루는 방법을 모색하자는 이 개념은 AI의 출현으로 확장되어 더욱 중요해지고 있다. 이제는 인간과 자연의 조화를 넘어 인간과 AI의 조화도 이슈로 떠오르고 있기 때문이다. AI를 잘못 사용하거나 위험한 AI가 출현하는 것은 탄소 배출이나 핵폭탄만큼 치명적이라고 보는 시각이 지배적이라는 것을 떠올릴 필요가 있다. 이러한 전 지구적 이슈는 일상에서 간과하기 쉽지만 한 번 임계점을 넘어가면 되돌리기 어려운 비가역적인 특성이 있다. 이제는 인류의 지속 가능성을 추구하는 시민성을 기르는 것이 교육의 목표에 포함되어야 할 것이다.

교육 역량 강화 및 신화

위에 있는 새로운 목표들을 달성할 수 있는 여건을 마련하는 것이 하나의 인프라적인 목표가 되어야 한다. 우선 미래 인재를 기르려면 위 목표들을 달성시킬 수 있는 맨파워manpower인 '미래 교사'를 양성하는 것이 급선무다. 지속적으로 업데이트되는 교육이 이루어져야 하므로 이를 실현할 교사의 지속적 양성이 '교육목표'의 하나로 자리 잡아야 한다. 뿐만 아니라 교육과정부터 시작하여 교육 콘텐츠 및 교육 방법들에 대한 대대적인 개편도 필요한 만큼 종합적 교육 지원 인프라의 제공이 필수적이다. 이는 새로운 교육목표들의 달성을 위한 '메타 목표'라고 할 수 있다.

아래 표는 여섯 개의 새로운 교육목표 각각이 앞서 설명한 아홉 개의 핵심 역량들과 어떻게 연관되어 있는지 보여준다. 이를 통해 위에 짧게 설명한 목표들이 보다 모두 선명하게 드러나기를 기대한다.

교육목표 핵심 역량	창의적 문제 생성 및 해결	자기 주도적 학습 능력	사회적 상호작용 능력	윤리의 재정의 및 확립	지속 가능성 추구 및 확장	교육 역량 강화
문해력	○	○	○	○	○	○
통합 통찰력	○	○		○	○	
창의력	○				○	○
AI 리터러시	○	○		○		
변화 수용 순발력	○	○	○	○	○	
지식정보 가치 판단력		○	○		○	○
공감 기반 협업 능력	○		○		○	○
경험 체화 능력	○	○				○
정서적 인간다움			○		○	○

변화는 현장에서

'변화의 시간은 왔고, 준비는 되었으며, 목표는 정해졌다.'

이렇게 정리해놓고 보니 마치 혁명을 알리는 신호탄 같기도 하고 진군을 앞둔 장수의 함성 같기도 하다. 나는 살면서 개혁을 추구하는 편이었지만 혁명을 지지하지는 않는다. 혁명에는 비이성적인 무모함이 따르기 때문이다. 더욱이 '백년대계'인 교육에는 선동이나 돌격 같은 개념은 어울리지도 않는다. 하지만 생각을 충분히 했고 혁신의 결심이 섰으면 구체적인 실행 전략을 짜야 하고 실천에 옮기는 동력을 확보해야 한다. 인간-AI 공존 시대를 준비해야 한다는 당위성에 공감한다면 교육부와 교육청 및 각급 학교에서는 구체적 실행 목표, 규정 정비, 구조 및 체제 개선, 자원 확보, 평가 체제 확립 등을 가지고 외부 기관 및 커뮤니티와 협력해 나가야 한다. 종합적인 계획에 이러한 큰 그림과 함께 구체적 전략이 담긴다면 변혁의 추진 과정에서 결정적 선택을 해야 할 때마다 나침반 역할을 할 것이다.

개혁의 추동력은 어디서 나오는가? 기업, 군대, 정부 조직과 같은 곳에서는 하향식top-down 개혁이 가능하지만, 내 경험에 의하면 교육계는 다르다. 정책이 아무리 잘 만들어져도 교사·교수 사회에서 공감대 형성이 안 되면 되는 일이 거의 없어 실효성 없는 정책이 되어버리는 경우가 많다. 보통 그렇듯이 예산으로 유도하면 학교가 움직이기는 해도 지원이 끝나면 원위치하는 경우도 많다. 특히 교육 내용의 변화에는 일선 교사와 교수 개개인의 철학과 노력이 절대적이다. 구조적인 이슈가 아니라면 정책을 밀어붙여 추진하는 것은 학생들에게 주입식 교육을 강요하는 것과 다를 바 없어 실질적 변화를 가져오기 어렵다.

한편, 민주화의 발전과 디지털 사회로의 진입에 힘입어 학부모와 학생이 교육에 참여할 수 있는 기회도 커졌다. 예를 들어, 나이스NEIS라는 이름의 국가교육행정정보시스템에 학부모와 학생을 위한 서비스가 만들어진 것이 있고, 학부모들이 활발하게 의견 교환할 수 있는 다양한 온라인 커뮤니티와 SNS가 있어 초·중·고 교육에 직간접적인 영향을 미칠 수 있는 길이 열려 있다. 교육개혁을 위한 실질적인 추동력이 일선 교사·교수뿐만 아니라 교육 수혜자에게 있다는 것을 의미한다. 나는 교육 혁신에 있어 이런 상향식bottom-up 변화와 하향식 소통이 중간에서 만나는 것이 바람직하다고 생각한다. 정책과 전략적 목표를 기획하여 가능성을 묻는 정부의 역할도 크기 때문이다.

지난 6년간 세계 '국민행복지수' 1위에 올라 있는 핀란드는 '핀란드식 교육 방법'으로 유명하다. 법률에 명시된 핀란드 교육제도의 목표는 아이가 인간성을 기르고, 사회에서 존중받고 윤리적인 의사결정권자로 성장하도록 지원하는 것이다. 이는 다른 사람들에게 가치를 부여하고 사람들과 관계를 맺어 지역사회에서 건강한 의사결정을 내리고 합리적으로 행동하도록 가르치는 데 중점을 둔다. 핀란드 교육부장관을 지낸 하이노넨Olli-Pekka Heinonen은, 핀란드 교육제도의 기둥은 신뢰이고 교사들에게 자율권을 많이 준다고 한다. [168] 교사들의 역할이 학교교육의 요체라는 뜻이고, 교육에 변혁을 가져오려면 교사들의 역할이 바뀌어야 한다는 뜻으로 해석될 수 있다.

나는 교사들의 역할이 디지털 사회로 진입한 후 AI 시대를 맞이하면서 더욱 중요해지고 있다고 생각한다. 이제까지 우리나라 교육은 콘텐츠, 즉 과목의 내용 전달에 치중해왔다. 교육 시스템 전체가 대학 입시를 중심으로 움직이고 있으니 언제 무엇을 가르치고 배우는가가 논란의 중심에 있고, 교사의 역할도 효과적인 지식 전달이 주 업무가 되었다. 그러다 보니 그런 역할을 더 잘한다고 여겨지는 사교육 시스템이 활황이고, 신기를 보이는 '일타 강사'에게 전국의 학생과 학부모의 관심이 쏠리게 된다. 그런데 과목의 내용을 학생들에게 전달하는 방법은 EBS 인강부터 가상현실과 같은 첨단 정보기술을 사용한 교육까지 다변화되어 있고, 앞으로는 AI 기반 교육까지 가세할 기세다. 이제 교사들은 좋든 싫든 전통적인 내용 전달 위주의 역할에서 벗어나야 한다. 학교는 교사가 학생들에게 교과과정의 사실과 정보만 가르치고 문제 푸는 능력을 키우는 공간이 아니기 때문이다.

그러면 교사들은 앞으로 어떤 역할에 더 몰두해야 할까? 미래 세대가 갖춰야 할 필수 능력 중 하나가 삶과 직장에서 '인간다움'을 실현하는 것이고, 여기에는 인간적인 정서가 중요함을 앞서 피력했다. 교육에서도 정서와 학습 간 불가분의 관계가 과학적으로 충분히 입증되었다고 한다. [169] 그렇다면 교사가 학교에서 중시해야 할 것은 명확하지 않겠는가. 학생과의 정서적 공감대를 높이는 방법에 치중하여 전통적인 교과과정의 학습 효과도 높이고 학생들이 인간다움을 체화하는 과정을 거치게 하면 될 것이다. 디지털 기술을 이용하는 교육이나 앞으로 다가올 AI에 의한 교육에서는 정서, 공감, 보살핌, 사회성 같은 가치를 제공하기 어렵다. 그러니 교사가 이런 역할을 주도적으로 하여 학생의 정서 능력을 함양시키는 것은 인간-AI 공존의 철학과도 일맥상통한다. 머지않아 AI의 도움으로 학생 평가, 교과 내용 준비, 강의 등에서 업무를 줄이면 교사들이 학생의 정서적 면을 돌보는 데 시간을 충분히 늘릴 수 있을 것이다.

AI가 교과 내용을 가르치는 역할을 담당하여 학생의 지적 능력과 학습 속도 등을 고려한 맞춤 교육을 할 수 있는 시대가 올 것이다. 그렇더라도 교실에서 학생들의 자아 인식, 사회 인식, 정서적 기능 등을 함양시킬 수 있는 역할은 학생들과 직접 인간적인 상호작용을 하는 교사만이 할 수 있다. AI와 함께하는 교수법의 설계와 실행의 권한을 개별 교사가 가지고, 교실을 중심으로 이루어지는 교육 활동 및 제도 전반을 조정할 수 있는 권한이 해당 일선 교사 단체에 주어진다면, 그래서 교사에게 확실한 책임과 권한이 동시에 주어진다면 교사직은 훨씬 매력적이고 도전하고 싶은 직업이 될 것이다. 우리 사회의 딜레마인 '교권 대 학습권'의 충돌을 해소할 수 있는 길을 AI 시대가 열어줄지 모른다.

앞서 핀란드의 사례를 통해 살펴보았듯이, 그리고 우리나라의 중·고등학교 교육목표에도 나타나 있듯이 교육의 큰 줄기는 학생들이 사회생활을 잘하는 법을 배워 민주 시민으로 성장하게 하는 것이다. 이러한 품성과 기량은 인간다움을 체화하여 다양한 상황에서 협업할 수 있는 능력을 길러줄 뿐만 아니라, 향후 AI에게 많은 일자리를 내줘야 하는 상황에서도 살아남을 수 있는 회복 탄력성을 갖추게 한다. AI 시대에는 그동안 '인성 교육'이라고 불리던 것이 새롭게 정립되어 직무와 전공을 위한 교과과정과 함께 교육의 쌍두마차가 되어야 할 것이다.

이런 교육의 목적을 달성하는 데는 학교교육뿐만 아니라 가정교육이나 부모의 영향이 지대하다는 것을 부인하는 학부모는 아무도 없을 것이다. 가정교육을 잘하기 위해 부모가 특별한 능력을 갖추거나 별도의 자격증을 따야 하는 것은 아니다. 입시의 타성으로 인한 시시포스의 운명을 내려놓기만 해도 절반은 따고 들어가는 셈이다. 바위를 내려놓지 못하는 이유는 각자가 다르겠지만, 몇 가지 유형이 있다. 부모가 과거에 성취 못한 것에 대한 대리 만족을 추구하기도 하고, 과거에 공부를 잘했던 부모는 자신들에게 익숙한 길을 추천하는 경향이 있으며, 자녀가 원하는 길을 가게 해줘야겠다는 생각은 있더라도 불안해서 주류가 가는 길을 따라가는 유형도 있다. 따지고 보면 모두 부모 중심의 결정인데, 그 결과는 지금과 완전히 다른 AI 시대를 살아가야 할 아이들에 고스란히 나타나게 되어 있다.

현재의 교육 시스템은 오래 가지 않을 것이다. 만약 변하지 않고 오래 간다면 그것은 미래 세대를 위해 불행한 일이다. 충분히 준비가 안 된 상태에서 AGI 시대를 맞이해야 하기 때문이다. 이 상황에서 부모는 피해자이지만 가해자가 될 수도 있다. 미래가 나를 위해 뭔가를 준비해줄 것이라고는 기대하지 말자. 과연

AI를 통제하는 것이 가능할지 걱정해야 하는 변혁의 시대에 부모들이 너무 안이하게 있는 것은 아닌지 생각해볼 필요가 있다. 교사, 교수, 정책 입안자 들도 미래 세대의 운명으로부터 자유로울 수 없다. 앞으로 일어날 일은 전적으로 기성세대의 선택에 달렸다. 우리는 현재의 이해와 미래의 예측이 어느 때보다 중요한 시대에 살고 있다. 이를 극복하는 첫걸음이 공존을 위한 '지피지기'다.

'AGI 시대 변곡점에 태어난 나의 손녀 은주와 알파 세대 모두에게 이 책을 바친다.'

    이 책은 나의 친구들, 친구의 자식들 그리고 그들의 자식들을 위해 썼다. 나의 친구 대부분은 AI를 잘 모르고 설명을 해도 잘 알아듣지 못하는 경우가 많다. 그들은 AI가 가져올 세상을 생각해본 적도 별로 없다. 그런데 인간의 지적 능력을 넘어서는 AGI의 출현이 불과 몇 년 앞으로 다가왔다고 설명하면 어떻게 반응할까? SF소설 같은 얘기로 무심하게 받아들이거나 내 생애 그런 일이 없기를 간절히 바라면서 지나칠 것이다. 특별히 내 주위에 그런 친구들이 많은 것일까? 아니다. 기성세대의 전반적인 모습이 이럴 것이다. 세상이 너무 급격히 바뀌고 있어서다.

    우리 자식들 세대(MZ세대)와 그전에 태어난 X세대는 생존에 매우 민감하고 기민하여 AI가 오고 있음을 피부로 느끼면서 관심을 가지는듯하다. 그런데 우리 사회의 중추적 역할을 하는 이들은 사회 곳곳에서 일상에 바쁘고 워라밸work-life balance을 추구하기에도 벅차다. 선진국 초입에 있는 나라의 주역답게 삶의 품질을 생각하고 즐길 줄도 알기 때문이다. 하지만 머지않아 사회의 구성원으로 등장할 AI와의 공존에 관한 개념은 그들에게 여전히 낯설고, 일자리 변화와 관련해서는 두려울 수 있으며, AGI 시대의 도래에 대한 현실 감각은 많이 부족하다.

그다음 세대인 알파 세대는 세상을 논하고 스스로 미래를 생각하기에는 아직 어리다. 그들이야말로 생성형 AI와 함께 성장하고 AGI 시대를 본격적으로 맞이해야 하며 AI와의 공진화를 몸으로 경험해야 하는 당사자들이지만, 지금 어떤 일이 벌어지고 있는지 그 맥락과 의미에 대해 깊이 이해하지는 못한다. 어쩔 수 없이 새로운 시대를 겪어야 하는 이 신인류의 미래는 부모 세대들의 손에 달려 있다.

AI로 인한 '제2의 인지혁명'에는 이렇게 크게 삼대가 걸쳐 있고, 각 세대의 역할과 운명은 다르다. 1세대, 즉 베이비붐 세대로 불리는 기성세대는 오래 살았기 때문에 역사의 중요성을 알고 '미래의 역사'도 같이 조망할 수 있는 안목을 가졌다. 뇌의 발달 관점에서 보면, 디테일을 기억하고 새로 배우는 순발력은 떨어졌어도 큰 그림을 보고 추상화할 수 있는 능력이 최적의 상태에 와 있기 때문이다. 그러니 AI를 추상적으로라도 이해할 수 있는 기회가 주어진다면, 그들은 AGI 시대를 역사의 한 부분으로 인식하고 미래 세대를 폭넓게 가이드할 수 있는 충분한 능력을 갖추고 있다. 야구로 치면, 감독이나 구단주와 같은 역할일 것이다.

X, M, Z 세대를 포함하는 2세대는 AI를 기회와 위기로 받아들이고 공존과 배척 사이를 왕복하며 고민하는 세대다. 축구로 치면, 중원에서 치열한 몸싸움을 통해 공격을 차단하고 득점 기회를 만들어주면서 스스로 득점도 노리는 미드필더다. 공수를 연결하는 허리인 이 세대는 강력한 체력을 바탕으로 기민하게 뛰어다녀야 한다. 이들은 신기술 습득을 마다하지 않을 뿐만 아니라 삶 전체에 있어 글로벌 트렌드를 파악하는 것에도 소홀할 수 없다. 자녀 교육에 있어서는 말할 나위 없이 일류를 지향한다.

3세대는 신체적으로 한창 성장하면서 지력을 키워나가는 단계에 있다. 자신을 관찰하고 미래를 결정하는 메타인지를 하기에는 아직 어리므로 그런 생각을 해줄 조력자가 필요하다. 당연히 부모와 교사의 지도를 받지만, 급격한 사회 변화를 이들이 모두 껴안고 가기에는 벅차다. 따라서 AGI 시대를 맞이하는 데 있어 필요한 사회적 맥락과 교육 시스템을 갖춰주는 것은 이들에게 힘찬 날개를 달아주는 것과 같다. 이 책이 1, 2세대의 사고 형성에 도움을 줄 수 있다면 궁극의 수혜자는 3세대가 되는 것이다.

이 책은 '사람'이 AI에 관해 쓴 것이다. AI는 과학과 공학의 산물이므로 그 학문 영역에서 설명될 수 있지만, 나는 여기에 인간을 대조시키고 싶었다. 인간과 AI의 공통점과 차이를 명확히 인지하고 차별화하여 인간다움을 극대화하는 것이 앞으로 인간과 AI가 적절히 공존하는 사회를 만들 수 있는 유일한 길이라고 믿기 때문이다. 인간을 등장시킨다고 AI에 대한 인문학적, 사회학적 담론으로 머무르고 싶지는 않았다. 그렇다고 AI에 대한 기술적 해설이나 활용에 초점을 두고 싶지도 않았다. 이런 책들은 이미 많이 나와 있기 때문이다. 나는 이런 양극단을 연결함으로써 AI 영역에 인간의 입김을 불어넣어 인간 중심의 사고를 리드하고 싶었다. 따라서 나는 시스티나성당 천장에 그려진 미켈란젤로의 〈아담의 창조The Creation of Adam〉 벽화에서처럼 창백한 AI에 생명을 불어넣는 것과는 반대되는 입장을 취한다. AI는 AI로, 인간은 인간으로 남아 있어야 한다고 믿기 때문이다.

이 책의 출간 이후 가까운 미래에 세상은 어떻게 변할까? 2024년도는 생성형 AI 열풍이 더욱 거칠게 불어 기술적으로 더욱 완벽해질 것이고, 기술이 점차 개방형으로 되어 사회 곳곳에 파고들 것이다. 연말까지 GPT-5와 제미나이 다음 버전이 출시될 것으로 예상되고, 라마-3를 출시할 메타와 유럽의 스타트업 미스트랄Mistral의 도약에 힘입어 개방형 AI 생태계가 점차 정착되는 방향으로 진행될 것으로 보인다. 오픈AI에서 100조 개 이상의 파라미터를 가진 모델이 나올 것이라는 소문도 있지만, 개방형 거대언어모델들에 힘입어 군소 스타트업들이 실제 응용에 특화된 작은 규모의 모델들을 만들어나갈 것으로 보인다.

2024년 2월에 오픈AI에서 공개한 소라Sora는 간단한 명령어로 최대 1분 길이의 고화질 동영상을 수 분 만에 만들어주는 AI이다. 일부 창작자에게만 공개되어 있는 이 서비스는 2024년 말까지는 일반인들도 사용할 수 있을 것으로 기대되고 있다. 이런 추세와 맞물려 비전 AI도 점점 실세계 응용에 적합하게 발전할 것으로 보인다. 특히 강력한 거대언어모델과의 연결을 통해 실제 맥락과 사용자 의도를 파악하여 비전 AI 모델이 가지고 있는 한계를 극복할 것이다.

기술적 진보와 함께 AI의 안전성, 신뢰성, 윤리 등 이슈들은 학계와 산업계의 본격적인 주목을 받을 것이다. 이런 이슈들의 해결 없이 AI의 산업화는 지속 가능성이 없기 때문이다. 헌법적 AI의 기술을 기반으로 AI의 판단에 대한 투명성과 신뢰성을 확보하려는 구글의 노력과 더불어, 새로운 안전성·신뢰성 모델에 대한 연구 개발이 탄력을 받을 것이다. 또한 각국 정부 차원에서의 안정성 규제에 대한 물꼬가 트일 것으로 예상된다. 자연스럽게 인간과 AI의 협력이 확장되면서 공존의 형태가 자리를 잡아가겠지만, AI가 AI를 만들어 AGI 시대로 접어들고 AI가 로봇의 두뇌 역할을 하면서 새로운 형태의 위협이 나타날 것이다.

일자리로 보면 갈 것은 가고 올 것은 올 것이다. 하지만 그 변화의 속도가 워낙 빨라 지금과 같은 교육 시스템과 학습 목표로는 감당하기 어려울 것이다. 이러한 변화의 대처에 조금이라도 도움을 주기 위해 6장을 구성하였다. '아홉 가지 필수 능력'을 중심으로 개인·소식·학교 차원에서 교육을 바라보고 각론에 들어간다면 AGI 시대를 맞이하면서 받을 충격을 최소화할 수 있을 것이다.

이 책의 출판을 맡아준 헤이북스 윤미경 대표를 통해 출판계의 현황과 대중서적을 쓴다는 것에 대해 많은 것을 배웠다. 그도 그럴 것이, 학술 연구 논문 250여 편을 써왔고 영문으로 전문서적을 출간한 적은 있어도 국문으로 대중서적을 쓰는 것은 처음이기 때문이다. 많은 대화 중 '우리나라 사람들이 책을 참 안 읽어요.'로 시작하며 들려준 출판계의 현황은 책을 쓰는 기간 내내 나에게 긴장감을 주었다. 특히 거의 삼대에 걸친 잠재 독자들을 대상으로 쓰는 것만으로 벅찬데, '비디오에 익숙한 현대인들에게 어떤 언어로 소통해야 할까'라는 걱정을 숱하게 했다. 이런 긴장감과 함께한 나름대로의 노력이 이 책의 완성도와 접근성에 얼마나 영향을 미쳤는지 측정할 수는 없다. 이제 이 책이 세상에 나와 AGI 시대를 맞이하는 우리나라 국민들에게 어떤 식으로든 도움이 되기만을 바랄 뿐이다.

"2024년 6월 5일, 'AGI 시대와 인간의 미래'라는 제목의 책이 출간되었다. 챗GPT의 열풍이 휩쓸고 지나가는 세상을 보며 한 컴퓨터공학자가 AGI 시대를 맞이할 준비가 안 된 대중들에게 던지고 싶은 메시지를 담은 책이었다. 자연언어처리 전문가였던 저자는 인지과학 및 뇌과학, 인공지능, 사회과학, 인문학을 아우르는 융합 연구를 꿈꾸다가 결국 이 책을 쓰게 된 것으로 알려졌다. 이 책에 흐르는 'AGI 시대의 생존은 통섭적 사고와 인간다움의 강화에 달려 있다'는 그의 믿음은 'K-교육'의 방향 전환에 이정표가 되었다."

2030년쯤 이런 회고 기사가 뜬다면 좋겠다는 뜬금없는 생각으로 마무리를 짓는다.

1) Billy Perrigo (2024, 3, 11). U.S. Must move 'decisively' to avert 'extinction-level' threat from AI, Government-commissioned report. Time Magazine. From https://time.com/6898967/ai-extinction-national-security-risks-report

2) Victor Ordonez, Taylor Dunn, and Eric Noll (2023, 3, 17). OpenAI CEO Sam Altman says AI will reshape society, acknowledges risks: 'A little bit scared of this'. ABC News. From https://abcnews.go.com/Technology/openai-ceo-sam-altman-ai-reshape-society-acknowledges/story?id=97897122

3) Cade Mets (2023, 5, 4). 'The Godfather of AI' Quits Google and Warns of Danger Ahead. The New York Times. From https://www.nytimes.com/2023/05/01/technology/ai-google-chatbot-engineer-quits-hinton.html

4) Will Storr (2020). Science of Storytelling. HarperCollins Publishers. 문희경 (역) (2020). 〈이야기의 탄생〉. 흐름출판.

5) Rosie Frost (2023, 4, 20). ChatGPT 'drinks' a bottle of fresh water for every 20 to 50 questions we ask, study warns. Euronews. From https://www.euronews.com/green/2023/04/20/chatgpt-drinks-a-bottle-of-fresh-water-for-every-20-to-50-questions-we-ask-study-warns

6) Pengfei Li, Jianyi Yang, Mohammad A. Islam, Shaolei Ren (2023). Making AI less "thirsty": uncovering and addressing the secret water footprint of AI models [On-Line]. arXiv. From https://arxiv.org/abs/2304.03271

7) Alexandra Sashaluccioni, Yacine Jernite, and Emma Strubell (2023). Power hungry processing: Watts driving the cost of AI deployment? [On-Line]. arXiv. From https://arxiv.org/abs/2311.16863

8) 김미정 (2023, 2, 3). 챗GPT, 두 달 만에 월 사용자 1억 명 돌파…틱톡보다 빨랐다. 〈ZDNet Korea〉. From https://zdnet.co.kr/view/?no=20230203153950

9) http://www.seattlekdaily.com

10) Rohit Shewale (2024). ChatGPT statistics-users, revenue (april 2024) [On-Line]. demandsage. From https://www.demandsage.com/chatgpt-statistics/

11) Henry Kissinger, Eric Schmidt and Daniel Huttenlocher (2023, 2, 24). ChatGPT Heralds an Intellectual Revolution. The Wall Street Journal. From https://www.wsj.com/articles/chatgpt-heralds-an-intellectual-revolution-enlightenment-artificial-intelligence-homo-technicus-technology-cognition-morality-philosophy-774331c6

12) Mario Krenn, et al. (2022). Predicting the Future of AI with AI: High-quality link prediction in an exponentially growing knowledge network [On-Line]. arXiv. From https://arxiv.org/abs/2210.00881

13) Merchant A., Batzner S., Schoenholz S. S., et al. (2023). Scaling deep learning for materials discovery. Nature.

14) 이주형 (2024, 1). AI 위험 등급 마련⋯ 생체 정보 무단 수집 시 500억원 벌금 [전자매체본]. 〈통상〉 140권. From https://tongsangnews.kr/webzine/1522401/sub5_3_2.html

15) Jae-young Jo and Sung-Hyon Myaeng (2020). Roles and Utilization of Attention Heads in Transformer-based Neural Language Models. Association for Computational Linguistics 2020. From https://aclanthology.org/2020.acl-main.311

16) Max Tegmark (2017). The Life 3.0. Penguin Group. 백우진 (역) (2017). 〈맥스 테그마크의 라이프 3.0〉. 동아시아.

17) Yuval N. Harari (2011). Sapiens: A Brief History of Humankind. 조현욱 (역) (2015). 〈사피엔스〉. 김영사.

18) 양정애 (2023). 챗GPT 이용 경험 및 인식 조사 [전자매체본]. 〈Media Issue〉 9권 3호. From https://www.kpf.or.kr/front/research/selfDetail.do?seq=595547

19) 나무위키 (2024). 문맹. From https://namu.wiki/w/%EB%AC%B8%EB%A7%B9

20) 한국갤럽조사연구소 (2022). 2012-2022 스마트폰 사용률 & 브랜드, 스마트워치, 무선이어폰에 대한 조사. From https://www.gallup.co.kr/gallupdb/reportContent.asp?seqNo=1309

21) Richard Susskind and Daniel Susskind (2015). The Future of The Profession: How Technology Will transform the Work of Human Experts. Oxford University Press.

22) Will Storr (2020) op. cit.

23) Assael, Sommershield, et al. (2022). Restoring and attributing ancient texts using deep neural networks. Nature 603.

24) John Jumper, et al. (2021). Highly accurate protein structure prediction with AlphaFold. (Nature. 2023, 6, 15). From https://www.nature.com/articles/s41586-021-03819-2

25) Aitor Lewkowycz et al. (2022). Solving Quantitative Reasoning Problems with

Language Models, arXiv:2206.14858v2. From https://arxiv.org/abs/2206.14858

26) Timberlake, Todd Keene; Mixon Jr., J. Wilson (2015). Classical Mechanics with Maxima. Springer.

27) Refik Anadol (2023). How AI art could enhance humanity's collective memory. TED Talk. From https://www.ted.com/talks/refik_anadol_how_ai_art_could_enhance_humanity_s_collective_memory?rss=172BB350-0205&subtitle=en

28) 채제우 (2023, 7, 4). LG유플러스, 업계 최초 생성형 AI로 만든 광고 공개. <조선일보>. From https://www.chosun.com/economy/tech_it/2023/07/04/EYGY725OFVDT7EPLHESHU2JCIQ/

29) 김민수 (2023, 9, 22). 비발디 '사계' 2050년 버전…AI가 재창작하니 '어둡고 혼란'. <동아사이언스>. From https://www.dongascience.com/news.php?idx=61744

30) Ana Kessler (2022, 12, 13). Children's Book Generated With ChatGPT & Midjourney. 80LV. From https://80.lv/articles/children-s-book-generated-with-chatgpt-midjourney

31) 이기문 (2021, 8, 26). 습작 7년… AI가 국내 첫 560쪽 장편소설 썼다. <조선일보>. From https://www.chosun.com/culture-life/culture_general/2021/08/26/2B2VSJI5NVCCBG2QKPHUKFTWZQ/

32) Greg Bensinger (2023, 2, 22). Focus: ChatGPT launches boom in AI-written e-books on Amazon. Reuters. From https://www.reuters.com/technology/chatgpt-launches-boom-ai-written-e-books-amazon-2023-02-21/, https://news.mt.co.kr/mtview.php?no=2023022211444687926

33) 김현 (2023, 2, 22). 챗GPT가 쓴 책 첫선, 출판붐 예고. <문학뉴스>. From https://www.munhaknews.com/news/articleView.html?idxno=71625

34) 김대식, 챗GPT (2023). <챗GPT에게 묻는 인류의 미래>. 동아시아.

35) Kim Ramasamy (2019). How AI Can Improve Medical Care for Those Who Can't Afford It. TED Talk. From https://www.ted.com/talks/dr_kim_ramasamy_how_ai_can_improve_medical_care_for_those_who_can_t_afford_it

36) David Killock (2020). AI outperforms radiologists in mammographic screening. Nature Reviews Clinical Oncology.

37) Karin Dembrower, et al, (2023). Artificial intelligence for breast cancer detection in screening mammography in Sweden. The Lancet. From https://www.thelancet.com/journals/landig/article/PIIS2589-7500(23)00153-X/fulltext

38) https://www.reddit.com/r/singularity/comments/13c3n36/geoffrey_hinton_said_radiologists_would_be/?rdt=36684&onetap_auto=true&one_tap=true

39) Singhal, K., Azizi, S., Tu, T. et al. (2023). Large language models encode clinical knowledge. Nature 620, 172-180. From https://doi.org/10.1038/s41586-023-06291-2

40) Riley Lyons et al. (2023). Artificial intelligence chatbot performance in triage of ophthalmic conditions. Canadian Journal of Ophthalmology.

41) Ashley Capoot (2023, 6, 7). Google Cloud is partnering with Mayo Clinic as it tries to expand use of generative A.I. in health care. CNBC article. From https://www.cnbc.com/2023/06/07/google-cloud-partners-with-mayo-clinic-brings-generative-ai-to-health.html

42) Stiefel, Scott (2018, 5, 1). 'The Chatbot Will See You Now': Mental Health Confidentiality Concerns in Software Therapy. Available at SSRN: https://ssrn.com/abstract=3166640 or http://dx.doi.org/10.2139/ssrn.3166640

43) https://replika.com

44) Parmy Olson (2020, 4, 10). My Girlfriend Is a Chatbot. The Wall Street Journal. From https://www.wsj.com/articles/my-girlfriend-is-a-chatbot-11586523208

45) John W. Ayers, PhD, MA; Adam Poliak, PhD; Mark Dredze, PhD; et al (2023, 4, 28). Comparing Physician and Artificial Intelligence Chatbot Responses to Patient Questions Posted to a Public Social Media Forum. JAMA Internal Medicine. From https://jamanetwork.com/journals/jamainternalmedicine/article-abstract/2804309

46) CEO Council Summit (2023, 5, 23-24). The Wall Street Journal. From https://ceocouncil.wsj.com/event/ceo-council-summit-7

47) Stephen Hawking: 'AI could spell end of the human race' (2014). BBC News. From https://www.youtube.com/watch?v=fFLVyWBDTfo

48) Arjun Kharpal (2017, 2, 10). Stephen Hawking says A.I. could be 'worst event in the history of our civilization'. CNBC. From https://www.cnbc.com/2017/11/06/stephen-hawking-ai-could-be-worst-event-in-civilization.html

49) Rob Freeman (2023, 5, 13). AI pioneer warns UK is failing to protect against 'existential threat' of machines. INDEPENDENT. From https://www.independent.co.uk/tech/ai-chatgpt-danger-warning-stuart-russell-b2338210.html

50) Zoe Kleinman (2023, 6, 1). AI 'godfather' Yoshua Bengio feels 'lost' over life's work. BBC. From https://www.bbc.com/news/technology-65760449?at_medium=RSS&at_campaign=KARANGA

51) https://www.safe.ai/statement-on-ai-risk
"Mitigating the risk of extinction from AI should be a global priority alongside other societal-scale risks such as pandemics and nuclear war."

52) 김채현 (2022, 6, 24). 'CCTV 5억대' 설치…국민들 염색체 정보까지 수집하는 中. 〈서울신문〉. From https://www.seoul.co.kr/news/newsView.php?id=20220624500001

53) 채제우 (2023, 9, 1). 교통위반 사흘간 300건 잡았다… 섬뜩한 이 CCTV. 〈조선일보〉. From https://www.chosun.com/economy/economy_general/2023/09/01/LYPDPOSOEZG2THLG7OHGV4M4II/?outputType=native&_branch_match_id=1226408950151818351&utm_medium=sharing&_branch_referrer=H4sIAAAAAAAAA8soKSkottLXT87ILy7N00ssKNDLyczL1g9ILI70Misp83ZOAgAIX6YUIwAAAA%3D%3D

54) Todd Feathers (2023, 9, 11). AI Chatbots Are Invading Your Local Government— and Making Everyone Nervous. WIRED. From https://www.wired.com/story/local-governments-generative-ai/

55) 이유정 (2023, 4, 26). "내가 성폭행범이라고?"…챗GPT가 씌운 누명, 대책도 없다. 〈중앙일보〉. From https://www.joongang.co.kr/article/25157930#home

56) Matthew Sparkes (Nov. 21, 2022). Filling the internet with AI-created images will harm future AIs. New Scientist. From https://www.newscientist.com/article/2347232-filling-the-internet-with-ai-created-images-will-harm-future-ais/

57) ChatGPT for Robotics: Design Principles and Model Abilities (2023, 2, 20). MS. From https://www.microsoft.com/en-us/research/group/autonomous-systems-group-robotics/articles/chatgpt-for-robotics/

58) Daron Acemoglu & Simon Johnson (2023). Power and Progress. John Murray Press. 김승진 (역) (2023). 〈권력과 진보〉. 생각의힘.

59) 한경진 (2023, 8, 31). "'AI 환상'에 찬물 끼얹은 이유? '착한 기술'은 없기 때문". 〈조선일보〉. From https://www.chosun.com/economy/weeklybiz/2023/08/31/DM55CT6LUBDS5GW7F7QCM3OJLE/?outputType=native&_branch_match_id=1226408950151818351&utm_medium=sharing&_branch_referrer=H4sIAAAAAAAAA8soKSkottLXT87ILy7N00ssKNDLyczL1s%2FJDCo3960093ZOAgCjlxVrIwAAAA%3D%3D

60) Henry A. Kissinger, Eric Schmidt, and Daniel Huttenlocher (2021). The Age of AI: And Our Human Future. Little Brown and Company. 김고영 (역) (2023). 〈AI 이후의 세계〉. 월북. 6장: 227쪽.

61) Kevin Roose (2021). Future Proof. Random House. 김미정 (역) (2022). 〈퓨처프루프〉 쌤앤파커스.

62) Jamil Zaki (2020). The War for Kindness. Crown Publishing Group. 정지인 (역) (2021), 〈공감은 지능이다〉. 심심.

63) Rachel Botsman (2017). Who Can You Trust?: How Technology Brought Us Together and Why It Might Drive Us Apart. PublicAffairs. 문희경 (역) (2019). 〈신뢰 이동〉. 흐름출판. 300쪽.

64) 'Trust me: Researchers Examine How People and Machines Build Bonds' (2015). George Mason University. From https://www2.gmu.edu/news/1849

65) Rachel Botsman (2017). op. cit. 47쪽.

66) Daron Acemoglu & Simon Johnson (2023). op. cit.

67) Generative AI set to affect 300mn jobs across major economies (2023, 3, 27). Financial Times. From https://www.ft.com/content/7dec4483-ad34-4007-bb3a-7ac925643999

68) David Rotman (2023, 3, 25). ChatGPT is about to revolutionize the economy. MIT Technology Review. From https://www.technologyreview.com/2023/03/25/1070275/chatgpt-revolutionize-economy-decide-what-looks-like/

69) Jack Kelly (2023, 3, 31). Goldman Sachs Predicts 300 Million Jobs Will Be Lost Or Degraded By Artificial Intelligence. Forbes. From https://www.forbes.com/sites/jackkelly/2023/03/31/goldman-sachs-predicts-300-million-jobs-will-be-lost-or-degraded-by-artificial-intelligence/?sh=70f449d8782b

70) Alfred Lie (2019). Robots to cut 200,000 U.S. bank jobs in next decade, study says, Bloomberg. From https://www.bloomberg.com/news/articles/2019-10-02/robots-to-cut-200-000-u-s-bank-jobs-in-next-decade-study-says

71) Niharika Singh (2023, 8, 3). The Impact of Generative AI on the Future of Work: 5 Key Insights from the McKinsey Report. MarkTechPost. From https://www.marktechpost.com/2023/08/03/the-impact-of-generative-ai-on-the-future-of-work-5-key-insights-from-the-mckinsey-report/

72) Lauren Weber (2023, 3, 28). The Jobs Most Exposed to ChatGPT. The Wall Street Journal. From https://www.wsj.com/articles/the-jobs-most-exposed-to-chatgpt-e7ceebf0

73) Lauren Weber, Lindsay Ellis (2023, 4, 4). Is your job exposed to ChatGPT?. The Wall Street Journal. From https://www.wsj.com/story/is-your-job-exposed-to-chatgpt-e5310a97

74) Mark Muro, Jacob Whiton and Robert Maxsim (2019, 11, 20). What jobs are affected by AI? Better-paid, better-educated worker face the most exposure. Brookings Institution. From https://www.brookings.edu/articles/what-jobs-are-affected-by-ai-better-paid-better-educated-workers-face-the-most-exposure

75) Claire Cain Miller and Courtney CoxIn (2023, 8, 24). In Reversal Because of A.I., Office Jobs Are Now More at Risk. The New York Times. From https://www.nytimes.com/2023/08/24/upshot/artificial-intelligence-jobs.html

76) Technology and Media market research reports (2023, 7). Global Generative AI in Legal Market By Deployment Model, By Application, By End-User, By Region and Companies-Industry Segment Outlook, Market Assessment, Competition Scenario, Trends, and Forecast 2023-2032. Market Research. From https://

marketresearch.biz/report/generative-ai-in-legal-market

77) Jan Hatzius, et al. (2023, 3, 26). The Potentially Large Effects of Artificial Intelligence on Economic Growth. Goldman Sachs. From https://www.key4biz. it/wp-content/uploads/2023/03/Global-Economics-Analyst_-The-Potentially-Large-Effects-of-Artificial-Intelligence-on-Economic-Growth-Briggs_Kodnani. pdf

78) Andrew Perlman (2023, 3-4). The implication of ChatGPT for legal services and society. The Practice. Harvard Law School Center on the Legal Profession. From https://clp.law.harvard.edu/knowledge-hub/magazine/issues/generative-ai-in-the-legal-profession/the-implications-of-chatgpt-for-legal-services-and-society

79) Karen Sloan (2023, 3, 16). Bar exam score shows AI can keep up with 'human lawyers' researchers say. Reuters. From https://www.reuters.com/technology/bar-exam-score-shows-ai-can-keep-up-with-human-lawyers-researchers-say-2023-03-15

80) Jonathan Marciano (2018, 10, 25). 20 top lawyers were beaten by legal AI. Here are their surprising responses. Hacker Noon. From https://medium.com/hackernoon/20-top-lawyers-were-beaten-by-legal-ai-here-are-their-surprising-responses-5dafdf25554d

81) Steve Lohr (2023, 4, 10). A.I. Is Coming for Lawyers, Again. The New York Times. From https://www.nytimes.com/2023/04/10/technology/ai-is-coming-for-lawyers-again.html

82) 허욱 (2023, 5, 4). 법률 업무도 44% 대체 가능… 본격 도입 땐 재판 지연 '획기적 개선'. 〈조선일보〉. From https://www.chosun.com/national/court_law/2023/05/04/GDGHTU5MENG2XPNY3MZ3DXNIUM

83) 허욱 (2023, 5, 4). op. cit.

84) 서예린 (2023, 7, 16). '법률전문 생성형AI' 곧 나온다… 법률시장 지각변동 예고. 〈법률신문〉. From https://www.lawtimes.co.kr/news/189344

85) AI가 대체할 의료 분야 상위 10개 직업 (2023, 2, 10). 〈건강저널〉. From https://www.thehealthjournals.com/top-10-healthcare-jobs-that-ai-will-displace

86) AI in healthcare: the ten most threatened jobs by ChatGPT (2023, 3, 6). Linkedin. From https://www.linkedin.com/pulse/ai-healthcare-ten-most-threatened-jobs-chatgpt-tech2heal

87) https://openai.com/sora

88) 최서은, 정원식 (2023, 7, 14). 63년 만에 할리우드 작가·배우 동반 파업…AI에 잠식될 할리우드의 미래. 〈경향신문〉. From https://m.khan.co.kr/world/world-general/article/202307140910011#c2b

89) Generative AI to Become a $1.3 Trillion Market by 2032, Research Finds (2023, 6,

1). Bloomberg. From https://www.bloomberg.com/company/press/generative-ai-to-become-a-1-3-trillion-market-by-2032-research-finds

90) Benjamin Pring, et al. (2017). 21 Jobs of the Future: A Guide to Getting-and Staying-Employed for the Next 10 Years. Cognizant.

91) Benjamin Pring, et al. (2017). op. cit.

92) 변휘 (2023, 7, 9). "당신의 일자리, 빼앗지 않아요"···AI가 빚어낼 직업 기회는. 〈머니투데이〉. From https://news.mt.co.kr/mtview.php?no=2023070910080020356

93) 이 내용은 아래 두 웹사이트의 내용을 중심으로 정리한 것이다.
https://research.aimultiple.com/generative-ai-healthcare
https://www.xenonstack.com/blog/generative-ai-healthcare

94) https://www.bcg.com/publications/2023/how-generative-ai-is-transforming-health-care-sooner-than-expected

95) Gallup and Northeastern University (2017). Optimism and Anxiety: Views on the Impact of Artificial Intelligence and Higher Education's Response. From https://www.northeastern.edu/gallup/pdf/OptimismAnxietyNortheasternGallup.pdf

96) Kevin Roose (2021). op. cit.

97) Drigas A. S., Papoutsi C (2018). A new layered model on emotional intelligence. Behav Sci (Basel). 2018;8(5):45. doi:10.3390/bs8050045

98) Daniel Goleman S. (2018). Social Intelligence: The New Science of Human Relationships, Bantam Books.

99) Paulo Corsi and Yp Lai (2018). Networking Quotient: Learn the Secrets of building a Powerful Network that brings your endless Business Referrals. Independently published.

100) Spearman C. (1904). "General intelligence", objectively determined and measured. The American Journal of Psychology. 1904;15(2):201. doi:10.2307/1412107

101) Thurstone, L. L. (1938). Primary mental abilities. Chicago: University of Chicago Press. From https://intelltheory.com/intelli/l-l-thurstone/

102) Gardner, H. (1993). Frames of mind: The theory of multiple intelligences (10th anniversary ed.). New York, NY: Basic Books.

103) Cerruti C. Building a functional multiple intelligences theory to advance educational neuroscience. Front Psychol. 2013;4:950. doi:10.3389/fpsyg.2013.00950

104) Sternberg Robert (1985). Beyond IQ, A Triarchic Theory of Human Intelligence. CUP Archive.

105) Horn JL, Cattell RB. (1966). Refinement and test of the theory of fluid and crystallized general intelligences. Journal of Educational Psychology.

1966;57(5):253-270. doi:10.1037/h0023816

106) Moravec, Hans (1976), The Role of Raw Power in Intelligence, archived from the original on 3 March 2016, retrieved 16 October 2008.

107) Bill Gates on the BEAT with Ari Melber (2023). Bill Gates on why new A.I. changes everything-and his summit with Elon Musk and Sen. Schumer. MSNBC. From https://www.youtube.com/watch?v=Ng5mYx4rDso

108) Scott A. Small (2021). Forgetting. Crown Publishing Group. 하윤숙 (역) (2022). 〈우리는 왜 잊어야 할까〉 (193-195쪽). 북트리거.

109) 홍윤지 (2023, 5, 29). 챗GPT가 알려준 '가짜 판례' 제출한 美 변호사, 법원서 징계 위기. 〈법률신문〉. From https://www.lawtimes.co.kr/news/187960

110) Bruce Hood (2014), The Domesticated Brain. Penguin Group. 조은영 (역) (2021). 〈뇌는 작아지고 싶어 한다〉. 알에이치코리아.

111) Jeremy DeSilva (2021). First Steps. HarperCollins. 노신영 (역) (2022). 〈퍼스트 스텝〉. 브론스테인.

112) Ken Robinson (2006). Do schools kill creativity?. TED Talk. From https://www.ted.com/talks/sir_ken_robinson_do_schools_kill_creativity?language=ko

113) Will Storr (2020). op. cit.

114) Scott A. Small (2021). op. cit.

115) Will Storr (2020). op. cit.

116) Antonio Damasio (2000). The feeling of what happens. Mariner Books. 고현석 (역) (2023). 〈느낌의 발견〉. 아르테.

117) Waqas Ahmed (2019). The Polymath. Wiley. 이주만 (역) (2022). 〈폴리매스〉. 안드로메디안.

118) Jamil Zaki (2020). op. cit.

119) Thomas L. Friedman (2017). Thank you for being late. Large Print Press. 장경덕 (역) (2017). 〈늦어서 고마워〉. 21세기북스.

120) Yuntao Bai, et al. (2022). "Constitutional AI: Harmlessness from AI Feedback" [On-Line]. arXiv. From https://arxiv.org/pdf/2212.08073.pdf

121) Simon Roberts (2022). The Power of Not Thinking. Rowman & Littlefield Publishers. 고은경 (역) (2022). 〈뇌가 아니라 몸이다〉. 소소의책.

122) 구글에서 2023년 12월에 공개한 AI로 이미지, 동영상, 오디오까지 '이해'하고 각종 벤치마크에서 GPT4를 능가하는 것으로 알려져 있다. https://blog.google/intl/ko-kr/company-news/technology/gemini-kr/#performance

123) 최재천 (2022). 〈호모 심비우스〉. 이음.

124) Gagan Bansal, et al. (2020). Does the Whole Exceed Its Parts? The Effect of AI Explanations on Complementary Team Performance. ArXive.

125) Paul Daugherty and H. James Wilson (2018). Human+Machine: Reimagining Work in the Age of AI. Harvard Business Review Press.

126) Asimov, Issa (1950). I, Robot, Gnome Books.

127) Carolyn Posner (2023, 11, 15). The Consumer Technology Association Announces CES 2024 Innovation Awards Honorees. CTA. From https://www.cta.tech/Resources/Newsroom/Media-Releases/2023/November/The-Consumer-Technology-Association-Announces-CES

128) Mustafa Suleyman (2023). The AI Pioneer Reveals the Future in 'The Coming Wave'. Intelligence Squared. From https://www.youtube.com/watch?v=eJf6QPN9yic

129) 이상덕, 원호섭, 고민서, 황순민 (2024, 2, 18). 한국 AI 실력 미국 대비 47%..."GPU·인재 확보 절실". <매일경제>. From https://www.mk.co.kr/news/it/10945102

130) 윤송이 외 (2022). <가장 인간적인 미래>. 웨일북.

131) 정초원 (2023). 전에 없던 신인류의 등장 '알파 세대'를 주목하는 이유. <우리문화>. From http://urimunhwa.or.kr/data/vol319/sub/sub01_06.php

132) Dennis Green (2018, 6, 6). A baby in the UK reportedly said 'Alexa' as his first word, and it reveals a raging debate over how children use tech. Business Insider. From https://www.businessinsider.com/baby-says-alexa-as-first-word-report-2018-6

133) Yuval N. Harari (2018). 21 Lessons for the 21st Century. Random House. 전병근 (역) (2018). <21세기를 위한 21가지 제언>. 김영사.

134) Stanislas Dehaene (2021). How We Learn. Penguin Books. 엄성수 (역) (2021). <우리의 뇌는 어떻게 배우는가>. 로크미디어.

135) Jack Kelly (2023, 3, 31). Goldman Sachs Predicts 300 Million Jobs Will Be Lost Or Degraded By Artificial Intelligence. Forbes. From https://www.forbes.com/sites/jackkelly/2023/03/31/goldman-sachs-predicts-300-million-jobs-will-be-lost-or-degraded-by-artificial-intelligence/?sh=40293fd6782b

136) Jan Hatzius, Joseph Briggs, Devesh Kodnani, and Giovanni Pierdomenico (2023, 3, 26). The Potentially Large Effects of Artificial Intelligence on Economic Growth. Goldman Sachs Support. From https://www.key4biz.it/wp-content/uploads/2023/03/Global-Economics-Analyst_-The-Potentially-Large-Effects-of-Artificial-Intelligence-on-Economic-Growth-Briggs_Kodnani.pdf

137) Rachel Curry (2023, 12, 16). Recent data shows AI job losses are rising, but the numbers don't tell the full story. CNBC. From https://www.cnbc.com/2023/12/16/ai-job-losses-are-rising-but-the-numbers-dont-tell-the-full-story.html

138) Kweilin Ellingrud and Saurabh Sanghvi (2023, 9, 21). Generative AI: How will

it affect future jobs and workflows?. McKinsey Global Institute. From https://
www.mckinsey.com/mgi/our-research/generative-ai-how-will-it-affect-future-
jobs-and-workflows?stcr=389EED4F84E14E119812931DC985E871&cid=other-
eml-ttn-mip-mck&hlkid=ec0f48ab136a4696a97093998520bdfd&hctky=15237929
&hdpid=614135bc-2151-42af-9b68-11d78563e57e

139) Rachel Curry (2023, 12, 16). op. cit.

140) 유지한 (2023, 12, 12). 실시간 동시통역에 사진편집까지 '척척'…스마트폰·노트
북에도 AI 붐. 〈조선일보〉. From https://www.chosun.com/economy/tech_
it/2023/12/12/SU6MADGXPREVXODY4TPA6SJHBE/

141) 김성민 (2023, 3, 2). 윤송이·마코버 대담 "AI 시대 인간의 창의력…'빅C'보다
'스몰C'가 중요". 〈조선일보〉. From https://www.chosun.com/economy/
economy_general/2023/03/02/QMA6Z6I5UNASNOQP74V4AFJQDI/?utm_
source=naver&utm_medium=referral&utm_campaign=naver-news

142) 김주환 (2023). 〈내면소통〉. 인플루엔셜.

143) https://academyinfo.go.kr/index.do

144) 정원식 (2024, 3, 13). AI, '인류 멸종' 수준 위협될 수도…정부 개입해야. 〈경향
신문〉. From https://www.khan.co.kr/world/world-general/article/2024031
31115011/?nv=stand&utm_source=naver&utm_medium=portal_news&utm_
content=240313&utm_campaign=newsstand_top_thumb3C

145) Stanislas Dehaene (2021). op. cit.

146) Robert Root-Bernstein, Michele M. Root-Bernstein (2001). Sparks of Genius.
HarperOne. 박종성 (역) (2008). 〈생각의 탄생〉. 에코의서재.

147) Simon Roberts (2022). op. cit.

148) 이광형 (2011). 〈3차원 창의력 개발법〉. 비즈니스맵.
김영학 (2011). 〈생각, 엮고 허물고 뒤집어라〉. 21세기북스.

149) Robert Root-Bernstein, Michele M. Root-Bernstein (2001). op. cit.
강제규 외 (2020). 〈창작자들〉 포레스트북스.
Waqas Ahmed (2019). op. cit.
Lorne M. Buchman (2021). Make to Know. Thames & Hudson. 신동숙 (역)
(2022). 〈메이커스 랩〉. 일북.

150) Robert Root-Bernstein, Michele M. Root-Bernstein (2001).

151) https://deepmind.google/technologies/gemini/#hands-on

152) https://deepmind.google/technologies/gemini/#capabilities

153) Waqas Ahmed (2019). op. cit.

154) Esin Akai (2015), Which Letter-shaped will Future Employees and Leaders be?.
Linkedin. From https://www.linkedin.com/pulse/which-letter-shaped-future-
employees-leaders-esin-akay/

155) David Sax (2022). The Future is Analog. Perseus Books. 문희경 (역) (2023). 〈디지털이 할 수 없는 것들〉. 어크로스.

156) Lorne M. Buchman (2021). op. cit.

157) Adrian Wooldridge (2023, 3, 21). Your humanity could save your writing job from GPT-4. Bloomberg.

158) Henry Kissinger, Eric Schmidt and Daniel Huttenlocher (2023, 2, 24). op. cit.

159) Mustafa Suleyman (2023). op. cit.

160) 배한님 (2023, 6, 11). 키오스크 앞 망설이는 50년대생처럼…AI 두려운 80년대생 될 수도. 〈머니투데이〉. From https://news.mt.co.kr/mtview.php?no=2023060918230793371

161) 임지연 (2023, 9, 4). 성큼 다가온 ChatGPT 시대…'생성형 AI' 활용한 교육은 "선택 아닌 필수". 〈한국대학신문〉. From https://news.unn.net/news/articleView.html?idxno=551792

162) 장현수, 김인한 (2023, 8, 6). "이건 공부 더 해" 내 약점 '콕'…교과서에 AI가 들어온다. 〈머니투데이〉. From https://news.mt.co.kr/mtview.php?no=2023072816131721740

163) 김경록 (2023, 9, 20). "아직도 오지선다형 수능…미래 교육에 대한 상당한 도전". 〈뉴시스〉. From https://www.newsis.com/view/?id=NISX20230920_0002458133&cID=10201&pID=10200

164) Miao, Fengchun and Holmes, Wayne (2023). Guidance for generative AI in education and research. UNESCO. From https://unesdoc.unesco.org/ark:/48223/pf0000386693

165) 교육부 (2021), '2022 개정 교육과정' 총론 주요 사항. From https://www.moe.go.kr/boardCnts/viewRenew.do?boardID=294&boardSeq=89671&lev=0&searchType=null&statusYN=W&page=1&s=moe&m=020402&opType=N

166) 박휴용 (2019). 포스트휴먼적 존재인식론에 기반한 질적 연구의 성격과 방법. 〈교육혁신연구〉, 29권 2호, 41-68쪽.

167) Microsoft Responsible AI Standard, v2 (2022). MICROSOFT. From https://www.microsoft.com/en-us/ai/principles-and-approach
과학기술정보통신부 (2020). 과기정통부, 「인공지능(AI) 윤리기준」 마련. From https://www.msit.go.kr/bbs/view.do?sCode=user&mPid=112&mId=113&bbsSeqNo=94&nttSeqNo=3179742

168) David Sax (2022). op. cit.

169) David Sax (2022). op. cit.

AGI 시대와 인간의 미래

챗GPT 이후의 삶, 일자리 그리고 교육

© 맹성현 지음, 2024

펴낸날	1판 1쇄 2024년 6월 5일
	1판 4쇄 2024년 11월 1일
지은이	맹성현
펴낸이	윤미경
펴낸곳	(주)헤이북스
출판등록	제2014-000031호
주소	경기도 성남시 분당구 황새울로 234, 607호
전화	031-603-6166
팩스	031-624-4284
이메일	heybooksblog@naver.com
책임편집	김영회
디자인	류지혜
찍은곳	한영문화사
ISBN	979-11-88366-86-6 03320